पुराण साहित्य भारतीय जीवन और साहित्य की अक्षुण्ण निधि है। इनमें मानव जीवन के उत्कर्ष और अपकर्ष की अनेक गाथाएं मिलती हैं। अठारह पुराणों में अलग-अलग देवी-देवताओं को केन्द्र में रखकर पाप और पुण्य, धर्म और अधर्म, कर्म और अकर्म की गाथाएं कही गई हैं। इस रूप में पुराणों का पठन और आधुनिक जीवन की सीमा में मूल्यों की स्थापना आज के मनुष्य को एक निश्चित दिशा दे सकता है।

*निरन्तर द्वन्द्व और निरन्तर द्वन्द्व से मुक्ति का प्रयास मनुष्य की संस्कृति का मूल आधार है। पुराण हमें आधार देते हैं। इसी उद्देश्य को लेकर पाठकों की रुचि के अनुसार सरल, सहज भाषा में प्रस्तुत है पुराण-साहित्य की शृंखला में उप पुराण **'हरिवंश पुराण'**।*

हरिवंश पुराण

डॉ॰ विनय

डायमंड बुक्स

प्रकाशक : डायमंड पॉकेट बुक्स (प्रा.) लि.
X-30 ओखला इंडस्ट्रियल एरिया, फेज-II
नई दिल्ली-110020
फोन : 011-40712200
ई-मेल : sales@dpb.in
वेबसाइट : www.diamondbook.in
मुद्रक : रेप्रो (इंडिया)

Harivansh Puran
By : Dr. Vinay

प्रस्तावना

भारतीय जीवन-धारा में जिन ग्रंथों का महत्वपूर्ण स्थान है उनमें पुराण भक्ति ग्रंथों के रूप में बहुत महत्वपूर्ण माने जाते हैं। पुराण-साहित्य भारतीय जीवन और साहित्य की अक्षुण्ण निधि है। इनमें मानव जीवन के उत्कर्ष और अपकर्ष की अनेक गाथाएं मिलती हैं। भारतीय चिंतन-परंपरा में कर्मकांड युग, उपनिषद् युग अर्थात् ज्ञान युग और पुराण युग अर्थात् भक्ति युग का निरंतर विकास होता हुआ दिखाई देता है। कर्मकांड से ज्ञान की ओर आते हुए भारतीय मानस चिंतन के ऊर्ध्व शिखर पर पहुंचा और ज्ञानात्मक चिंतन के बाद भक्ति की अविरल धारा प्रवाहित हुई।

विकास की इसी प्रक्रिया में बहुदेववाद और निर्गुण ब्रह्म की स्वरूपात्मक व्याख्या से धीरे-धीरे भारतीय मानस अवतारवाद या सगुण भक्ति की ओर प्रेरित हुआ। पुराण साहित्य सामान्यतया सगुण भक्ति का प्रतिपादन करता है। यहीं आकर हमें यह भी मालूम होता है कि सृष्टि के रहस्यों के विषय में भारतीय मनीषियों ने कितना चिंतन और मनन किया है। पुराण साहित्य को केवल धार्मिक और पुरा कथा साहित्य कहकर छोड़ देना उस पूरी चिंतन-धारा से अपने को अपरिचित रखना होगा जिसे जाने बिना हम वास्तविक रूप में अपनी परंपरा को नहीं जान सकते।

परंपरा का ज्ञान किसी भी स्तर पर बहुत आवश्यक होता है, क्योंकि परंपरा से अपने को संबद्ध करना और तब आधुनिक होकर उससे मुक्त होना बौद्धिक विकास की एक प्रक्रिया है। हमारे पुराण-साहित्य में सृष्टि की उत्पत्ति एवं उसका विकास, मानव उत्पत्ति और फिर उसके विविध विकासात्मक सोपान इस तरह से दिए गए हैं कि यदि उनसे चमत्कार और अतिरिक्त विश्वास के अंश ध्यान में न रखे जाएं तो अनेक बातें बहुत कुछ विज्ञान सम्मत भी हो सकती हैं। क्योंकि जहां तक सृष्टि के रहस्य का प्रश्न है विकासवाद के सिद्धांत के बावजूद और वैज्ञानिक जानकारी

के होने पर भी वह अभी तक मनुष्य की बुद्धि के लिए एक चुनौती है और इसलिए जिन बातों का वर्णन सृष्टि के संदर्भ में पुराण-साहित्य में हुआ है उसे एकाएक पूरी तरह से नकारा नहीं जा सकता।

महर्षि वेदव्यास को इन 18 पुराणों की रचना का श्रेय है। महाभारत के रचयिता भी वेदव्यास ही हैं। वेदव्यास एक व्यक्ति रहे होंगे या एक पीठ, यह प्रश्न दूसरा है और यह बात भी अलग है कि सारे पुराण कथा-कथन शैली में विकासशील रचनाएं हैं। इसलिए उनके मूल रूप में परिवर्तन होता गया, लेकिन यदि ध्यानपूर्वक देखा जाए तो ये सारे पुराण विश्वास की उस भूमि पर अधिष्ठित हैं जहां ऐतिहासिकता, भूगोल का तर्क उतना महत्वपूर्ण नहीं रहता जितना उसमें व्यक्त जीवन-मूल्यों का स्वरूप। यह बात दूसरी है कि जिन जीवन-मूल्यों की स्थापना उस काल में पुराण-साहित्य में की गई, वे हमारे आज के संदर्भ में कितने प्रासंगिक रह गए हैं ? लेकिन साथ में यह भी कहना होगा कि धर्म और धर्म का आस्थामूलक व्यवहार किसी तर्क और मूल्यवत्ता की प्रासंगिकता की अपेक्षा नहीं करता। उससे एक ऐसा आत्मविश्वास और आत्मलोक जन्म लेता है जिससे मानव का आंतरिक उत्कर्ष होता है और हम कितनी भी भौतिक और वैज्ञानिक उन्नति कर लें अंततः आस्था की तुलना में यह उन्नति अधिक देर नहीं ठहरती। इसलिए इन पुराणों का महत्त्व तर्क पर अधिक आधारित न होकर भावना और विश्वास पर आधारित है और इन्हीं अर्थों में इसका महत्त्व है।

जैसा कि हमने कहा कि पुराण-साहित्य में अवतारवाद की प्रतिष्ठा है। निर्गुण निराकार की सत्ता को मानते हुए सगुण साकार की उपासना का प्रतिपादन इन ग्रंथों का मूल विषय है। 18 पुराणों में अलग-अलग देवी देवताओं को केन्द्र में रखकर पाप और पुण्य, धर्म और अधर्म तथा कर्म और अकर्म की गाथाएं कही गई हैं। उन सबसे एक ही निष्कर्ष निकलता है कि आखिर मनुष्य और इस सृष्टि का आधार-सौंदर्य तथा इसकी मानवीय अर्थवत्ता में कहीं-न-कहीं सद्‌गुणों की प्रतिष्ठा होनी ही चाहिए। आधुनिक जीवन में भी संघर्ष की अनेक भावभूमियों पर आने के बाद भी विशिष्ट मानव मूल्य अपनी अर्थवत्ता नहीं खो सकते। त्याग, प्रेम, भक्ति, सेवा, सहनशीलता आदि ऐसे मानव गुण हैं जिनके अभाव में किसी भी

बेहतर समाज की कल्पना नहीं की जा सकती। इसीलिए भिन्न-भिन्न पुराणों में देवताओं के विभिन्न स्वरूपों को लेकर मूल्य के स्तर पर एक विराट आयोजन मिलता है। एक बात और आश्चर्यजनक रूप से पुराणों में मिलती है कि सत्कर्म की प्रतिष्ठा की प्रक्रिया में अपकर्म और दुष्कर्म का व्यापक चित्रण करने में पुराणकार कभी पीछे नहीं हटा और उसने देवताओं की कुप्रवृत्तियों को भी व्यापक रूप में चित्रित किया है, लेकिन उसका मूल उद्देश्य सद्भावना का विकास और सत्य की प्रतिष्ठा ही है।

कलियुग का जैसा वर्णन पुराणों में मिलता है, आज हम लगभग वैसा ही समय देख रहे हैं। अतः यह तो निश्चित है कि पुराणकार ने समय के विकास में वृत्तियों को और वृत्तियों के विकास को बहुत ठीक तरह से पहचाना। इस रूप में पुराणों का पठन और आधुनिक जीवन की सीमा में मूल्यों का स्थापन आज के मनुष्य को एक दिशा तो दे सकता है, क्योंकि आधुनिक जीवन में अंधविश्वास का विरोध करना तो तर्कपूर्ण है, लेकिन विश्वास का विरोध करना आत्महत्या के समान है।

प्रत्येक पुराण में हजारों श्लोक हैं और उनमें कथा कहने की प्रवृत्ति तथा भक्त के गुणों की विशेषपरक अभिव्यक्ति बार-बार हुई है, लेकिन चेतन और अचेतन के तमाम रहस्यात्मक स्वरूपों का चित्रण, पुनरुक्ति भाव से होने के बाद भी बहुत प्रभावशाली हुआ है और हिन्दी में अनेक पुराण यथावत् लिखे गए। फिर यह प्रश्न उठ सकता कि हमने इस प्रकार पुराणों का लेखन और प्रकाशन क्यों प्रारंभ किया। उत्तर स्पष्ट है कि जिन पाठकों तक अपने प्रकाशन की सीमा में अन्य पुराण नहीं पहुंचे होंगे हम उन तक पहुंचाने का प्रयास करेंगे और इस पठनीय साहित्य को उनके सामने प्रस्तुत कर जीवन और जगत् की स्वतंत्र धारणा स्थापित करने का प्रयास कर सकेंगे।

हमने मूल पुराणों में कही हुई बातें और शैली यथावत् स्वीकार की है और सामान्य व्यक्ति को भी समझ में आने वाली भाषा का प्रयोग किया है। किंतु जो तत्त्वदर्शी शब्द हैं उनका वैसा ही प्रयोग करने का निश्चय इसलिए किया गया कि उनका ज्ञान हमारे पाठकों को उसी रूप में हो।

हम आज के जीवन की विडंबनापूर्ण स्थिति के बीच से गुजर रहें हैं। हमारे बहुत सारे मूल्य खंडित हो गए हैं। आधुनिक ज्ञान के नाम पर

विदेशी चिंतन का प्रभाव हमारे ऊपर अधिक हावी हो रहा है इसलिए एक संघर्ष हमें अपनी मानसिकता से ही करना होगा कि अपनी परंपरा जो ग्रहणीय है, मूल्यपरक है उस पर फिर से लौटना होगा। साथ में तार्किक विदेशी ज्ञान भंडार से भी अपरिचित रहना होगा–क्योंकि विकल्प में जो कुछ भी हमें दिया है वह आरोहण और नकल के अतिरिक्त कुछ नहीं। मनुष्य का मन बहुत विचित्र है और उस विचित्रता में विश्वास और विश्वास का द्वंद्व भी निरंतर होता रहता है। इस द्वंद्व से परे होना ही मनुष्य जीवन का ध्येय हो सकता है। निरंतर द्वंद्व और निरंतर द्वंद्व से मुक्ति का प्रयास मनुष्य की संस्कृति के विकास का यही मूल आधार है। हमारे पुराण हमें आधार देते हैं और यही ध्यान में रखकर हमने सरल, सहज भाषा में अपने पाठकों के सामने पुराण-साहित्य प्रस्तुत करने का प्रयास किया है। इसमें हम केवल प्रस्तोता हैं, लेखक नहीं। जो कुछ हमारे साहित्य में है उसे उसी रूप में चित्रित करते हुए हमें गर्व का अनुभव हो रहा है।

'डायमंड पॉकेट बुक्स' के श्री नरेन्द्र कुमार जी के प्रति हम बहुत आभारी हैं कि उन्होंने भारतीय धार्मिक जनता को अपने साहित्य से परिचित कराने का महत् अनुष्ठान किया है। देवता एक भाव संज्ञा भी है और आस्था का आधार भी। इसलिए वह हमारे लिए अनिवार्य है और यह पुराण उन्हीं के लिए हैं जिनके लिए यह अनिवार्य हैं।

–डॉ॰ विनय

हरिवंश पुराण का महत्त्व

कहा जाता है जो कुछ भारत में हैं वो महाभारत में है। इसलिए हर इन्सान को भगवान् का ध्यान करते हुए हरिवंश की कथा को सुनना चाहिए। इससे सारे दुखों का अंत होता है। इस पुराण में महाभारत की कथा कही गई है। इसमें शुरू में बताया गया है कि गायों का दान करके महाभारत की कथा का श्रवण करें।

इसमें सबसे पहले वैवस्वतमनु और यम की उत्पत्ति के बारे में बताया है और साथ ही भगवान् विष्णु के अवतारों के बारे में बताया है। आगे देवताओं का कालनेमि के साथ युद्ध का वर्णन है जिसमें भगवान् विष्णु ने देवताओं को सान्त्वना दी और अपने अवतार की बात निश्चित कर देवताओं को अपने स्थान पर भेज दिया। इसके बाद नारद और कंस के संवाद हैं।

इस पुराण में भगवान् विष्णु का कृष्ण के रूप में जन्म बताया गया है। जिसमें कंस का देवकी के पुत्रों का वध से लेकर कृष्ण के जन्म लेने तक की कथा है। फिर भगवान् कृष्ण की ब्रज-यात्रा के बारे में बताया है जिसमें कृष्ण की बाल-लीलाओं का वर्णन है। इसमें धेनकासुर वध, गोवर्धन उत्सव का वर्णन किया गया है। आगे कंस की मृत्यु के साथ उग्रसेन के राज्यदान का वर्णन है।

आगे बाणसुर प्रसंग में दोनों के विषय में बताया है। भगवान् कृष्ण के द्वारा शंकर की उपासना का वर्णन है। हंस-डिम्भक प्रसंग का वर्णन है। अंत में श्रीकृष्ण और नन्द-यशोदा मिलन का वर्णन है। हरिवंश की कथा के समय व्यापकता और समर्पण का भाव होना चाहिए। भक्त को कथा वाचक के पास बैठकर कथा सुनानी चाहिए। जो व्यक्ति, पुरुष परम प्राप्ति की कामना करते हैं उन्हें भगवान् विष्णु की कथाओं को वर्णित

करने वाली श्रुतियों को सुनना चाहिए। बस अंत में यही है कि हरिवंश की कथा सुनें और हरिवंश से संबंधित सभी कथाओं को सुनते हुए भगवान् की शरण में जाएं जिससे सबके सारे दुख दूर हो जाएंगे।

अनुक्रमणिका

हरिवंश पुराण

अत्यन्त प्राचीन समय की बात है कि एक बार नैमिषारण्य में शौनक आदि ऋषियों का यज्ञ चल रहा था कि भगवान् सूतजी वहां आ गए। उनके दर्शन करके शौनक मुनियों ने उनसे हरिवंश की कथा कहने का आग्रह किया। उन्होंने कहा कि हे भगवन्! हमें सृष्टि का सार समझाने की कृपा करें। सूतजी ने कहा कि वास्तविक ज्ञान प्राप्त करने के लिए मनुष्य को चाहिए कि वह नारायण और नरों में उत्तम भगवान् का स्मरण करके तत्त्वज्ञान देने वाली सरस्वती का ध्यान करके 'जय' काव्य का पाठ करें। यह 'जय' काव्य सब प्रकार की मुक्ति का फल प्रदाता है। इसके पाठ करने से वह फल प्राप्त होता है जो तीर्थों में यात्रा करने से भी नहीं होता।

मनुष्य को चाहिए कि गायों का दान करके, महाभारत की कथा का श्रवण करें। इसके साथ जान लें कि सौ अश्वमेध यज्ञों, चार सहस्र अतिथियों को भोजन कराना, शतक्रतु कर्म के अनुष्ठान से वह फल नहीं मिलता जो हरिवंश पुराण के सुनने कहने और दान से प्राप्त होता है।

यह कहकर सूतजी ने अत्यंत श्रेष्ठ आख्यान सुनाना प्रारम्भ किया। उन्होंने कहा कि इस आख्यान में अनेक भरतवंशी, भूपालों, यक्षों, गंधर्वों, मुनियों, राक्षसों, दैत्यों का भी आख्यान है। इस पुराण में कुरु-वंशियों का आख्यान भी कहा गया है। यह आख्यान व्यास जी के शिष्य धर्मात्मा जनमेजय के वृष्णिवंश के विषय में पूछने पर प्रतिष्ठित हुआ। जनमेजय ने वैशम्पायन से कहा—पाण्डवों और वृष्णिवंश का कुल एक ही था अतः यह कथा बार-बार सुनने को मन करता है। वैशम्पायन ने जनमेजय की बात सुनकर कहा कि—हे राजन्! मैं आपको दिव्य और अर्थयुक्त कथा सुनाता हूं।

इस व्यक्त दिव्य कथा का मूल अव्यक्त परमात्मा है। वह अव्यक्त,

अभिन्न तेजयुक्त, सम्पूर्ण जीवों का स्रष्टा नारायण ही सर्वेसर्वा है। उससे ब्रह्मा, ब्रह्मा से अहंकार की सृष्टि हुई और फिर आकाश आदि, सूक्ष्म जीव हुए फिर पंचतत्त्व फिर जरायुज आदि चार प्रकार के जीवों की सृष्टि हुई। फिर उसके उपरान्त अन्य प्रकार से सृष्टि का विकास हुआ।

हे राजन! आपको यह ज्ञात होना चाहिए कि हरिवंश पुराण सर्वश्रेष्ठ है और इसके कीर्तन और श्रवण करने से धन तथा यश की वृद्धि होती है, शत्रुओं का नाश होता है, आयु बढ़ती है और अन्त में स्वर्ग की प्राप्ति होती है। यह सुनकर जनमेजय ने कहा कि आप मुझे वृष्णिवंश सहित सृष्टि के विषय में बताकर, मेरा ज्ञानवर्धन कीजिए। तब वैशम्पायन जी ने कहा कि आप सुनने और समझने में समर्थ हैं, इसलिए अब मैं आपको वृष्णिवंश सहित चार प्रकार की जीव सृष्टि का वृत्तांत सुनाऊंगा। भगवान् ने सूक्ष्म भूतों को प्रकट करके अनेक प्रकार की भौतिक प्रजा उत्पन्न करने के विचार से सबसे पहले जल की रचना की फिर उसमें अपना वीर्य डाला। जल को 'नीर' भी कहा है तथा वह जल नर का उत्पत्ति स्थान है इसलिए नर रूपी भगवान् को नारायण कहा गया है। भगवान् द्वारा जल में डाला गया वीर्य हिरण्यगर्भ का अण्ड हो गया, उस अण्ड से स्वयंभू कहे जाने वाले ब्रह्माजी ने उसके दो खण्ड कर दिए, उन्होंने एक खण्ड को पृथ्वी और दूसरे खण्ड से देवलोक की रचना की। उन दोनों खण्डों के अन्तराल से आकाश की रचना करके पृथ्वी को जल पर स्थापित किया फिर सूर्य तथा दशों दिशाओं की रचना की। उसी अण्ड में उन्होंने रति विषयक प्रीति से रहित पिण्ड सृष्टि की रचना के विचार से काल, मन, वचन, काम, क्रोध एवं अनुराग की सृष्टि की।

फिर उन्होंने अपने मन से मरीचि, अत्रि, अंगिरा, पुलस्त्य, पुलह, क्रतु एवं वसिष्ठ सप्तर्षियों को प्रकट किया। इन सप्तर्षियों से अपने को गृहस्थ ब्राह्मण मानकर ब्रह्माजी के द्वारा ही प्रकट सनकादि ऋषियों के तिरस्कार पूर्वक वेद मार्ग को ही श्रेष्ठ समझा। फिर ब्रह्माजी ने परम क्रोधी रुद्र को उत्पन्न किया तथा मरीचि आदि के भी पूर्वज सनत्कुमार की उत्पत्ति की। उपर्युक्त सप्तर्षि और रुद्र सन्तानोत्पत्ति कर्म में लगे, परन्तु, सनक, सनन्दन, सनातन, सनत्कुमार, नारद और स्कन्द ने अपने तेज को नियंत्रित कर

ब्रह्मचर्य पालन किया। सप्तर्षि और रुद्र इन आठों ब्रह्मपुत्रों ने दिव्य, महान् कर्मवान् तथा सन्तानवान् सात वंशों की उत्पत्ति की जिसमें यज्ञ, आदित्यादि सुर और कश्यपादि महर्षि थे। फिर उन्होंने विद्युत, वज्र, मेघ, रोहित, इन्द्र धनुष तथा गगनचर खगों की सृष्टि की। फिर यज्ञ-कार्य की सम्पन्नता के लिए ऋग्वेद, यजुर्वेद और सामवेद की रचना की। इन्हीं वेद मंत्रों से देवताओं की प्रीति के लिए यज्ञ किया था, ऐसा सुनते हैं। फिर ब्रह्मा ने अपने मुख से देवगण, वक्ष-स्थल से पितरगण, उपस्थ से मनुष्यगण और जघन भाग से असुरगण की रचना करके सृष्टि की रचना की।

उस समय ब्रह्माजी के अन्यान्य अंगों से अन्य अनेक प्रकार के प्राणी उत्पन्न हुए। उसी अवसर पर वसिष्ठ नामक प्रजाति की सृष्टि की। इस प्रकार विभिन्न सन्ततियों को मन से उत्पन्न करके भी जब ब्रह्मा ने प्रजा की वृद्धि होते हुए नहीं देखी, तो अपनी देह के दो भाग करके एक से पुरुष, दूसरे से स्त्री हुए और विभिन्न प्राणियों की रचना की तथा अपने प्रभाव से ही पृथ्वी और देवलोक को व्याप्त कर बैठे। इस प्रकार विष्णु द्वारा हिरण्यगर्भ से उत्पन्न सृष्टि आपव कही गयी, आपव से उत्पन्न होने वाली प्रजा आयोनिज थी, इसके पश्चात् विष्णु में ही मनु के द्वारा योनिज सृष्टि में स्त्री संज्ञक दूसरा अन्तर उपस्थित हो गया इसी से मन्वंतर शब्द चल पड़ा।

इस प्रकार आयोनिज और योनिज दोनों प्रकार की सृष्टि उत्पन्न करने के पश्चात् आपव प्रजापति हुए, आयोनिजा शतरूपा नाम की कन्या उनकी पत्नी हुई। सर्वव्यापी आपव की महिमा और धर्म के प्रभाव से शतरूपा अनेक रूप में हुई। दस हजार वर्ष तक उसने घोर तपस्या की और फिर सन्तान की कामना से वह अपने तेजस्वी पति के समीप पहुंची। हे जनमेजय! स्वायम्भुव मनु को विराट् पुरुष कहा गया है। उनके कार्यकाल की इकहत्तर चतुर्युगी व्यतीत होने पर एक मन्वंतर होता है। शतरूपा से उस विराट् पुरुष के संसर्ग से वीर नामक एक पुत्र तथा काम्या नाम की पुत्री उत्पन्न हुई। हे महाबाहो! प्रियव्रत के संसर्ग से काम्या के चार पुत्र हुए जिनके नाम सम्राट, कुक्षि, विराट् और प्रभु थे। प्रजापति अत्रि ने उत्तानपाद को अपना उत्तराधिकारी बनाया और उत्तानपाद ने अपनी पत्नी

सुनृता से चार पुत्र उत्पन्न किए।

इसके बाद वैशम्पायन से स्वायम्भुव मनु के ऋषि कश्यप के वंश का वर्णन करते हुए कहा कि स्वायम्भुव मनु के पुत्र उत्तानपाद की दो पत्नियां थीं। प्रेयसी पत्नी सुरुचि से उत्तम एवं उपेक्षित पत्नी सुनीति से ध्रुव नाम के पुत्र उत्पन्न हुए। एक बार ध्रुव के मन में भी सिंहासन पर बैठे राजा उत्तानपाद की गोद में अपने भाई उत्तम के साथ बैठने का मन हुआ। ऐसा देखकर गर्व से भरी सुरुचि ने कहा–तू राजा का पुत्र तो है पर सुनीति से उत्पन्न हुआ है, मुझसे नहीं। अतः तू राजा की गोद में बैठने का अधिकारी नहीं है। ध्रुव अपनी मां के अंक में जाकर रोने लगा और सारा वृत्तांत उसे सुना दिया। इस पर सुनीति बोली–वत्स! तुम्हें दुःख नहीं मानना चाहिए। तुम्हें चाहिए कि तुम भी पुण्य संचित करो और उच्चासन प्राप्त करो।

मां के इस प्रकार के वचनों को सुनकर ध्रुव के मन में संकल्प जागा और उसने मां के सामने सभी लोगों से श्रेष्ठ एवं सम्मानित पद प्राप्त करने और उसके लिए प्रत्येक कष्ट सहन करने का व्रत लिया। उसने महल को त्याग जंगल की राह ली। वहां मृग-चर्म पर बैठे सात महात्माओं के दर्शन कर विनम्रता से शीश नवाते हुए ध्रुव ने उनका अभिवादन कर अनुरोध किया कि वे ज्ञानी पुरुष कृपया उसे लक्ष्य-सिद्धि का मार्ग बताएं। उन महात्माओं ने परमपद विष्णु की उपासना को लक्ष्य-सिद्धि का उपाय बताया और कहा कि तुम भगवान् में ध्यान केन्द्रित कर **"ॐ नमो भगवते वासुदेवाय"** का जप करो। ये सात महात्मा थे–मरीचि, अत्रि, अंगिरा, पुलस्त्य, पुलह, क्रतु और वसिष्ठ।

इस प्रकार उद्बुद्ध बालक ध्रुव मधु नामक वन में तपस्या के लिए चला गया। उसने **"ॐ नमो भगवते वासुदेवाय"** का जाप प्रारंभ कर दिया। उसकी कठोर तपस्या से पृथ्वी, नदी, पर्वत, सागर आदि सभी विचलित एवं दोलायमान हो गए। तब कूष्माण्ड आदि से मिलकर इंद्र आदि ने ध्रुव की तपस्या भंग करने के लिए माया रूप रचे। किन्तु विष्णु की कृपा से ध्रुव अविचल ही रहा। अपने चतुर्भुज रूप में करुणा के सागर साक्षात् विष्णु भगवान् ने ध्रुव को दर्शन दिए। उसे पुष्टि एवं स्वस्थ मनसा

करते हुए वर मांगने के लिए कहा।

साक्षात् विष्णु को सामने उपस्थित पाकर ध्रुव ने जैसे ही नेत्र खोले, अपनी ध्यानावस्था में आविर्भूत रूप को सामने देख साष्टांग प्रणाम करता हुआ अनेक प्रकार से उनकी स्तुति-वंदना करने लगा। ध्रुव ने मात्र उनकी स्तुति में समर्थ शरणागत रूप में ही भक्तिमान होने का वर मांगा। प्रभु ने ज्योंही उसकी निश्छल भक्ति से अविभूत होकर शंख का उससे स्पर्श कराया। ध्रुव की जिह्वा पर तत्काल सरस्वती आसीन हो गईं तथा वह आकण्ठ मग्न ईश्वर स्तुति में लीन हो गया।

विष्णु ने ध्रुव से कहा—वत्स मेरी भक्ति से तुम्हें दर्शन मिले, दर्शन से तुम्हारी तपस्या भंग हो गई। वैसे तो मेरे दर्शन के बाद कुछ भी अप्राप्त नहीं रह पाता फिर भी तुम्हारी जो इच्छा हो वह मांग सकते हो। ध्रुव ने विनम्र भाव से कहा—मैं संपूर्ण जगत् के आधारभूत अक्षय स्थान को पाना चाहता हूं और मेरा यह मनोरथ आपसे गुप्त नहीं है। ध्रुव को तथास्तु कहकर विष्णु ने तुष्ट किया और कहा—तुम पूर्वजन्म में ब्राह्मण कुमार थे। तुमने मुझे भक्ति से प्रसन्न करके ही इस बार राजकुल में जन्म लिया था। अब की बार तुमने राजमोह छोड़कर जिस अक्षय स्थान की कामना की है, मेरी कृपा से तुम्हें वह भी मिलेगा। मैं तुम्हें अपने समीप ही ध्रुव पद प्रदान करता हूं। वहां तुम संपूर्ण तारामण्डल का नेतृत्व करोगे। तुम्हारी यह स्थिति पूरे कल्प पर्यन्त रहेगी। स्वच्छ तारा के रूप में तुम्हारी मां भी इस अवधि में तुम्हारे साथ रहेंगी।

इसके पश्चात् ध्रुव का विवाह हुआ जिससे उनके यहां विशिष्ट एवं भव्य नाम के दो पुत्र उत्पन्न हुए। भव्य के मात्र एक पुत्र शम्भू हुआ किन्तु विशिष्ट के यहां उसकी पत्नी सुछाया से पांच पुत्रों ने जन्म लिया—रिपु, रिपुंजय, विप्र, वृकल एवं वृकतेजा। रिपु का वृहती से चाक्षुष नामक पुत्र हुआ। चाक्षुष ने प्रजापति की पुत्री पुष्करिणी से विवाह किया जिससे मनु ने जन्म लिया और मनु महाराज के वैराज प्रजापति की पुत्री नडवला से दस महा तेजस्वी पुत्र हुए—कुरु, पुरु, शतद्युम्न, तपस्वी, सत्यवान, शुचित, अग्निष्टोम, अतिरात्र, सुद्युम्न तथा अभिमन्यु। सबसे बड़े पुत्र कुरु ने अपनी पत्नी आग्नेयी से छह पुत्र उत्पन्न किए—अंग, सुमना,

ख्याति, ऋतु, अंगिरा तथा शिवि। इनमें अंग ने सुनीथा के गर्भ से वेन को उत्पन्न किया। इससे उत्पन्न प्रभु ने अपनी प्रजा के सुख के लिए पृथ्वी का दोहन किया था। वास्तव में वेन के दाहिने हाथ का मंथन करके ऋषियों ने पृथु को उत्पन्न किया था।

वेन के हाथ के मंथन से उत्पन्न पृथु का आख्यान सुनकर मैत्रेयजी के मन में जिज्ञासा उत्पन्न हुई। ऐसी कौन-सी परिस्थिति थी कि वेन के दाहिने हाथ का मंथन करके ऋषियों को उसकी वंश-परम्परा को आगे बढ़ाने के लिए यह उपक्रम करना पड़ा। यह सुनकर पराशरजी बोले–"प्रियवर, वस्तुतः अंग की पत्नी सुनीथा मृत्यु-पुत्री थी। इसी कारण सुनीथा से उत्पन्न पुत्र में मातामह (नाना) के दोष भी आ गए। जिस कारण राज्यारुढ़ होते ही उसने प्रजा को यज्ञयोगादि को बंद कराने की राजाज्ञा जारी कर दी जिससे राज्य में सबको चिन्ता होने लगी। मुनि-महर्षि इससे आंदोलित हो उठे। उन्होंने सविनय निवेदन करते हुए वेन को शास्त्र द्वारा बताए रास्ते पर चलने का बहुत ही आग्रह किया। किन्तु वेन तो राज्य के मद से चूर था। उसने राजा को ही परम पद मानते हुए कहा कि सभी देव ब्रह्मा, विष्णु, महेश, इंद्र, यम, अग्नि, सूर्य, वरुण, धाता, पूषा, पृथ्वी एवं चंद्रमा आदि अन्यान्य देवों का वास राजा के हृदय में ही उपस्थित है, अंतः प्रजा के लिए राजा से बढ़कर अन्य कोई और पूजित हो ही नहीं सकता।

दुःखी ऋषियों ने राजा को बहुत समझाया पर जब किसी भी प्रकार से मुनि लोग वेन को सही मार्ग पर न ला सके तो अंत में वेदनिंदक, यज्ञद्वेषी तथा अनाचारी राजा वेन को कुशा से मार डाला।

अब राजा वेन के देहांत के पश्चात् राजाहीन राज्य में अराजकता फैली। प्रजा में त्राहि-त्राहि मचने लगी क्योंकि दुराचारी चोर पुरुषों की बन आई। वे निरीह जनता को सताने लगे। इस प्रकार राज्य में बढ़ते उत्पात से दुःखी मुनि-महात्माओं ने सम्मलित रूप में विचार-विमर्श करके प्रथम वेन की जंघा का पुत्र की प्राप्ति के लिए मनोयोग से मंथन किया जिसके फलस्वरूप काला-कलूटा-कुरूप तथा नाटे कद का बालक आविर्भूत हुआ। उसने जन्मते ही ऋषियों से पूछा–अब मैं क्या करूं? ऋषियों ने उससे कहा–निषिद (अर्थात् बैठ जा) इस कारण उसका नाम निषाद

पड़ा। यही कारण है कि विध्वंसी सभी जन निषाद कहलाए। ज्ञानी महात्माओं ने पुनः प्रयास करके वेन के दाहिने हाथ का दोहन किया। इससे अबकी बार परम तेजस्वी एवं प्रतापी पुत्र पृथु का जन्म हुआ। युवक होने पर मुनियों-महर्षियों ने पृथु का राज्याभिषेक किया।

राज्य करने के कुछ समय पश्चात् किसी समय, अकाल से प्रभावित, भूखी प्रजा ने राजा से कहा—महाराज वेन द्वारा यज्ञ-यज्ञादि को निषिद्ध कर दिए जाने के कारण पृथ्वी से औषधियां एवं समस्त संपदा नष्टप्राय हो गयी हैं जिसके कारण प्रजा दिन-प्रतिदिन क्षीणकाय होती जा रही हैं। कृपया इस कष्ट से हमारा उद्धार कीजिए। आहत प्रजा की विनय सुनने पर वेदना से ग्रस्त महाराज पृथु ने अपना दिव्य बाण तरकश से निकालकर धनुष की प्रत्यंचा पर चढ़ा दिया और पृथ्वी का पीछा किया। भयभीत पृथ्वी ने कहा—राजन्! मैंने जो भी वनौषधियां यज्ञ-योगादि के अभाव में पचा ली हैं, मैं उन्हें दूध के रूप में पुनः वापस देने को तैयार हूं किन्तु तुम्हें उसके लिए एक ऐसे पुत्र की रचना करनी होगी जिसके प्रति वत्सलता से अभिभूत मैं स्त्रीवत हो सकूं।

यह सुनकर महाराज पृथु ने स्वायम्भुव को वत्स रूप में निर्मित कर प्रजाहित में गौरपा पृथ्वी का दोहन किया। महाराजा पृथु ने ही पर्वत-पहाड़ों को उखाड़-उखाड़ कर पृथ्वी को समतल किया और उसमें नगर-ग्राम आदि बसाए और आजीविका के लिए व्यापार को एक निश्चित स्वरूप दिया।

पृथु के वंश का विस्तार सुनाते हुए मुनि ने कहा कि महाराजा पृथु के अंतर्धान और वादी नामक दो पुत्र हुए। अंतर्धान का शिखण्डी से विवाह हुआ जिसके हविर्धान नाम का पुत्र उत्पन्न हुआ। हविर्धान ने अग्नि कुल की कन्या धिषणा से प्राचीन बर्हि, शुक्र, गय, कृष्ण, वृज और अर्जिन छह पुत्रों को जन्म दिया। प्राचीन बर्हि ने समुद्र की पुत्री सवर्ग से विवाह करके दस पुत्रों को जन्म दिया जो सभी प्राचेतस कहलाए।

इसके बाद जिज्ञासु मैत्रेयजी ने पराशर जी से कहा—मुनिवर हमने सुना है कि दक्ष प्रजापति का जन्म ब्रह्माजी के दाएं अंगूठे से हुआ था किन्तु आपने दक्ष प्रजापति की उत्पत्ति को प्रचेताओं के मारिषा के साथ

सम्पर्क से बताया है। यह क्या रहस्य है? पराशर जी ने कहा–उत्पत्ति एवं संहार नित्य क्रिया है। अतः इस बारे में दैवी शक्ति सम्पन्न महात्मा पुरुष चिंतित नहीं होते, न मोहग्रस्त होते हैं। साथ ही यह भी ध्यातव्य है कि बड़े एवं छोटे का भेद तप की महत्ता से आंका जाता है, आयु से नहीं। यह भी सच है कि युगों-युगों से दक्षादि अपने नाना रूपों में जन्मते रहते हैं। अतः नाम भेद सम्बन्ध में शंका करने के लिए लेशमात्र भी अवकाश नहीं है।

ब्रह्माजी के आदेशानुसार प्रजापति दक्ष ने सबसे पहले मानसी सृष्टि की रचना की। किन्तु प्रयत्न करने पर भी प्रजा का विकास नहीं हो पाया। तब उन्होंने संभोग धर्म का पालन करते हुए वीर प्रजापति की सुन्दर एवं रूपवान कन्या असिवनी से विवाह किया तथा उसके साथ मैथुन द्वारा पांच सहस्र पुत्रों को उत्पन्न किया। दक्ष के इन हर्यश्व पुत्रों को नारदजी ने दिग्भ्रमित कर दिया। कहा–जब तक तुम संपूर्ण पृथ्वी के बारे में विस्तार से जान-समझ नहीं लेते और जब तक तुम्हारी पृथ्वी पर पूर्ण गति नहीं हो जाती, तुम्हारा सन्तानोत्पत्ति में प्रवृत्त होना बेकार है।

सभी उद्‌बुद्ध होकर पृथ्वी को जानने के लिए निकल पड़े और भिन्न-भिन्न दिशाओं में बढ़ते हुए समुद्र में नदियों के समान विलीन हो गए। इस घटना से दुःखी दक्ष ने वैरुणी से विवाह करके शवलाश्व नाम के एक हजार पुत्र उत्पन्न किए। नारदजी ने इन पुत्रों को भी कष्टसाध्य विधि निषेध समझाते हुए दुर्गम पथ का राही बना कर भटकने के लिए छोड़ दिया। ये एक हजार पुत्र भी हर्यश्वों की तरह ही गर्त हो गए। पुनः लौटकर न आ सके।

अब दक्ष के क्रोध का पारावार न रहा। उन्होंने क्रोधित होकर नारद मुनि को शाप दिया तथा पुनः सृष्टि फैलाने के धर्म से दक्ष ने वैरुणी के साथ सम्पर्क से साठ कन्याएं उत्पन्न कीं। इनमें दस कन्याएं धर्म को, तेरह कश्यप मुनि को, दो ब्रह्मपुत्र को, दो कुशाश्व को पत्नी के रूप में दीं। धर्म के परिवार का विस्तार इस प्रकार है–अरुन्धति, वसु, यामि, लम्बा, भानु, मरुत्वती, संकल्पा मुहूर्ता, साध्या और विवा। इनसे उत्पन्न पुत्र क्रमशः पृथ्वी के प्राणी, वसुगण, नागवीथी, घोष भानु मसत्वान, सभी प्रकार के संकल्प मुहूर्ताभिमानी देवगण, साध्य एवं विश्वदेव उत्पन्न हुए।

इनमें वसुगणों की संख्या आठ है—आप ध्रुव, सोम, धर्म, अनिल, अनल, प्रत्यूष एवं प्रभास। इनकी संतानों का वृत्त इस प्रकार है—आप से चार पुत्र हुए—वैतुण्ड, श्रम, शांति एवं ध्वनि। ध्रुव से लोक संहारक काल का जन्म हुआ। सोम से वर्चा की उत्पत्ति हुई। धर्म से मनोहर पत्नी द्रविण, हुत, द्रव्यवह, शिशिर, प्राण तथा वक्षण की उत्पत्ति हुई। अनिल ने पत्नी शिवा के साथ समागम से मनोजव, अविज्ञात, गति को जन्म दिया। अनल ने शरस्तम्भ पत्नी के साथ समागम द्वारा कुमार, शाख, विशाख एवं नैगमेष—चार पुत्र जन्मे। प्रत्यूष से देवल, क्षमाशील और मनीषी की उत्पत्ति हुई तथा प्रभास से बृहस्पति की बहिन वरस्त्री का पाणिग्रहण हुआ जिससे प्रजापति विश्वकर्मा उत्पन्न हुए। महात्मा विश्वकर्मा द्वारा खोजे गए शिल्पविधान के सहारे अनेक मनीषी विद्वान अपनी जीविका चलाते हैं। विश्व के चार पुत्र हुए जिनका नाम था—अजेकपाद, अहिर्बुध्न, त्वष्टा एवं रुद्र। इसमें त्वष्टा ने यशस्वी एवं तपोशील पुत्र विश्व रूप हर को जन्म दिया। रुद्र के ग्यारह पुत्र जन्में जिन्हें हर, बहुरूप, त्र्यम्बक, अपराजित, वृषा, कांति, शम्भू, कपर्दी, रैवत, मृव्याघ, शर्व और कपाली नाम दिया। ये ग्यारहों रुद्र त्रिलोकी कहे जाते हैं।

कश्यप ने अपनी पत्नियों अदिति, दिति, दनु, अरिष्टा, सुरसा, स्वसा, सुरभि, ताम्रा, कोधवसा, इरा, कद्रु और मुनि द्वारा अपने परिवार का विस्तार किया। अदिति के गर्भ से चाक्षुष मन्वंतर के बारह तृषित देवगण वैवस्तव मन्वंतर में हुए। ये बारह ही द्वादश आदित्य कहलाए। इनके नाम—विष्णु, इन्द्र, अर्यमा, धाता, त्वष्टा, पूषा, विवस्वान, सविता, मैत्र, वरुण, अंशु और भग हैं। सोम की सत्ताईस पत्नियां नक्षत्र योगिनी हैं। इनसे सोम ने अनेक सम्पन्न ओजस्वी पुत्र उत्पन्न किए। इनके बृहपुत्र प्रथम पुत्र हुआ। बृहपुत्र की पत्नी कपिला, अहिलोहिता, पीता, अशिता विद्युत कही गईं। अंगिरा द्वारा ऋचाओं का अभिमान करने वाले देवश्रेष्ठ उत्पन्न हुए तथा कृशाश्व के यहां देवप्रहरण का जन्म हुआ। यह सभी देवगण कहलाए।

कश्यपजी ने दिति के गर्भ से परम पराक्रमी एवं अपराजेय हिरण्यकशिपु एवं हिरण्याक्ष नाम के दो पुत्रों एवं सिंहिका नाम की पुत्री को उत्पन्न

किया। हिरण्यकशिपु नियंत्रणहीन, शक्तिपुंज दैत्य स्वरूप अपने को परमपद विष्णु का अवतार मानता हुआ ख्याति पाने के लिए समस्त लोक में अपना प्रभाव जमाने लगा। इसके अनुह्लाद, प्रह्लाद संह्लाद चार पुत्र उत्पन्न हुए। इनमें प्रह्लाद हिरण्यकशिपु की दैत्य प्रकृति के पूर्ण विपरीत ईश्वरानुरक्ति में लीन भगवत्-भजन का विश्वासी था। असुरराज हिरण्यकशिपु ने प्रह्लाद को उसके सद्मार्ग से विचलित करके अपने बनाए नियमों पर चलाने के लिए बहुत प्रयत्न किए, उसे यातनाएं दीं, पर्वतों से गिराया, नागदंश दिया, शस्त्रों के प्रहार करवाए किन्तु अटल विश्वासी प्रह्लाद को लेशमात्र भी प्रभावित न कर सका। विष्णु भगवान् की कृपा से वह हर प्रकार से निष्प्रभावी रहा। उसकी भगवान् विष्णु में भक्ति अविचल भाव से रही।

महर्षि कश्यप की एक अन्य पत्नी दनु थी। इसके साथ संपर्क से मुनि ने द्विमर्धा, शाम्बर, अयोमुख, शकुशिकारा, कपिल, शंकर, एकचक्र, महाबाहु तारक, महाबल, स्वर्भानु, वृषपर्वा, महाबलि, पुलोम और विप्रचलित आदि पुत्र उत्पन्न किए। ये सभी बहुत बलशाली एवं महान् योद्धा थे। स्वर्भानु ने प्रभा को जन्म दिया, वृंषपर्वा के यहां भी तीन कन्याएं जन्मीं-शर्मिष्ठा, उपदानी एवं हरशिरा। वैश्वानर की दो पुत्रियां थीं–पुलोम तथा कालका। इन दोनों ने कश्यप मुनि से विवाह किया जिनसे साठ हजार राक्षस पुत्र जन्मे। ये अपनी माताओं के नाम पर ही पोलोम एवं कालकेय कहलाए। कश्यपजी के एक अन्य पुत्र विप्रचिति ने हिरण्याक्ष की बहिन सिंहिका से विवाह किया जिससे अनेक क्रूर एवं बलशाली पुत्रों ने जन्म लिया। इनमें व्यंश, शल्य, बलवान्, नम, वातापि नमुचि, इल्वल, खसूभ, अधक, नरक, कालनभ़, महाबीत प्रमुख हैं। इनके सैकड़ों-हजारों पुत्र उत्पन्न हुए। इस प्रकार महर्षि कश्यप का दिति और दनु से विकसित कुल काफी विस्तार पा गया। कश्यप की ताम्रमा नामक पत्नी से छह कन्याओं ने जन्म लिया। इनसे शक्रि से शुक, उलूक और काक उत्पन्न हुए। श्येनी से बाज, भासी से भास, सुग्रीवी से अश्व, ऊंट एवं गन्दर्भ, सुचि से जलचर पक्षी तथा मुद्धिका से गीध उत्पन्न हुए। विनता से कश्यप जी ने गरुड़ एवं अरुण दो पुत्रों को जन्म दिया जो काफी प्रसिद्ध हुए। सरमा से

कश्यप जी ने अनेक बड़े-बड़े सर्प एवं नभचर पैदा किए। इनके कद्रु पत्नी से शेष, वासुकि, कार्कोटक, धनंजय आदि प्रमुख सर्पों का जन्म हुआ। क्रोधावेश से इन्होंने बड़ी-बड़ी दाढ़ी वाले हिंस्र पशु उत्पन्न किए। इससे वृक्ष, लता तथा तृण आदि पैदा हुए। इनकी अन्य पत्नियों स्वास्सा, मुनि, अरिष्ठा आदि ने यक्ष-राक्षसों, अप्सराओं एवं गंधर्वों को जन्म दिया। इस प्रकार यह सारी सृष्टि स्वारोचित मन्वंतर में उपजी थी।

इस प्रकार सृष्टि संदर्भ के विषय में जानकर जनमेजय ने मन्वंतरों के विषय में जानना चाहा तो वैशम्पायनजी ने कहा कि सारे मन्वंतरों का वर्णन तो हो नहीं सकता, हां कुछ को मैं संक्षेप में बताता हूं।

वैवस्वत मनु और यम की उत्पत्ति

वैशम्पायनजी ने कहा—हे राजन! छाया को समझाकर संज्ञा अपने पिता के घर पहुंची परन्तु उसके पिता विश्वकर्मा ने संज्ञा को अपने पति के पास चले जाने को कहा। तब पिता के बहुत बार कहने पर संज्ञा ने घोड़ी का रूप धारण किया और वहां से उत्तर कुरु प्रदेश जाकर घूमने लगी। इधर सूर्य ने छाया को संज्ञा ही समझा और उसने अपने समान तेजस्वी पुत्र उत्पन्न किया। यह भी वैवस्वत मनु के समान आकार-प्रकार वाला हुआ इसलिए उसकी प्रसिद्धि सावर्ग नाम से हुई। सूर्य द्वारा छाया के गर्भ से शनैश्चर नामक द्वितीय पुत्र उत्पन्न हुआ। अब छाया का स्नेह अपने पुत्रों पर अधिक हो गया संज्ञा संतति पर उसका वैसा स्नेह नहीं रहा।

जैसाकि स्वाभाविक होता है अपनी विमाता का यह व्यवहार वैवस्वत मनु ने तो सहन कर लिया परन्तु यम इसे सहन नहीं कर सके। वह बालसुलभ चंचलता और रोष के कारण छाया को लात मारने को तत्पर हो गए। छाया को यम का यह व्यवहार दुःखप्रद लगा और उसने उसे शाप दिया कि तुम्हारा पैर इसी समय कटकर गिर पड़े। छाया की बातों से व्यथित और शाप से व्याकुल यम ने अपने पिता के पास जाकर कहा कि पिता शाप-निवृत्ति का कुछ उपाय कीजिए। माता को अपने सभी पुत्रों पर समान स्नेह रखना चाहिए। परन्तु हमारी माता अपने छोटे पुत्र का अधिक आदर और हमारी उपेक्षा करती है। इसलिए मैंने अपना पैर उठाया था

परन्तु पदाघात नहीं किया। मेरे द्वारा यह अनर्थ बाल-स्वभाव वश ही हो गया था इसे क्षमा कीजिए। माता ने मुझसे क्षोभ में कहा था कि मैं तुम्हारी मां हूं। पूजन के योग्य हूं। तुमने मुझे मारने के लिए अपना पांव उठाकर मर्यादा भंग की है। इसलिए तुम्हारा यह पांव कट कर गिर जाए। परन्तु हे पिताजी पुत्र तो कुपुत्र हो जाता है परन्तु माता कभी भी कुमाता होती नहीं देखी गई।

मुझे माता ने शाप दिया है परन्तु यदि आप मुझ पर प्रसन्न हो जाएं और मेरा अपराध क्षमा कर दें तो मेरा पांव गिरने से बच जाएगा। भगवान् सूर्य ने कहा—हे पुत्र! निःसंदेह किसी महान् कारण से तुम्हारे जैसे सत्य वक्ता और धर्मात्मा को शाप की प्राप्ति हुई होगी। परन्तु मैं तुम्हारी माता के शाप को अन्यथा नहीं कर सकता। अनेकों कीट तुम्हारे पांव का मांस लेकर पृथ्वी तल में समा जाएंगे, ऐसा होने से तुम्हारी माता के वचन की भी रक्षा होगी और तुम भी शाप से मुक्त हो जाओगे। इसके पश्चात् सूर्य ने संज्ञा रूपिणी छाया से कहा—माता का स्नेह सभी बालकों के प्रति समान होना चाहिए, फिर तुम छोटे बालक पर ही अत्यधिक स्नेह रखती हो इसका क्या कारण है? परन्तु छाया ने अपना अभिप्राय प्रकट न करके बात को आई गई कर दिया। तब भगवान् सूर्य ने योग के बल से सब भेद जान लिया और छाया को नष्ट करने के लिए तत्पर हुए। उन्होंने छाया को उसके अहं के लिए पाठ पढ़ाना शुरू किया क्योंकि वह अधिक अहंकारी हो गई थी।

सूर्य देव ने छाया को उसके अहं से निमग्न देख कुपित होकर उन्होंने छाया के केश पकड़ लिए, इससे संज्ञा के प्रति उसने जो वचन दिया था, वह परिपूर्ण हो गया और उसने सब वृत्तान्त कह सुनाये। छाया की बात पर क्रोधित हुए सूर्य विश्वकर्मा के पास पहुंचे, विश्वकर्मा ने उनका विधिवत् पूजन करके क्रोध शान्त किया। वे बोले—आपके अत्यधिक तेजोमय स्वरूप से दुखित हुई संज्ञा घोड़ी के रूप में, वन में विचरण करती घास भक्षण करती है। आप अपनी उस शुभवरण रानी भार्या को अवश्य देखिए, वह बड़वा रूप धारिणी सदा तपस्या—परायण होकर केवल पत्तों का आहार करती हुई कृश, दीन, जटिल, हाथी की सूंड से मर्दित

कमलिनी के समान व्याकुल हो रही है तथा इस समय वह ब्रह्मावारिणी योग बल से सम्पन्न है। हे देव! यदि आप मेरी सम्मति मानें तो आपको अत्यन्त सुन्दर एवं कान्तिमय बना दूं। उस समय तक सूर्य की आकृति कुछ सुन्दर एवं असमान थी, इसलिए श्वसुर के कहने से सुन्दरता प्राप्त करने के लिए सहमत हो गए और विश्वकर्मा को वैसा करने की अनुमति दे दी।

विश्वकर्मा ने उन्हें सान पर चढ़ाकर घिसना आरम्भ किया, इस प्रकार घर्षण करने से सूर्य की उग्रता कम होने लगी और उनका सौंदर्य निखर कर मुख पर चमकने लगा। तभी से उनके मुख का वर्ण लाल हो गया। उनके मुख से निकलने वाले तेज से धात, अर्यमा, मित्रावरण, अशभग, विवस्वान्, पूजा, पर्जन्य, त्वष्टा और अजधन्य विष्णु नाम बारह, आदित्य उत्पन्न हुए। अपनी ही देह से आविभूर्त हुए उन आदित्य को देखकर सूर्य को अत्यन्त प्रसन्नता हुई। विश्वकर्मा ने पुष्प चंदन, अलंकार, आभूषण आदि से उनका सत्कार करके कहा, हे आदित्य! आप अपनी भार्या के पास जाइए, इस समय वह बड़वा रूप से उत्तर कुरु प्रदेश में, वन में चर रही है। तब सूर्य ने भी अश्व का रूप धारण किया और वहीं जाकर संज्ञा को अपने तपोबल से सम्पन्न होकर सभी प्राणियों के लिए दुघर्ष होते हुए बड़वा रूप में विचरण करते हुए देखा।

संज्ञा अपने उस रूप में भी अत्यन्त सुन्दर लग रही थी। जैसे ही भाववश सूर्य उसकी ओर अत्यधिक आकर्षित हुए, वैसे ही बड़वा ने पर पुरुष समझकर उनके वीर्य को अपने नथुनों में ले बाहर निकाल दिया। जिससे दो अश्विनी कुमार उत्पन्न हुए। उनका नाम वस्त्र और नासत्व था। इसके पश्चात् सूर्य ने अपना यथार्थ रूप अपनी भार्या संज्ञा को दिखाया और तभी से उन कुमारों के पिता सूर्य और माता सूर्य-पत्नी हुईं। उधर छाया के शाप से दुखित यम धर्मपूर्वक प्रजा पर शासन करने लगे, इससे वे पितरों के अधिपति और लोकपाल हो गए।

यह यमराज का भाई शनीश्चर ग्रह बने और दोनों अश्विनीकुमार वैद्य हुए। हे राजन्-वे घोड़ों को स्वस्थ करते हैं। विश्वकर्मा ने सूर्य का जो तेज कम किया था, उसी निकले हुए तेज से भगवान् विष्णु का चक्र

बनाया, उसी चक्र से विष्णु ने असंख्य असुरों का नाश किया। यम और श्राद्धदेव की बहिन यमी यमुना नदी बन गई, श्राद्ध व मनु सावर्णि नाम से प्रसिद्ध हुआ।

वैशम्पायनजी ने जनमेजय से कहा–हे राजन्! महाराज सगर के दो रानियां थीं, उनमें विदर्भ राजपुत्री केशिनी बड़ी थी। छोटी रानी अरिष्टनेमि की अत्यन्त सुन्दर कन्या थी। एक दिन महर्षि और्व ने उन्हें बुलाकर कहा तुम में से एक रानी साठ हजार पुत्र और दूसरी केवल एक ही पुत्र होने का वर मांगे। छोटी रानी ने साठ हजार तथा बड़ी ने एक पुत्र की याचना की, इसके अनुसार केशिनी ने असमंजस नाम का एक पुत्र उत्पन्न किया। असमंजस को पंचजन भी कहते थे, वह असामान्य वीर था। छोटी रानी के गर्भ से एक तुम्बे की उत्पत्ति हुई।

उसे तुम्बे से तिल के बराबर साठ हजार पुत्र हुए थे, वे धीरे-धीरे वृद्धि को प्राप्त होने लगे। सगर ने एक-एक पुत्र को एक-एक घृत घट में रखवाकर प्रत्येक पुत्र के लिए एक धाय सेवा हेतु कर दी। दस महीने व्यतीत होने पर सभी बालक परिपुष्ट होकर राजा सगर की सुख वृद्धि करने लगे। हे जनमेजय! इस प्रकार तुम्बे से राजा सगर के साठ हजार पुत्रों की उत्पत्ति हुई। उन सब राजपुत्रों में राजा का तेज था, परन्तु राजपद पर पंचजन का ही अभिषेक हुआ था। उस पंचजन का पुत्र अंशुमान हुआ। अंशुमान के पुत्र दिलीप हुए, उन्हें खटवांग भी कहा गया। खटवांग स्वर्ग से पृथ्वी तल पर केवल एक मुहूर्त के लिए आए थे और इतने ही समय में उन्होंने अपने ध्यान बल से सम्पूर्ण त्रैलोक्य को ब्रह्ममय जान लिया।

इसके उपरान्त कथा कहते हुए वैशम्पायन जी बोले–

दिलीप के पुत्र भगीरथ हुए, उन्होंने ही पृथ्वी पर गंगाजी को अवतरित किया। यशस्वी भगीरथ ने गंगा जी को नदी रूप में प्राप्त करके उसे समुद्र तक पहुंचा दिया, इसीलिए गंगा भागीरथी के नाम से प्रसिद्ध हुई। भागीरथ के पुत्र श्रुत व श्रुत का पुत्र नाभाग हुआ। नाभाग के पुत्र अम्बरीष, अम्बरीष के सिन्धुद्वीप और सिन्धुद्वीप के अयुतजित हुआ। अयुतजित का पुत्र ऋतुपर्ण हुआ। वह द्यूत-क्रीड़ा के मर्म का ज्ञाता और परम यशस्वी था। राजा नल के साथ उनका सख्यभाव था। ऋतुपर्ण

आर्तुपार्णि का पुत्र सुदास हुआ। वह इन्द्र का सखा था। सुदास का पुत्र सौदास था उसे कल्माषमद और मित्रसह भी कहते थे।

कल्माषपद का पुत्र सर्वकर्मा हुआ। सर्वकर्मा का पुत्र अनरण्य हुआ। अनरण्य का पुत्र निध्न हुआ। उसके अनमित्र और रघु नामक दो पुत्र हुए। अनमित्र के दुलिदुल और दुलिदुह के दिलीप हुए, यही रामचन्द्र जी के पितामह थे। दिलीप के पुत्र रघु, रघु के पुत्र अज और अज के पुत्र दशरथ हुए। इन्हीं दशरथ के यहां परम यशवान एवं धर्मात्मा भगवान् राम ने जन्म लिया था। राम के पुत्र कुश हुए, कुश के पुत्र अतिथि, अतिथि के पुत्र निषध हुए। निषध के नल, नल के पुत्र नभ, नभ के पुण्डरीक तथा पुण्डरीक के पुत्र क्षेमधन्वा हुए। इस प्रकार हे राजन्! एक क्रम से यह रघुवंश आगे बढ़ता चला गया।

क्षेमधन्वा के पुत्र देवानीक, देवानीक के अहीनगृहा फिर सुधन्वा तथा सुधन्वा के पुत्र अनल हुए। अनल का पुत्र उवथ हुआ। उवथ का वज्रनाभ। इसके बाद वज्रनाभ ने पुत्र रूप में शंख को जन्म दिया। शंख को व्यषिताश्व भी कहते थे। शंख का पुत्र पुष्य और पुष्य का पुत्र अर्थसिद्ध हुआ। अर्थसिद्ध का पुत्र सुदर्शन, सुदर्शन का अग्निवर्ण, अग्निवर्ण का शीघ्र तथा शीघ्र का पुत्र मरु हुआ, उसने कलापद्वीप में जाकर योगाभ्यास किया। उसका पुत्र वृहद्बल हुआ। पुराणों में नल नाम के दो राजाओं का वृत्तान्त उपलब्ध है। उनमें एक वीरसेन का पुत्र हुआ और दूसरा इक्ष्वाकु वंश में उत्पन्न हुआ। इस प्रकार सब प्रधान इक्ष्वाकु-वंशीय राजाओं के नाम मैंने तुम्हें कह दिए हैं। यह सभी राजागण सूर्य की वंशावली का पाठ करते हैं। वे पाप रहित तथा आयुष्मान और पुत्रवान होकर अन्त में आदित्य लोक को प्राप्त होते हैं।

हे राजन्! यह सारी संतान परम्परा सूर्यवंशी मानी जाती है और ये सभी राजा सूर्य का गुणगान करते रहे हैं।

जनमेजय ने उक्त वंशावली सुनकर भगवान् वैशम्पायन से कहा कि इससे मुझे अपने पूर्वजों के विषय में जानकारी मिल गई है। अब आप कृपा करके भगवान् के विभिन्न मुख्य अवतारों के विषय में बताइए।

भगवान् विष्णु के अवतारों के विषय में पूछने पर जनमेजय से

भगवान् वैशम्पायन ने विभिन्न अवतारों के विषय में बताया–

कूर्मावतार : बहुत पहले ऋषि दुर्वासा इंद्र से मिलने के लिए गए और उन्होंने एक कमल के फूलों की माला दी। इंद्र ने उस माला को अपने ऐरावत हाथी के सिर पर डाल और स्वयं नंदन वन में चले गए। हाथी ने उस माला को धरती पर गिराकर मसल डाला। ऋषि ने देखा कि उनके सामने ही उनके दिए हुए सम्मान का तिरस्कार हो रहा है तो उन्होंने क्रोधित होकर इंद्र को वैभव नष्ट होने का श्राप दिया। इससे सारे इंद्रलोक में दरिद्रता छा गई। देवता अभाव से पीड़ित होने लगे तो वे आत्मरक्षा का उपाय जानने के लिए भगवान् विष्णु के पास गए। विष्णु ने उनकी पूजा से प्रसन्न होकर दर्शन दिए ओर मंदराचल को मथानी बनाकर क्षीर सागर के मंथन से लक्ष्मी प्राप्त करने के लिए कहा। जब मंदराचल के स्थित होने की बात उठी तो भगवान् विष्णु को कूर्म का अवतार धारण कर मंदराचल को अपनी पीठ पर धारण करना पड़ा। फिर मंथन के उपरांत लक्ष्मीजी का आविर्भाव हुआ और भगवान् नारायण की कृपा से देवताओं की दरिद्रता नष्ट हो गई।

वराह अवतार : पुराने समय में जय विजय नाम के विष्णु के दो द्वारपाल थे। ये सामान्य रूप से द्वार पर खड़े हुए थे कि सनक आदि ऋषि जब विष्णु से मिलने जाने लगे तो उन्होंने रोक दिया। ऋषियों ने क्रुद्ध होकर उन्हें राक्षस योनि में पैदा होने का शाप दे डाला। ये दोनों हिरण्याक्ष और हिरण्यकशिपु के रूप में कश्यप और दिति के यहां उत्पन्न हुए।

हिरण्याक्ष ने बड़ा चमत्कार किया और वह संपूर्ण प्राणियों सहित सागर समेत पृथ्वी को उखाड़कर रसातल में ले गया। फिर पृथ्वी के उद्धार के लिए देवता भगवान् विष्णु के पास आए तो उन्होंने वराह बनकर रसातल में प्रवेश किया और दाढ़ से राक्षस को मारा तथा दूसरी से पृथ्वी को बारह निकाला। वराह रूप धारण करने के कारण इस रूप को वराह अवतार कहा जाता है।

नृसिंह अवतार : भगवान् विष्णु के अवतारों में नृसिंह अवतार का बहुत महत्त्व है। अपने भाई हिरण्याक्ष के वध के बाद हिरण्यकशिपु को बहुत कष्ट हुआ और उसने भयंकर तप किया। उसकी तपस्या से भगवान्

विष्णु बहुत प्रसन्न हुए और जब उन्होंने वर मांगने के लिए कहा तो वह बोला कि मैं न दिन में, न रात में, न देव, असुर, मनुष्य गंधर्व, सर्प, पशु-पक्षी, राक्षस और न किसी जाति से मारा जाऊं। इस तरह उसने अवध्य होने का वर ले लिया। वर प्राप्त करने के बाद वह बहुत घमंडी हो गया और देवलोक पर आक्रमण कर दिया। देवताओं को वहां से भगाकर राज्य करने लगा लेकिन उसका पुत्र प्रह्लाद उसकी भावना के विपरीत विष्णुजी का भक्त था। उसने अपने पिता को ईश्वर मानने से इंकार कर दिया और विष्णु की ही पूजा करता रहा। हिरण्यकशिपु को उसकी यह भावना बिल्कुल स्वीकार नहीं थी। उसने अपने पुत्र को अनेक प्रकार के कष्ट दिए और उसको मरवाने के अनेक उपाए किए लेकिन विष्णु भगवान् की कृपा से उसका बाल भी बांका नहीं हुआ।

एक बार प्रह्लाद को उसके पिता ने लोहे के खंभे से बांध दिया और उसे आग से तपा दिया और कहा कि मुझे इसमें अपने भगवान् को दिखाओ। पिता पुत्र को जैसे ही खड्ग से मारने जा रहा था वैसे ही मनुष्य और शेर का संयुक्त अवतार लेकर भगवान् विष्णु प्रकट हो गए और उन्होंने संध्या के समय (जो न दिन होता है न रात), महल की चौखट पर (जहां न घर होता है न बाहर), अपनी जांघों पर राक्षस को लिटाकर अपने नाखूनों से उसे मार डाला। इस तरह भगवान् ने अपने भक्त की रक्षा के लिए नृसिंह का अवतार लिया।

वामन अवतार : हिरण्यकशिपु के वंश में राजा बलि पैदा हुआ। प्रह्लाद का पुत्र विरोचन और विरोचन का पुत्र बलि था। बलि बहुत धर्मात्मा और इंद्रियों को अपने वश में करने वाला राजा था। उसने अपनी वीरता से इंद्र आदि देवताओं को जीतकर तीनों लोकों को अपने वश में कर रखा था। इसलिए देवताओं को उसे छल से ही परास्त करना पड़ा। अपनी दुर्गति से चिंतित देवता भगवान् विष्णु के पास गए और कश्यप ने भगवान् विष्णु की प्रसन्नता के लिए घोर तप किया। जब भगवान् विष्णु प्रसन्न हुए और उन्होंने कश्यप को वर मांगने के लिए कहा तो कश्यप ने कहा कि आप राजा इंद्र को उसका राज्य लौटाने की कृपा करें।

कश्यप की प्रार्थना स्वीकार करके भगवान् विष्णु ने एक ब्राह्मण

ब्रह्मचारी के रूप में अपना परिवर्तित किया और वामन रूप धारण करके बलि के यज्ञ में गए। बलि ने ब्राह्मण समझकर उनकी पूजा की और कुछ लेने के लिए कहा। वामन ने उनसे तीन पैर धरती मांगी क्योंकि बलि ने उन्हें धरती देने का संकल्प कर लिया था। इसलिए वह वचन से पीछे नहीं हटा। तब भगवान् ने अपना विराट् रूप धारण किया और एक ही पैर से 50 करोड़ योजन चौड़ा सागर तथा सात द्वीपों वाली धरती को नाप लिया। फिर उन्होंने कहा कि मैं दूसरा पैर कहा रखूं तो बलि ने अपना सिर आगे करके कहा कि आप दूसरा इस पर रख लीजिए तो भगवान् ने उसके सिर पर पैर रखकर उसे पाताल लोक भेज दिया। इस तरह उन्होंने देवताओं का राज्य उन्हें लौटा दिया।

परशुराम अवतार : परशुराम के अवतार के रूप में भगवान् विष्णु ने उद्दंड क्षत्रियों को पाठ पढ़ाने का कार्य किया। यह कथा इस प्रकार है कि जमदग्नि ऋषि ने देवराज इंद्र को प्रसन्न करने के बाद उनसे सुरिभ नाम की एक गाय प्राप्त कर ली थी। कुछ समय बाद राजा कार्तवीर्य ने ऋषि से गाय मांगी। ऋषि ने गाय देने से इंकार कर दिया, तब उस राजा ने अपने बल का प्रयोग किया। जब वह गाय को ले जा रहा था तो गाय ने अपने सींगों से राजा और उसके सैनिकों को बुरी तरह से घायल कर दिया। तब राजा ने ऋषि जमदग्नि पर तीव्र प्रहार किया जिससे वह मूर्च्छित होकर धरती पर गिर पड़े और राजा उनकी गाय को लेकर चला गया।

ऐसे दुष्ट राजाओं का वध करने के लिए भगवान् विष्णु ने ही जमदग्नि के पुत्र के रूप में अवतार लिया और कार्तवीर्य सहित अनेक क्षत्रिय राजाओं को मारा जो आततायी होते थे और इस तरह उन्होंने पृथ्वी को धर्म भावना से पुनः भर दिया।

रामावतार : लोक में मर्यादा और आदर्श के उच्च स्वरूपों को स्थापित करने के लिए भगवान् विष्णु ने अयोध्या के राजा दशरथ के यहां राम के रूप में अवतार लिया। उन्होंने इस अवतार का धर्म निभाते व्यवहारिक जीवन के माध्यम से लोक मर्यादा की प्रतिष्ठा की।

इस संदर्भ में भी हिरण्याक्ष के दूसरे रूप कुम्भकरण और हिरण्यकशिपु

के दूसरे रूप रावण के अत्याचारों से धरती को मुक्त करने के लिए राम का अवतार हुआ। बहुत समय पूर्व पुलस्त्य के पुत्र विश्रवा का विवाह एक दानव की रूपवती पुत्री केकसी के साथ हुआ। उसने एक बार संध्या के समय ही पत्नी के साथ रमण किया और उसने रावण, कुम्भकरण तथा शूर्पणखा नाम की सन्तान उत्पन्न की और फिर उसके बाद विधि-विधानपूर्वक सहवास के परिणामस्वरूप विभीषण उत्पन्न हुआ। विभीषण अच्छे आचार वाला और भगवान् का भक्त था।

जैसा कि सभी असुरों के द्वारा किया गया तप उन्हें दुष्ट होने तक बलशाली बना देता इसी परम्परा में रावण ने भी तप किया और शिवजी को प्रसन्न करके असीम शक्ति प्राप्त कर ली। उसने विष्णु को भी प्रसन्न किया और शक्ति पाने के लिए यज्ञ करने वाले ऋषियों और देवताओं को तंग करने लगा। जब दुःखी होकर ऋषि मुनि मिलकर भगवान् विष्णु की शरण में गए तो भगवान् ने मनु और शतरूपा को दिए गए वरदान का रहस्य उन्हें बताया और दशरथ के घर में राम रूप में उत्पन्न होने की बात कही।

समय आने पर जब भगवान् विष्णु ने राम के रूप में दशरथ के यहां जन्म लिया और पहले तो मर्यादा की रक्षा करते हुए किशोरावस्था में विश्वामित्र के साथ जाकर यज्ञ में बाधा डालने वाले ताड़का और सुबाहु नाम के राक्षसों का वध किया और वनवास को स्वीकार करके अन्ततः लंका पर आक्रमण करके रावण और कुम्भकरण का वध किया। फिर यहां तक हुआ कि उन्होंने अपनी प्रजा में असंतोष फैलने के कारण एक धोबी के कहने पर अपनी पत्नी का परित्याग करके उन्हें वन में भेज दिया। इस प्रकार उन्होंने लोक-रक्षा का व्रत पालन किया।

कृष्णावतार : भगवान् विष्णु ने कंस और जरासंध बने जय-विजय के उद्धार के लिए कृष्ण रूप में अवतार लिया। किन्तु मूल रूप में वह अवतार धर्म की रक्षा के लिए और साथ ही लोक लज्जा के लिए था। जब कंस और जरासंध ने बहुत अधिक अत्याचार करने प्रारम्भ कर दिए और धर्म को नष्ट करके अधर्म फैलाया तो भगवान् ने कृष्ण रूप में अवतार लिया क्योंकि जरासंध और कंस के कारण पृथ्वी पर ऋषि मुनियों

का यज्ञ, तप, तीर्थ, भजन, पूजन का कार्य ठीक तरह से नहीं चल रहा था। इन दोनों ने अपने को भगवान् घोषित कर दिया था और विष्णु की पूजा निषिद्ध कर दी थी।

कंस और जरासंध के अत्याचारों से तंग होकर ऋषि-मुनि विष्णु जी की शरण में गए और अपनी दशा बताई। तब भगवान् ने देवकी के गर्भ से जन्म लेना स्वीकार किया। कंस को पता चला कि उसकी बहन के गर्भ से उसको मारने वाला पैदा होने वाला है तो उसने देवकी और वसुदेव को बंदीगृह में डाल दिया और उसकी सात संतानें मार दीं। जब भगवान् कृष्ण उत्पन्न हुए तो बंदीगृह में ही ऐसा चमत्कार हुआ कि दरवाजे अपने आप खुल गए, सारे चौकीदार सो गए और वासुदेव ने श्रीकृष्ण को टोकरी में रखकर रातों रात यमुना पार कर नन्द-यशोदा के यहां पहुंचा दिया।

श्रीकृष्ण ने ब्रज में रहकर अनेक लीलाएं कीं। इधर कंस श्रीकृष्ण और बलराम को बढ़ते हुए जानकर बहुत चिंतित था। उसने अनेक राक्षस तथा अनेक शक्तिशाली सेवक कृष्ण को मारने के लिए भेजे लेकिन उन्हीं का वध हो गया।

भगवान् कृष्ण शिक्षा प्राप्त करके समुद्र के बीच में ही नगर बसाने के विषय में सोचने लगे और द्वारका नामक की पुरी बसाई। विदर्भ के राजा की पुत्री रुक्मिणी से कृष्ण का विवाह हुआ। जरासंध भी रुक्मिणी से विवाह करना चाहता था पर कृष्ण के साथ विवाह की बात सुनकर उसे क्रोध आया। उसने द्वारका पर चढ़ाई कर दी और इसी लड़ाई में वह मारा गया। इस तरह भगवान् विष्णु ने विभिन्न रूपों में अवतार लिया। उनके तरीकों के पीछे धरती पर धर्म की स्थापना और अधर्म का नाश निहित रहा है।

ऋषियों द्वारा यह पूछे जाने पर कि भगवान् का वास्तविक स्वरूप क्या है? जमदग्नि बोले कि एक बार भगवती पार्वती ने शंकर जी से कहा था कि अब मैं चाहती हूं कि आप मुझे श्रीमद्भगवद् गीता के महत्त्व को बताएं क्योंकि यह भगवान् के मुख से निकली हुई गीता है।

पार्वती की जिज्ञासा सुनकर शंकर जी ने कहा कि एक बार भगवती लक्ष्मी ने विष्णुजी से पूछा था कि वह क्षीर सागर में सोते रहते हैं और

जो कुछ भी घटता रहता है उसकी चिन्ता नहीं करते। यह सुनकर विष्णु भगवान् ने लक्ष्मीजी से कहा था कि वेद व्यास के द्वारा मैंने वेद शास्त्र रूपी सागर का मंथन करके गीता शास्त्र की सृष्टि की है। मैं उसके प्रभाव से, तत्त्व दृष्टि से सब कुछ देख लेता हूं। यह दृश्यमान जगत् और सृष्टि-संहार की स्थितियां, मेरा मायामय शरीर, यह तात्त्विक अध्ययन का विषय है। इसे ही व्यासजी ने वर्णित किया है।

वैशम्पायन जी ने कहा–हे राजन्! अब भगवान् विष्णु के सत्तयुग में विश्वत्व, दैवलोक में देवत्व और सत्यलोक में कृष्ण रूप तथा विभिन्न युगों में किए गए उनके कार्यों का वर्णन करता हूं। ये अविनाशी भगवान् विश्व के स्रष्टा, अनन्तात्मा एवं अव्यक्त हैं, देह धारण करके वही 'हरि' कहे गए हैं। ब्रह्मा, इन्द्र, चन्द्रमा, धर्मराज, शुक्र और बृहस्पति यह सब उन्हीं के रूप हैं। वही अदिति के गर्भ से उत्पन्न इन्द्रानुज विष्णु हुए थे। सत्तयुग में वृत्तासुर-वध के पश्चात् विश्व विख्यात एक तारकासुर संग्राम हुआ था, उनमें दानवों ने रणोन्मत्त होकर देवता, गंधर्व, यज्ञ, रक्षा और नागादि का वध करना आरम्भ कर दिया। उन दैत्यों के भयंकर प्रहारों से व्याकुल एवं निरस्त्र हुए देवता गन्धर्व आदि युद्धक्षेत्र को छोड़कर भाग खड़े हुए और भगवान् विष्णु की शरण में पहुंचे। उस समय आकाश में काले-काले बादल छा गए जिससे ग्रहों के सहित सूर्य-चंद्र भी ढंक गए थे सप्तवायु अत्यन्त वेग से चल रही थी और अनेक तत्त्व, प्रवाहमान हुए बादलों के पारस्परिक संघर्ष से भयानक बिजली चमकने लगी और घोर गर्जना होने लगी। एक साथ ही वज्रपात एवं उल्कापात होने लगा, गर्म जल की वर्षा होने लगी। इन उत्पातों से प्रतीत होता था कि आकाश जल रहा है और पिघल कर नीचे आ रहा है, आकाश में उमड़ते हुए विमान डांवाडोल होने लगे। ऐसे समय में ही भगवान् विष्णु उस अन्धकार रात्रि को चीर दिव्य रूप से प्रकट हुए। वे दिव्य रथ आरूढ़ थे, उस रथ में हरे रंग के घोड़े थे, ध्वजा पर गरुड़ विराजमान थे, चन्द्रमा और सूर्य उस रथ के चक्र थे, मंदराचल उनका धुरा था।

उस प्रयाण में भगवान् शेष अश्वों की राह थे; सुमेरु पर्वत कूबर था, तारागण उसके अद्भुत बेल-बूटे थे, यह नक्षत्र बंधन थे। दैत्यों से हारे हुए

देवताओं ने जब उन अभयदाता प्रभु को देखा तभी उच्च स्वर से जय-जयकार करते हुए उनकी शरण में गए। उन सबकी आर्तवाणी सुनकर भगवान् ने युद्ध में दैत्यों का वध करने की प्रतिज्ञा करते हुए कहा। हे देवगण! डरो मत। मैं दैत्यों को अभी हरा दूंगा, तब तुम त्रिलोक के राज्य पर पुनः अधिकार करोगे। भगवान् की वाणी सुनकर देवगणों को वैसा ही आनन्द प्राप्त हुआ जैसे अंधकार दूर हुआ हो, दुःख के मेघ छिन्न-भिन्न हो गए, सुखदायक वायु प्रवाहित होने लगी और दशों दिशाएं स्वच्छ हो गईं।

वैशम्पायनजी ने कहा-"हे राजन्! इसके पश्चात् देवताओं और दैत्यों में घोर युद्ध हुआ। देवताओं पर देत्यगण विभिन्न प्रकार से शस्त्रास्त्र धारण कर टूट पड़े। जैसे धर्म और अधर्म में अथवा रोष और विनय से द्वन्द्व होता है उसी प्रकार देवता-दैत्यों में भीषण और अद्‌भुत युद्ध होने लगा। तेज गति के दौड़ते रथ, दौड़ते हुए वाहन, हाथ में तलवार लेकर उछलते हुए वीर, फेंके मूशल, छोड़े हुए वाण तथा गिरते हुए मुद्‌गर आदि सर्वत्र दिखाई दे रहे थे, सम्पूर्ण विश्व में प्रलय जैसा आतंक छा गया, दानवों ने परिधों द्वारा शिला खण्डों से भी देवताओं पर प्रहार किए। इस युद्ध में पहले देवतागण जैसे हारे हुए सैनिकों की तरह पीले पड़ गए।

दानवों के परिधि-प्रहार से अनेक देवताओं के मस्तक फट गए। बहुतों के हृदय विदीर्ण हो गए जिससे रक्त की धारा प्रवाहित हो चली, देव-सेना दानवों के पाशजालों में बैठकर चेष्टाहीन हो गई और दानवी माया के प्रभाववश वह नितान्त अशक्त हो गए। मरे हुए के समान निश्चेष्ट भाव से खड़े हुए देवताओं के सभी शास्त्रास्त्र व्यर्थ हो गए, दैत्यों ने उन सबको काट डाला। यह देखकर इन्द्र अपने वज्र को लेकर दैत्य-सेना पर टूट पड़े, जो उनके सामने आया उसी को मार दिया और फिर तामस अस्त्र समूह से उन्होंने घोर अंधकार कर दिया जिसके कारण यह पता लगना ही कठिन था कि कौन देवता है और कौन दैत्य है। इस प्रकार दानवी माया से मुक्त होकर पूर्ण प्रयत्नपूर्वक देवगण दैत्यों को नष्ट करने लगे। उस घोर अंधकार के कारण भयभीत हुए राक्षस धराशायी हो गए। वे भयंकर आर्तनाद करने लगे।

इस तरह भयभीत दानवों के अंधकार में विलीन होने पर सर्वत्र अंधकार छा गया पर प्रात:काल के समान, पुनः दैत्यों ने प्रकाश कर दिया उससे अंधकार समाप्त हो गया। दैत्यों के अग्नि प्रयोग-प्रभाव से सम्पूर्ण अंधकार मिट गया और दैत्यों ने तुरन्त आक्रमण कर दिया। उस मायामयी अग्नि से रक्षा पाने के लिए देवगणों ने चन्द्रमा की शरण ली। उस और्व अग्नि से देवगण निस्तेज और संतप्त हो गए थे। शरण प्राप्ति के लिए उन्होंने चंद्रमा के सामने, उनका अर्चन किया। इस प्रकार जब उस माया से देव वरुण सेना व्याकुल हो उठी, तब इन्द्र के द्वारा सब बात कहने पर जल पति उनसे बोले। वरुण ने कहा-हे देवराज! पूर्वकाल में ऊर्व पुत्र अग्नि ने जिस माया को रचा था, यह वही दुर्लभ माया जीवन पर्यन्त अक्षुण्ण प्रभाव वाली होकर हिरण्यकशिपु के पास रहेगी। यदि इस माया को नष्ट करके सबको सुखी करना है तो जल में उत्पन्न हुए चन्द्रमा को मेरे साथ करिए। मैं तब चन्द्रमा और सभी जल जन्तुओं को साथ लेकर इस माया को नि:संदेह नष्ट कर दूंगा। देवराज इन्द्र ने वरुण की बात ध्यानपूर्वक सुनी।

वैशम्पायन जी ने कहा-हे राजन्! देवताओं के आनन्द की वृद्धि करने वाले इन्द्र ने वरुण की बात सुनकर चन्द्रमा से कहा। इन्द्र बोले-हे चन्द्र! तुम असुरों के विनाश और देवताओं की जीत के लिए युद्ध में वरुण की सहायता करो, क्योंकि तुम महाबली और प्रकाश ज्योति में ईश्वर हो, रसज्ञों ने तुम्हें सम्पूर्ण प्राणियों का रस कहा है। समुद्र के समान तुम्हारा क्षय और वृद्धि दुर्जेय है, तुम विश्व में दिन-रात्रि को प्रकट करते हुए अपने ही मण्डल में भ्रमण करते हो। तुम श्वेत भानु और हिमज्योति हो, तुम नक्षत्रों के स्वामी तथा संवत्सर के प्रवर्तक हो, तुम काल योगात्मक, यज्ञरस, औषधियों के स्वामी शीतल, अमृताधार, छन्दोयोगिन, श्वेतवाहम, चपल, सोम पायी हो। सोम रस तथा जगत् के प्राणियों का सौम्य रूप हो। तुम अंधकार के नाशक और नक्षत्रों के अधिपति हो। अतः तुम सेनाध्यक्ष वरुण के साथ गमन करो, जिससे हम शीघ्र ही इस जलाने वाली आसुरी माया से मुक्त हो सकें। यह सुनकर चन्द्रमा ने कहा-हे देवेन्द्र! मैं युद्ध स्थल में जाकर शीघ्र ही हिम की वर्षा करता हूं, जिसके प्रभाव से आपके

देखते-देखते ही यह माया नष्ट हो जाएगी और इन सभी दैत्यों का हम देखते-देखते गर्व खण्डित कर देंगे। आप चिन्ता न करें।

वैशम्पायनजी ने कहा–हे राजन्! इसके पश्चात् चन्द्रमा ने हिम वर्षा की, जिससे मेघ के समान कठोर दैत्य ढंक गए। इस प्रकार पाश धारण करने वाले वरुण और हिम की वर्षा करने वाले चन्द्रमा दोनों ही अपने शस्त्रों का प्रहार करते हुए उमड़ते हुए समुद्र के समान युद्ध-स्थल में घूमने लगे। बादलों के द्वारा जल-वर्षा होने से जैसे सम्पूर्ण विश्व जल में बहने लगता है वैसे ही उनकी अस्त्र वर्षा से सम्पूर्ण दैत्य सेना व्याकुल हो गई। इस प्रकार वरुण ने पाश से और चन्द्रमा ने हिम से दानवी माया को छिन्न-भिन्न कर दिया। इस स्थिति में दैत्यगण छिन्न मस्तक के समान चलने की शक्ति से हीन होकर निष्क्रिय हो गए। उन्हें अब कुछ भी नहीं सूझ रहा था। उस समय दैत्यों के सब विमान नीचे गिरने लगे। जब मय दानव ने दैत्यों को वरुण-पाश में बद्ध और चंद्रमा द्वारा किए गए हिमपात से आच्छादित देखा तो उसने अपने पुत्र क्रोंच द्वारा बनाए हुए, मायामय पर्वतास्त्र का प्रयोग किया। उस पर शिलाएं, घाटियाँ, सिंहों और व्याघ्रों का समूह स्थित थे। उस पर्वत का अलग भाग वृक्षों और कन्दराओं वाले वनों से व्याप्त था। उसके वृक्ष वायु के वेग से हिल रहे थे। उस तरह माया के प्रयुक्त होते ही पर्वत से बड़ी-बड़ी शिलाओं और वृक्षों की वर्षा होने लगी जिसके कारण देव-सेना से सन्तप्त दैत्य सेना में जीवन आ गया और चन्द्रमा तथा वरुण की माया नष्ट हो गई तथा शिला खण्डों की वर्षा से स्थिति बिल्कुल विपरीत हो गई।

उस समय पहाड़ी स्थान के ऊंचा-नीचा होने के कारण पृथ्वी भी शिला-खण्डों की वर्षा से कांप गई। कुछ देवता शिला-खण्डों और चट्टानों की मार से क्षत-विक्षत हो गए, कोई भी देवता कुशलपूर्वक न बच सका। विष्णु के अतिरिक्त सभी देवगण निराश हो रहे थे। परन्तु भगवान् विष्णु तनिक भी विचलित नहीं हुए। भगवान् विष्णु सर्वज्ञाता होने के कारण सामान्य स्थिति में रहे। वे युद्ध का निरीक्षण करते हुए आक्रमण के लिए उपयुक्त अवसर देख रहे थे। मय दानव की माया की वृद्धि होते हुए देखकर भगवान् ने वायु और अग्नि को उसे रोकने का संकेत किया।

उनकी आज्ञा पाते ही वायु और अग्नि दानव माया को समाप्त करने में लग गए। तब अग्नि और वायु के संयोग से प्रलय समान वृद्धि को प्राप्त हुई दैत्य सेना नष्ट होने लगी और दानवों द्वारा प्रयुक्त माया का अन्त हो गया।

उस समय रण भूमि में वायु और अग्नि निर्द्वंद्व रूप से विचरण कर रहे थे। अग्नि के प्रकोप से दानवों के नष्ट हुए विमान वायु के वेग मय प्रवाह से पृथ्वी पर जा पड़ते। इससे दैत्य अत्यन्त निराश हो गए। इस प्रकार दानवी माया के नष्ट होने पर देवगण सब ओर से भगवान् विष्णु की जय-जयकार कर रहे थे। इस युद्ध में इन्द्र की जीत और मय दानव की हार हुई, इससे समस्त दिशाएं प्रफुल्लित हो गईं और धर्म-कर्म का अनुष्ठान प्रारम्भ हुआ। चन्द्रमा का मार्ग स्वच्छ हो गया। सूर्य अपनी स्वाभाविक गति पर आ गए और सभी मनुष्य प्रकृतस्थ हो गए। मनुष्यों में समय पर मृत्यु होने लगी। अग्नि का आह्वान नियमित रूप से होने लगा और देवगण यज्ञ-भाग को पूर्ववत् प्राप्त करने लगे। संसार के सभी प्राणी अपनी गति से कार्य करने लगे। लोकपालों ने अपने-अपने स्थानों को फिर से प्राप्त किया तथा पुण्यात्माओं का अभ्युदय, पापियों का पतन हो गया। देवता प्रसन्न हुए। दैत्य पराजित हो गए, संसार में सत्य का अनुकरण होने लगा, सभी अपने-अपने धर्म पर चलने लगे। सभी राजागण प्रजा-पालन में लग गए।

वैशम्पायनजी ने कहा–"हे राजन्! अग्नि और वायु के युद्ध की समाप्ति पर तीनों लोकों में जय-जयकार होने लगी। अब दैत्यों की पराजय का यह समाचार कालनेमि ने सुना तो यह मंदराचल के समान और वृहदाकार सूर्य के समान तेजोमय मुकुट धारण करने वाला होकर भयंकर गर्जना करते हुए युद्ध-भूमि में आ गया। वह अनेक हथियार धारण करके पर्वत के समान और ग्रीष्म ऋतु के दावानल के समान प्रज्वलित होता हुआ धूम्रवर्ण के केश, हरित वर्ण की दाढ़ी-मूंछ, बाहर की ओर निकले हुए दांत-त्रैलोक्य विस्तृत शरीर और टेढ़े तथा लाल वर्ण के नेत्र दूर तक फैले हुए थे, उस समय वह अपनी भुजाओं से आकाश को उठाए हुआ-सा प्रतीत हो रहा था। वह अपने पैरों की ठोकर से पर्वतों को रौंदता, दीर्घ श्वासों से मेघों को उड़ाता और मंदराचल-सा उग्र तेज दिखाता हुआ

ऐसा लग रहा था कि वह सब देवताओं और उनके साथ दशों दिशाओं को कंपाता चलता हुआ ऐसा प्रतीत होता था, जैसे प्रलयकार में भूखी मृत्यु सामने आ रही हो। देवताओं के हाथ से जो दैत्य मारे गए थे उन्हें कालनेमि ने उठने का संकेत किया। उस समय शत्रुओं के लिए काल के समान उस कालनेमि को देखकर देवगण अत्यन्त भयभीत हुए और सांसारिक प्राणियों ने यह समझा कि यह द्वितीय त्रिविक्रम भगवान् रण-क्षेत्र में विचरण कर रहे हैं। जब उस असुर ने अपना दक्षिण पग बढ़ाया तब देवगण व्याकुल हो उठे और उनके शस्त्रास्त्र वायु से हिल उठे। उसी समय दानव-राज मय ने वहां आकर कालनेमि को कंठ से लगा लिया। उस समय वह मंदर पर्वत जैसा लगने लगा। वह उस समय साक्षात् यम की तरह लग रहा था। उसकी शक्ति की परिकल्पना करके देवता कांप गए थे।

देवताओं का कालनेमि के साथ युद्ध

वैशम्पायनजी ने कहा—हे राजन्! महा असुर कालनेमि दानवों को प्रसन्न करने के लिए नए बादलों के समान वृद्धि को प्राप्त होने लगा। तीनों लोकों में प्रसिद्ध कालनेमि को अपने मध्य देखकर दानवगण प्रसन्न चित्त से उठ कर खड़े हो गए, ऐसा लगा उन्हें श्रेष्ठ अमृत की प्राप्ति हो गई हो। मय तथा तारकादि दानवों का भय दूर हो गया। उस मय तथा तारकादि के युद्ध में सभी दानव दर्प से प्रसन्न हो उठे। इसके पूर्व असुरों के साथ संघर्ष में उनका मनोबल गिर गया था किन्तु सेना के जो सैनिक व्यूह-निर्माण आदि में व्यस्त थे, वे टकटकी बांधकर कालनेमि को देखने लगे तथा उन्हें अत्यन्त प्रसन्नता हुई। मय दानव के युद्ध में निपुण सैनिक भय छोड़कर उत्साहपूर्वक तथा प्रसन्नचित्त से युद्ध के लिए एकत्र हो गए। अब उन्हें देवों का भय नहीं रहा। अनेक असुर मय, तार, वराह, हयग्रीव, विप्रोचितपुत्र श्वेत, खर लम्ब, बलि का पुत्र अरिष्ट, किशोर उष्ट, देवताओं में प्रख्यात वक्रयोधी तथा महान् शक्तिधारी राहु एवं बहुत से अस्त्र कुशल तथा तपोनिष्ट दानव भारी गदा, चक्र, फरसा मृत्यु-रूप मूसल, क्षेपणास्त्र, मुद्गर, पर्वतों जैसे वृहद् आकाश की शिला, भीषण

दु:ख देने वाली शतध्नी, युगमन्त्र सूक्ष्मामाग्र अर्गय, पाश, लपलपाती हुई जीभ वाले सर्पों के समान शान पर चढ़े हुए तीर, प्रहार करने के योग्य वज्र, चमचमाती तोमर, म्यान से निकली हुई लगी तथा तीक्ष्ण तलवार और खून से सने हुए भाले आदि नाना प्रकार के अस्त्र-शस्त्रधारी दानव सैनिक कालनेमि को आगे कर युद्धस्थल में उपस्थित हुए।

जब सब वहां आ गए तो अनेक प्रकार के अस्त्र-शस्त्रों से शोभित वह दानव-सेना बादलों से ढके हुए आकाश के समान सुशोभित हुई। इधर देवराज इन्द्र की पताका से सज्जित, मेघ के समान वस्त्रों को धारण किए हुए ग्रह तथा नक्षत्रों के समान हंसती हुई एवं यम, इन्द्र, कुबेर, अग्नि तथा वायु के संरक्षण में भीषण देव-सेना अनेक प्रकार के अस्त्रों को धारण किए हुए यक्षों तथा गन्धर्वों सहित समुद्र के वेग समान भव्य लग रही थी। जैसे प्रलय के समय पृथ्वी तथा आकाश मिलकर एक हो जाते हैं उसी प्रकार दोनों ओर की सेनाओं के भिड़ते ही भीषण युद्ध आरम्भ हो गया। देवगणों ने शुरू में तो इन सारे दानवों के साथ शिथिलता दिखलाई, किन्तु बाद में महान् पराक्रम सहित उनको मारने लगे। इसके विपरीत दानवों ने उस देवगणों के साथ प्रारम्भ में पराक्रम दिखलाया, किन्तु बाद में शिथिलता से युद्ध करने लगे। दोनों सेनाओं में से दोनों ओर के निष्ठुर तथा बहादुर सैनिक निकलने लगे। पुष्पों से परिपूर्ण तथा पर्वतों वाले जंगल में जिस प्रकार हाथी घूमते रहते हैं, उसी प्रकार दोनों ओर के योद्धा दोनों शिविरों में घूमते हुए युद्ध करने लगे। अचानक चारों दिशाओं में भेरी बजने लगी तथा शंख का शब्द गूंजने लगा। उन भेरी तथा शंख का प्रतिध्वनि से तीनों मण्डल गूंज गए। प्रत्यंचा की चोट, धनुषों की टंकार तथा दुन्दुभि की ध्वनि से दानवों का सारा उत्साह ठंडा पड़ गया। अब दो दलों के योद्धा आपस में आघात करते हुए एक दूसरे को मारने लगे, कुछ योद्धा परस्पर द्वन्द्व करते हुए एक-दूसरे के बाहु तोड़ने लगे। दानव-गण लोहे की बनी भीषण परिधि तथा देवगण बड़ी-बड़ी तथा भारी गदा और शस्त्र शिला से आवाज करते थे। उनमें बहुत से योद्धाओं के शरीर तीरों से टुकड़े-टुकड़े हो गए इसलिए कुछ तो बेदम होकर पृथ्वी पर गिर गए तथा कुछ झुके हुए खड़े रह गए। विनाश का महा ताण्डव चल रहा था।

इन पर क्रोधावेश से भरे रथी योद्धा घोड़ों वाले रथों तथा तेज चालों वाले विमानों में बैठकर युद्ध करने लगे। बहुत से निडर और बहुत से कायर अपने प्राणों के लोभ से युद्ध छोड़कर भाग निकले। रथी योद्धा द्वारा रथी योद्धा तथा पैदल योद्धाओं द्वारा पैदल योद्धाओं के मार्ग रुक गए। आकाश में बादलों की गर्जन ध्वनि के समान रथों से भीषण ध्वनि होने लगी। किसी-किसी का रथ ध्वस्त हो गया तो कुछ रथों से कुचलकर ही मर गए। बहुत से रथियों को इस भीड़ में रथ आगे बढ़ाना ही दूभर हो गया। बहुत से ढाल तथा तलवारों से युद्ध करने वाले और मार करने वाले योद्धा अपने दोनों हाथों से गर्वपूर्वक तलवार चलाने लगे। उस समय उसके सभी हथियार तथा आभूषण ध्वनि करने लगे। बहुत से घायल योद्धाओं के शरीर से रक्त इस प्रकार बहने लगा कि जिस प्रकार जलवर्षी मेघों से जल बरसता है। इस प्रकार दोनों ओर के योद्धाओं के शस्त्रों के आयात से बहुत भीषण युद्ध होने लगा।

इस तरह दैत्य रूपी मेघों पर देवगणों के सहस्त्र विद्युत तथा दोनों ओर की तोपों के आदान-प्रदान से युद्ध-स्थल में भीषण दृश्य उपस्थित हो गये। तभी महान् दैत्य कालनेमि, समुद्र के जल से भरे हुए बादलों के समान क्रोध से भर गये। उसके क्रोध से विद्युत रूपी माला से अलंकृत वज्र के समान बरसने वाले, पर्वतों के शिखरों के समान मेघ जिसके स्पर्श से टुकड़े-टुकड़े हो गए।

कालनेमि की सभी बाहु लपलपाती जीभ वाले तथा पांच मुंह वाले सर्पों के सदृश टेढ़ी होकर ऊपर की ओर उठ गई। ऊंचे शिखरों वाले पर्वतों के समान उनके धनुष, परिष्ठ तथा अन्य बहुत से अस्त्र-शस्त्रों से सारा आकाश ढंग गया। जिस समय महान् असुर कालनेमि युद्ध-स्थल में आया तो उसके वस्त्र वायु के वेग से उड़ रहे थे। उस समय वह दानव शाम के सूर्य-प्रकाश से चमकते हुए ऊंची शिखाओं वाले सुमेरु पर्वत के समान दिखलाई दे रहा था। उसके कद के समान कोई नहीं था और जिस प्रकार वज्र की चोट से बड़े-बड़े पर्वत चूर्ण हो जाते हैं उसी प्रकार उनके द्वारा वेग से पर्वतों के खण्डों तथा वृक्षों के प्रहार से बहुत से देवगण घायल होकर पृथ्वी पर गिर पड़े।

नाना प्रकार के शस्त्रों तथा खंग के आघात से उनके वक्ष-स्थल तथा मस्तक खंड-खंड हो गए। इस आघात में उनमें हिलने-डुलने की शक्ति भी नहीं रही। कालनेमि की मुष्टि की चोट से बहुत से गन्धर्व तथा यक्ष मर गए बहुत से पीड़ित होकर धराशायी हो गए। इसी तरह कालनेमि द्वारा पीड़ित देवगण अपनी इच्छा के रहते हुए भी बुद्धि खो बैठे तथा वे प्रतिघात न कर सकें। सहस्त्रों नेत्र वाले इन्द्र कालनेमि के तीरों से पीड़ित होकर अपने ऐरावत हाथी पर अज्ञानी जैसे बैठे रह गए। वरुण अपने अस्त्र पाश के नष्ट होने के कारण बिना जल वाले बादल तथा सूखे हुए समुद्र के सदृश उदासीन हो गए। कालनेमि के मृत्यु समान परिधों के प्रहार से पीड़ित होकर लोकपाल कुबेर की जैसे बुद्धि समाप्त हो गई और वहां सबने यह दृश्य आश्चर्यजनक रूप से देखा कि यमराज, जिनमें सभी को अचेत करने की शक्ति थी, स्वयं ही कालनेमि के आघात से अचेत हो गए। उनके योद्धा उन्हें दक्षिण दिशा की ओर ले गए। हे राजन् जनमेजय! इस प्रकार उस महान् दैत्य कालनेमि ने लोकपालों को युद्ध में हराकर अपने शरीर के चार खण्ड किए और चतुर्दिक में स्वयं वरुण, इन्द्र आदि लोकपालों के कार्य करने लगा। वह महादानव कालनेमि राहु द्वारा निर्देशित नक्षत्रों के पथ पर गया। उसने चंद्रदेव का सारा ऐश्वर्य अपने अधिकार में लेकर उनके राज्य पर भी अधिकार कर लिया। उसके भय से सूर्य देव स्वर्ग से विमुख होकर अपने रात्रि तथा दिन करने के कार्य से भी विमुख हो गए। अग्निदेव को देवगणों के मुंह में देखकर उसने अपने मुंह में स्थान दिया तथा पवनदेव को अपने बाहुबल से हराकर अपना आज्ञापालक सेवक बना लिया। उसकी शक्ति से सभी नदियां आदि समुद्र से जाकर पुनः पूर्ण रूप से बहने लगीं तथा उसके अधिकार में हो गईं। उसने पृथ्वी तथा स्वर्ग में बहने वाली सभी जल-धाराएं पर्वतों से रक्षित भूमि के तल पर स्थापित कर दीं। इस तरह वह सर्वेसर्वा बन गया और सभी लोकों में भयंकर तथा सभी लोकों का राजा वह महान् दैत्य लोकपति भगवान् ब्रह्मा के सदृश शोभा को प्राप्त हुआ। अन्त में सभी लोकपाल, चन्द्रदेव, सूर्यदेव, वसुदेवा और अग्निदेव का उसका अधिकार हो गया। जब कालनेमि ने इस प्रकार सृष्टि रचयिता ब्रह्मा के पद पर

अधिकार कर लिया, तो जैसे देवगण लोकप्रति भगवान् ब्रह्मा की स्तुति करते थे, वैसे ही दैत्य-गण दानवराज कालनेमि की स्तुति करने लगे।

देवताओं को विष्णु की सान्त्वना

वैशम्पायन जी बोले–"हे महाराज! जल, वेद, धर्म, क्षमा, सत्य और नारायण, भगवती लक्ष्मी ये दानवराज के अधिकार में नहीं आए, तब वह अत्यन्त क्रोध से भरकर वैष्णव पद प्राप्त करने की इच्छा से भगवान् विष्णु के पास गया। वहां जाकर उसने देखा कि भगवान् विष्णु शंख, चक्र, गदा धारण किए हुए हैं तथा दानवों का नाश करने के लिए अपनी गदा घुमाते हुए जाने को उद्यत हैं। विष्णु भगवान् का जलवर्षी बादलों के समान वर्ण था। वे विद्युत के समान चमकते हुए पीताम्बर वस्त्र पहने हुए थे। सुनहले पंखों वाले कश्यप पुत्र गरुड़ की पीठ पर आरूढ़ थे। यह देखकर कि भगवान् दानवों का संहार करने को जाने के लिए तैयार हैं, असुरराज कालनेमि क्रुद्ध हुआ तथा कभी क्षुभित न होने वाले भगवान् के बारे में कहने लगा–यही मेरे पूर्वजों का, दानव राजाओं का शत्रु है। इसी ने समुद्र में रहने वाले मधु तथा कैटभ का नाश किया है। कहते हैं कि यह हमारा अजेय शत्रु है। इसी ने युद्ध-स्थल में अस्त्र-शस्त्रों से निष्ठुर तथा बच्चों की तरह बचपने के भाग से दानवों का नाश किया है। इसी ने असंख्य दैत्य-पत्नियों का सुहाग नष्ट किया है, यह विष्णु ही दानवों के नाश का कारण है और यही देवगणों का विष्णु, स्वर्गवासियों के लिए बैकुण्ठ है, यह सर्प और जल में निवास करता है। यही ब्रह्मा एवं देवगणों को आश्रय देने वाला तथा हमारा शत्रु है। इसी ने मेरे पूर्वज हिरण्यकशिपु का नाश किया था। इसी के आश्रय में देवगण यज्ञस्थल में महर्षियों द्वारा अग्नि रूप में तीन भागों में प्रदत्त भाग ग्रहण करते हैं। यही सभी देवद्वेषी दैत्यों के नाश का कारण है। इसी के तीक्ष्ण तथा वेग चक्र से हमारे कुल का नाश हुआ है। इसी ने देवगणों की रक्षा करने के लिए प्राणपण के साथ अपने सूर्य से चमचमाते हुए चक्र से दानवों का संहार किया है। यही हम दानवों का काल है। अब बहुत समय पश्चात् मैं इसके समक्ष इसका काल बनकर आया हूं। मैं इससे अपने सभी साथियों का बदला लूंगा। यह अत्यन्त

कठिनता से सामने आया है।

अब यह मेरे तीरों से पीड़ित अभी मेरे समक्ष झुक जाएगा। आज मेरा सौभाग्य है कि मैं इसका वध करके अपने पूर्वजों के ऋण से मुक्त होऊंगा। दानवों के लिए भयानक इस नारायण का नाश का दूंगा तथा नारायण के द्वारा रक्षित देवगणों का भी वध कर दूंगा। यह संभव है कि फिर कभी कोई अवतार धारण करके दानवों को कष्ट दे। क्योंकि पहले भी इसी अनन्त ने पद्मनाभ रूप धारण करके मधु तथा विष्णु ने नृसिंह देव का अवतार लेकर मेरे पिता हिरण्यकशिपु को अपनी जांघ पर चीरकर वध किया था। अपने शुभ समय में देव माता-अदिति के गर्भ में जन्म धारण किया तथा तीनों लोकों को तीन ही डग में नाप लिया था परन्तु अब इस समय भयंकर संग्राम में सभी देवगणों सहित यह मेरे द्वारा मृत्यु को प्राप्त होगा।

जनमेजय को वैशम्पायन जी ने कहा–"हे राजन्! इस प्रकार दानवराज नाना प्रकार से भगवान् को अपमानित करता हुआ युद्ध करने को उद्यत हो गया। उस दैत्य के द्वारा इतना अपमान होने पर भी भगवान् विष्णु क्रोधित नहीं हुए। अपितु धैर्य के साथ मन्द मुस्कान सहित कहने लगे–हे दानव! गर्व अत्यन्त तुच्छ होता है। वीर वही होता है जिसमें शक्ति रहते हुए भी क्रोध न आए। इसीलिए तुम धैर्य खोकर, गर्व के दोष से कही गई बातों से ही मर चुके हो। मैं तुमको बड़ा पापी जीव समझता हूं। तुम्हारे बाहु-बल के गर्व के लिए तुम्हें धिक्कार है जहां पुरुष नहीं वहीं नारियां गुजरती फिरती हैं। वही तुम चाहते हो। प्रजापति सृष्टिकर्ता से विमुख होकर कौन प्रसन्नचित रह सकता है। आज मैं तुम्हारा वध कर दूंगा क्योंकि तुमने देवगणों से उनके कार्यों को अपने अधिकार में ले लिया। मैं सभी देवगणों को पुनः अपने-अपने पदों पर पदासीन कर दूंगा।

वैशम्पायन बोले–हे महाराज! इस प्रकार पीताम्बधारी भगवान् विष्णु के कहने पर वह दानव क्रोध के साथ जोर से हंसा तथा उसने अपने सभी शस्त्र संभाल लिए। इसके पश्चात् उस दैत्य ने क्रोध से पागल होकर सभी शस्त्र-अस्त्र अपने सौ हाथों में लेकर भगवान् विष्णु की छाती पर प्रहार करने शुरूकर दिए। तारकामय इत्यादि दैत्य भी निस्त्रिशिका आदि वस्त्र

लेकर विष्णु भगवान् पर आक्रमण करने को उद्यत हुए। अत्यन्त वीर तथा नाना प्रकार के शस्त्रों से शोभित दैत्यों के आघात करने पर भी भगवान् विचलित नहीं हुए तथा युद्ध-स्थल के मध्य अकंपित पर्वत के सामन रहे। इसके पश्चात् दानवराज कालनेमि ने अपनी भयंकर गदा से गरुड़ के मस्तक पर प्रहार किया। उस दैत्य के इस कार्य को देखकर विष्णु भगवान् विस्मय में पड़ गए। उस गदा के प्रहार से पक्षिराज गरुड़ बहुत पीड़ित हुए तथा भूमि पर उतर आए। जब भगवान् विष्णु ने अपना शरीर तथा पक्षिराज गरुड़ को घायल देखा तो उनके नेत्र क्रोध से लाल हो उठे। तब उन्होंने अपना सुदर्शन चक्र हाथ में लिया। जैसे ही भगवान् ने अपना चक्र हाथ में लिया वैसे ही भगवान् तथा पक्षीराज गरुड़ का शरीर विस्तार को प्राप्त होने लगा। भगवान् विष्णु की भुजाओं ने बढ़कर दशों दिशाओं को ढंक लिया। उनके शरीर के विस्तार से दिशा, विदिशा, पृथ्वी तथा आकाश सभी ढक गए। ऐसा मालूम पड़ने लगा जैसे तीनों लोकों को आक्रांत से बचाने के लिए उनका शरीर विस्तार को प्राप्त ही रहा है देवगणों के कल्याण करने के लिए विस्तारित शरीर को देखकर नभस्थित ऋषि तथा गन्धर्व भगवान् विष्णु की स्तुति करने लगे। इस शुभ समय में उनके मस्तक में स्वयं स्वर्ग का निवास था और वसनों में अम्बर से आच्छादित आकाश, चरणों में वसुधा तथा भुजाओं में दसों दिशाएं, व्याप्त थीं। सूर्य की किरणों के समान चमकता हुआ, हजारों धार वाला, तीव्र भड़कती हुई अग्नि के समान तीक्ष्ण तथा भीषण सुदर्शन चक्र भगवान् के हाथों में सुशोभित हो रहा था। उस भयानक चक्र की धारा स्वर्ग की थी तथा नाभि वज्र के सदृश थी, उस पर दैत्यों का मद, मज्जा, अस्थि तथा रुधिर लगा हुआ था। इस रूप में भगवान् विष्णु अपनी सम्पूर्ण ऐश्वर्य से भरी कलाओं से पूर्ण लग रहे थे। यह चक्र भगवान् विष्णु की इच्छा के साथ-साथ विविध आकार धारण कर सकता था तथा सभी जगह जाने की उसकी क्षमता थी।

उस चक्र का निर्माण भगवान् ने स्वयं किया था तथा उससे सभी डर कर रहते थे। उसमें ऋषिजनों का क्रोध समाविष्ट था तथा वह हमेशा दर्प से पूर्ण रहता था। इसका दुष्टों पर प्रहार करने पर तीनों लोक पुलकित हो

जाते थे। उसके प्रहार करने पर युद्ध-स्थल में मृत योद्धाओं का मांस खाने वाले जीवों को हृदय प्रसन्नता से भर उठता था। ऐसे भगवान् विष्णु ने क्रोध में भयंकर प्रलय स्वरूप चक्र को लेकर अपने तेज से दैत्यों का सारा तेज समाप्त करते हुए महान् असुर कालनेमि की सौ बाहु तथा भयानक हाहाकार करते हुए सौ मस्तकों को काट दिया। वह दैत्य अपने बाहु तथा मस्तकों के कट जाने पर भी कम्पित नहीं हुआ अपितु कबंध अवस्था में बिना शाखा वाले वृक्ष के समान खड़ा रहा। तभी विनता पुत्र पक्षिराज गरुड़ दोनों पंख फैलाकर उड़ने लगे तथा वायु के समान वेग से अपने वक्ष से असुरराज कालनेमि पर प्रहार कर उसे गिरा दिया।

इस प्रकार से कालनेमि का हाथ तथा मस्तकहीन शरीर लुढ़कने लगा तथा आकाश से गिरकर पृथ्वी की ओर गिरने लगा। उस भयंकर दैत्य का नाश होने पर देवगण तथा ऋषिजन साधन्यवाद देते हुए भगवान् श्री विष्णु की स्तुति करने लगे। और भी जो दैत्य रण-भूमि में अत्यंत पराक्रम के साथ युद्ध कर रहे थे वे सभी भगवान् विष्णु की बाहुओं से भिंचकर मृत्यु को प्राप्त हो गए। अन्य कुछ दैत्यों को बाल नोंचकर और कुछ दैत्यों को कण्ठ मरोड़कर भगवान् ने मार डाला। बहुतों को उन्होंने अपने गदा तथा चक्र से मार डाला तथा सभी दैत्य मृत्यु को प्राप्त होकर आकाश से धरती पर आ गिरे। इस तरह भगवान् विष्णु देवराज इन्द्र के कार्य से दैत्यों का संहार करते हुए अत्यन्त प्रसन्नचित खड़े दिखाई दिए।

हे राजन्! इस प्रकार संग्राम का अन्त होने पर लोक पितामह ब्रह्मा सभी ब्रह्मार्षि, साधुजन, गन्धर्व तथा अप्सराओं सहित शीघ्र ही वहां पहुंचे तथा देवों के देव भगवान् विष्णु की सराहना करते हुए कहने लगे, हे देव! आपने इन दैत्यों के विनाश स्वरूप जटिल कार्य करके सभी देव गणों का भय दूर कर दिया। इससे हम सभी बहुत प्रसन्नचित्त हैं। हे विष्णो! आपने महान् असुर कालनेमि का नाश किया है, इनको सिवाए आपके कोई नहीं मार सकता था। यह सभी देवगणों तथा लोकों को जीतकर ऋषिजन को कष्ट देता हुआ मुझ पर भी गरजने लगा था। अपने मृत्यु रूपी कालनेमि के संहार सदृश यह जटिल कार्य किया है इससे हम सभी को अत्यन्त प्रसन्नता हुई। अब हम सब लोग स्वयं चलते हैं, यहां पर सभी ब्रह्मार्षि

एकत्रित हुए आपकी प्रतीक्षा में बैठे हुए हैं, इसलिए आप वहां चलिए। वहां सभी महर्षि तथा मैं भली प्रकार से आपकी स्तुति एवं पूजन करेंगे। वे सब ब्राह्मण होने के नाते आपको वर देना चाहते हैं।

वैसे आपको वर तो क्या दे सकते हैं क्योंकि आप तो स्वयं ही सभी देवगणों तथा दैत्यगणों को वर देते हो। अब सभी तीनों लोक में कोई भी कष्ट न होने से आनन्द मग्न हैं। अतः आप स्वयं देवराज इन्द्र को तीनों लोकों का स्वामित्व दीजिए। इस प्रकार भगवान् विष्णु, पितामह ब्रह्माजी के कहने पर इन्द्रादि सभी देवगणों से यह शुभ संवाद करने लगे। भगवान् विष्णु बोले! यहां इन्द्रादि जो भी देवगण हैं, सभी ध्यानपूर्वक मेरी बात सुनें। इस महायुद्ध में इन्द्र से भी अधिक शूरवीर कालनेमि आदि दैत्य का मैंने नाश कर दिया है। इस भयानक संग्राम में दो दानव बच गए हैं, राजा विरोचन का पुत्र बलि और दूसरा राहु। देवराज इन्द्र तथा वरुण अपनी-अपनी दिशाओं पर राज्य करें। दक्षिण दिशा पर यमराज तथा उत्तर दिशा पर कुबेर राज्य करें। इस प्रकार विष्णुजी ने सबको अलग-अलग राज्य प्रदान किया।

फिर उन्होंने कहा कि नक्षत्र सहित चन्द्रमा अपने समय के अनुसार भ्रमण करें तथा अपने सयन में बैठकर सूर्य ऋतुओं का ध्यान करते हुए अपने मार्ग में संलग्न रहें।

इस समय हे देवगणों! अब दानवों का भय छोड़कर शांतिपूर्वक जीवन-यापन करो, तुम्हारा कल्याण होगा तथा मैं अपने सनातन ब्रह्मलोक को जाता हूं। दैत्यगण अत्यन्त नीच होते हैं मैं इनका घर में, स्वर्ग में तथा युद्ध-स्थल में भी विश्वास नहीं करता। तनिक रास्ता मिलते ही ये दैत्य उपद्रव शुरू कर देते हैं। मर्यादा का पालन करना तो वे जानते ही नहीं। तुम सभी अत्यन्त मृदु तथा शांत प्रकृति के हो। जब-जब ये दुष्ट पापी दैत्य तुमको सताएंगे तथा तुम इनसे अत्यन्त भय ग्रस्त होंगे तब-तब मैं शीघ्र आकर तुम्हारा भय दूर कर दूंगा।

वैशम्पायन ने कहा—हे राजन्! इस प्रकार देवगणों से कहकर सत्य, पराक्रम तथा तेजस्वी भगवान् श्री विष्णु पितामह ब्रह्मा के ब्रह्मलोक को चले गए तथा तारकादि संग्राम में दैत्यों तथा भगवान् के बारे में जानने की जो आपने मुझसे इच्छा प्रकट की थी, उसी विस्यमकारी कथा को मैंने

आपको सुना दिया है।

महाराज जनमेजय ने कहा—हे ब्राह्मणदेव! दानव संहार के पश्चात् पितामह ब्रह्माजी के साथ ब्रह्मलोक जाकर भगवान् श्री विष्णु ने क्या-क्या कार्य किए। कमलयोनि ब्रह्मा उन्हें ब्रह्मलोक जिस प्रयोजन से ले गए, विष्णु भगवान् ब्रह्मलोक के किस भाग में गए? वहां उन्होंने किस योग की उपासना की तथा किन नियमों का पालन किया है? वहां रहते हुए त्रिलोकी को देवगण, दैत्यगण तथा मनुष्य-जनों द्वारा पूज्य लक्ष्मीजी किस प्रकार मिलीं? भगवान् क्यों ग्रीष्म-ऋतु के अन्त में सोते हैं तथा बरसात के बाद उठते हैं। ब्रह्मलोक में रहकर तीनों लोकों का पालन किस प्रकार करते हैं? हे प्रियवर! मैं भगवान् विष्णु की इन दिव्य लीलाओं का वर्णन विस्तारपूर्वक आरम्भ से अन्त तक सुनना चाहता हूं।

यह सुनकर वैशम्पायन जी ने कहा—"महाराज! भगवान् श्री विष्णु ने पितामह ब्रह्माजी के साथ ब्रह्मलोक में जो कार्य किया, सुनिए। विस्तारपूर्वक पहले मैं उसी का वर्णन करता हूं। परन्तु उनकी लीलाओं का आधार अत्यन्त गहन है। उनकी लीलाओं को देवगण भी नहीं जान पाए। अपितु मैं यथाशक्ति आपको बता रहा हूं सुनिए। देवों के देव भगवान् विष्णु में तीनों लोक समाए हुए हैं तथा तीनों लोकों में भगवान् स्वयं व्याप्त हैं। इसी तरह स्वयं भगवान् में समाया हुआ तथा भगवान् स्वयं में व्याप्त हैं। अनेक योगी महापुरुष बहुत प्रयत्न करने पर भगवान् का पार न पा सके। परन्तु भगवान् तीनों लोकों का ओर-छोर तथा उसके मर्म को भली-भांति समझते हैं। वे महाप्रभु हैं, हृदय तथा वचन से दूर हैं। देवगण नित्य प्रति उनकी उपासना करते रहते हैं। मैं अब भगवान् के सनातन ब्रह्मलोक का दर्शन कराता हूं, सुनिए।

ब्रह्मलोक में पहुंचकर सबसे पहले उन्होंने उसको भली-भांति देखा। तत्पश्चात् भगवान् ने वहां रहने वाले ऋषि जनों की विविधत् अभ्यर्थना की। वहां भगवान् ने देखा कि उषावेला में अनेक महर्षि हवन में आहुति दे रहे हैं। प्रातः क्रिया के समाप्त होने पर भगवान् ने देखा कि उषावेला में अनेक महर्षि हवन में आहुति दे रहे हैं। प्रातः क्रिया के समाप्त होने पर भगवान् ने अग्नि देवता को नमस्कार किया। ऋषिजनों द्वारा आह्वान करने

पर गार्हपत्यादि ग्रहण करने वाले अग्नि देवता के साथ ही भगवान् स्थित हो गए। उस समय भगवान् विष्णु पूज्य तथा ब्रह्म वर्चस्वी ऋषिजनों की अभ्यर्थना करके सनातन ब्रह्मलोक में घुमने लगे। उन्होंने देखा की वहां रहने वाले ब्रह्मर्थियों ने चिन्तन करके, बड़े-बड़े उच्च यज्ञ स्तम्भ बनाए हुए हैं। शुद्ध घी की सुगन्ध आ रही है, ब्राह्मण जन वेदों का उच्चारण कर रहे हैं तथा भगवान् की प्रार्थना के लिए मंत्रों का आयोजन हो रहा है। यह सब देखते हुए वे फिर घूमने लगे। वहां रहने वाले ऋषिजन तथा देवगण सभी शुद्ध मनोभावना के साथ अपने शुभ हाथों में अर्ध्य लिए हुए कहने लगे। हे भगवान्! हम सभी जो भी कार्य कर रहे हैं तथा जो कार्य कर चुके हैं उनमें आपकी सहायता की अत्यन्त आवश्यकता है। सभी विद्वानगण इस संसार की सृष्टि अग्नि तथा चंद्र से हुई मानते हैं, अतः अग्नि देव, चंद्रदेव और यह संसार आपके द्वारा रचित हैं।

हे महाराज! इस प्रकार स्वागत-प्रार्थना आदि के अंत में अनेक देवों के साथ भगवान् श्री विष्णु की ओर उन्मुख होकर मुनिजन कहने लगे–भगवान्! आप हमारे विधिवत् पूर्ण इस यज्ञ के अतिथि बनें। आप ही हमारे यज्ञपूत के पात्र को ग्रहण करने योग्य हैं। हमें ज्ञात है कि आप हमारे मंत्रों द्वारा ध्यान योग्य अतिथि हैं। आपके संग्राम-भूमि में चले जाने के कारण हमारे सभी कार्य रुक गए थे क्योंकि हम जानते हैं कि आपके सभी यज्ञ-कर्म व्यर्थ सिद्ध होते हैं। यज्ञ की दक्षिणा आदि कार्यों के पूरे होने पर आप ही यज्ञ का लाभ वितरित करते हैं। अतः हम लोग आज आपकी उपस्थिति में ही यज्ञ का अनुष्ठान करना चाहते हैं। हे राजन्! ऋषियों ऐसा कहने पर भगवान् श्री विष्णु ने उनको, ऐसा ही कहकर सम्मान किया तथा उस ब्रह्मलोक में अत्यन्त प्रसन्नता से ब्रह्माजी के साथ रहने लगे।

वैशम्पायन जी ने महाराज जनमेजय से कहा है–हे राजन्! इस तरह भगवान् श्री विष्णु ब्रह्मलोक में रहने वाले ऋषिजनों से सम्मान पा कर उस स्थान पर उपस्थित सभी से विदा लेकर तथा ब्रह्माजी को प्रणाम करके प्रसन्नचित्त से पुराणों द्वार स्तुत्य तथा अपने नाम के लिए प्रसिद्ध अपने दिव्य लोक को चल दिए। अपने लोक पहुंचने पर और शास्त्रार्थों को

यथास्थान रखते ही भगवान् नारायण ने देखा कि समस्त देवगण तथा ऋषिगण समुद्र के समान उमड़ते हुए उनके आश्रम पर आए हुए हैं। उनका आश्रम प्रलयकाल के सदृश घने बादलों से ढंका हुआ, नक्षत्रों से भरा हुआ घोरतम विवरों से आच्छादित तथा देवगणों के लिए भी अगम्य था। उस स्थान पर सूर्यदेव, चंद्रदेव तथा वायुदेव का कोई प्रभाव नहीं था। वह स्थान भगवान् पद्मनाभ के तेज से चमचमा रहा था। वहां जाकर भगवान् ने केशभार धारण किया। उनके हजारों मस्तक हो गए तथा वे सोने के प्रयास में लग गए। ऐसे समय में ही त्रिलोक का अंत समय जानकर अपने स्वरूप में मुग्धा काल स्वरूप निद्रा देवादि देव भगवान् श्रीविष्णु की सेवा करने लगीं।

जब भगवान् शयन करने लगे तो उनको नींद में ही वर्णों वाले कमल की उत्पत्ति हुई यही कमल ब्रह्माजी की उत्पत्ति का द्योतक था। भगवान् श्री विष्णु उसी स्वप्नावस्था में ही ब्रह्मसूत्र द्वारा अपने हाथ उठाते हुए तीनों लोकों में भ्रमण करने लगे, जैसे भगवान् ने ब्रह्माजी की उत्पत्ति की, वैसे ब्रह्माजी के मुंह से निकली हुई स्वांस से इस संसार की सृष्टि हो गई। इसके पश्चात् प्रजापति ब्रह्मा द्वार रचित प्रजाजन ब्रह्मा द्वारा ही बांटे गए चार वर्णों में विभाजित कर दिए गए। वेदों में बतलाए गए कर्मों के अनुसार अपने-अपने धर्म तथा भगवान्-भक्ति में संलग्न हो गए। स्वयं ब्रह्मा तथा कोई भी ऋषिजन उन घोर तिमिर युक्त तथा दिव्य स्वप्नावस्थित भगवान् श्री विष्णु के रूप को नहीं जान पाए।

भगवान् विष्णु अपने मूल रूप में रहते हुए स्वयं सिद्ध विनाशहीन भगवान् श्री विष्णु अपने आश्रम में उसी निद्रावस्था में ही संसार को मोहित करते हुए शयन-संलग्न रहे तथा उनको शयन करते-करते सत्तयुग और त्रेतायुग अर्थात् एक दिव्य सहस्त्र वर्ष बीत गए। द्वापर युग के अन्त समय में समस्त संसार के जीवात्माओं के अत्यन्त पीड़ित होने पर तथा सभी ऋषिजनों द्वारा उपासना करने पर ही भगवान् जागे।

ऋषिजन कहने लगे–हे भगवान्! अब आप माला से मुक्त फूल के समान इस निद्रा को त्याग कर देखिए–सभी ब्रह्मजन, सत्यवादी तथा व्रतधारी ऋषिगण एवं देवगण प्रजापति ब्रह्मा सहित आपके दर्शनों की

अभिलाषा से आपकी प्रार्थना कर रहे हैं। हे भगवान्! अपने रूपान्तर पृथ्वी, आकाश, अग्नि वायु एवं जल के अधिष्ठाता सदृश देवगणों की प्रार्थना सुनें।

इस प्रकार सप्तमुनियों सहित यह सम्पूर्ण ऋषि-मण्डली दिव्य वाक्यों तथा विधिवत् छन्दों द्वारा विष्णु की सराहना कर रहे हैं। हे शतपत्राक्ष! हे महाद्युते! अब आप उठिए, किसी विशेष कार्य के उत्पन्न होने के कारण ही वे समस्त देवगण यहां पर एकत्रित हुए हैं। वैशम्पायन ने कहा–हे महाराज! इस प्रकार सभी देवगणों तथा ऋषिजनों द्वारा स्तुति करने पर भगवान् श्री विष्णु ने उस जलराशि को सूक्ष्म किया तथा तेज से अंधकार का नाश करके दिव्य शैय्या से उठ बैठे। निद्रा से जागकर भगवान् श्री विष्णु ने देखा कि समस्त देवगणों सहित ब्रह्माजी संसार की भलाई हेतु कुछ कहने को मौन धारण किए हुए खड़े हैं। उन सभी को उपस्थित देखकर निद्रा रहित चक्षु वाले उनको सम्बोधित करते हुए धर्म तथा अर्थपूर्ण शब्द कहने लगे। भगवान् श्री विष्णु बोले, हे देवगणों! अब आप लोगों की किसके साथ कलह हो गई तथा आप लोग किससे भयभीत हैं? आपके शत्रु दैत्यों ने फिर कोई विनाशकारी कार्य तो नहीं किया? यह सब मुझे शीघ्र बताओ। आपकी सहायता हेतु मैं अपनी दिव्य शैय्या त्याग चुका हूं। बतलाओ, अब तुझे क्या कार्य करना है? जिन दैत्यों ने तुम्हें भयभीत किया है मैं उनका नाश कर दूंगा।

विष्णु-देवगण संवाद

वैशम्पायन ने कहा–हे महाराज! भगवान् विष्णु के उत्साहवर्षक वचन सुनकर लोक पितामह ब्रह्मा भी सभी देवगणों के कल्याणार्थ शुभ वचन कहने लगे। ब्रह्माजी बोले–हे असुरविनाशी भगवान्! जब हमारे पास आप जैसे कर्णधार का बल है तो युद्ध स्थल में किसका भय है। जब देवेन्द्र हमारे राज हैं तथा सभी शत्रुओं को मारकर हमें भय मुक्त करते रहते हैं तो किस बात का भय है? ऐसे समय में तो बिना काल मृत्यु भी हमारी ओर नहीं देख सकती। मनुष्यों पर राज्य करने वाले सभी प्रजाजनों से प्राप्त होने वाले कर के छटे हिस्से का उपभोग करते हुए आपस में नहीं

लड़ते। अपितु सभी राजा अपने एकत्रित धन से राज्य के खजाने की कमी को पूरी तथा प्रजा की प्रसन्नता और उन्नति का प्रयत्न करते रहते हैं। वे क्षमाशील राजा लोग अपने-अपने राज्यों के सुख, उन्नति तथा जनता की सुरक्षा करते हुए, किसी को भी कड़ा दण्ड नहीं देते तथा चारों वर्णानुसार पालन करते हैं। प्रज़ाजनों में किसी को किसी प्रकार का कष्ट नहीं है। प्रजाजन अपने राज्य के मंत्रियों के उच्च विचार, सद्व्यवहार तथा चारों प्रकार की सेवा से सुरक्षित भयमुक्त होकर सद्गुणों से जीवन-निर्वाह कर रहे हैं।

इस समय समस्त मानव जन धनुर्वेद के विद्वान्, सभी वेदों के ज्ञाता और यथा समय यज्ञों में पूर्ण दक्षिणा देने वाले हैं। समस्त मानव वेदों के अध्ययन से ऋषिजनों के लिए विधिवत्, किए गए यज्ञों द्वारा देवगणों को प्रसन्न करते हैं। ऐसा कोई भी कार्य नहीं जिसको वे लोग न जानते हों तथा वे वैदिक, लौकिक और धर्मशास्त्र युक्त सभी कार्यों को करते हैं। विधिवत् कार्य करते हुए वे राजा लोग भी ऋषि-गणों के समान तेजवान् होकर पृथ्वी पर फिर से सत्तयुग लाने में प्रयत्नशील हैं। उन राजाओं के इन शुभ कार्यों के करने से जलधर समय पर बरसते हैं तथा वायु भी अपने पथ पर यथारूप रहती है। जिसमें चतुर्दिक में कहीं भी भूल के गुब्बारे आदि नहीं उड़ते। पृथ्वी पर इस समय किसी प्रकार के उपद्रव नहीं होते। सभी ग्रह अपने चक्र पर घूमते हैं। चन्द्रमा सभी नक्षत्रों सहित शान्त भाव से विचरता है। सूर्य नियमानुसार अपने दोनों अयनों तथा अग्नि नाना प्रकार के यज्ञों से प्रसन्न होकर चतुर्दिक सुगन्ध का संचार करते हैं। भगवान्! जब विधिवत् यज्ञ तथा अन्य सभी कार्यों के आयोजित होने से भूमि तृप्त तथा प्रसन्न रहती है तो समस्त मानवों को मृत्यु का भय क्यों होगा?

इस समय संसार में समस्त मानव धर्म के कार्यों से संलग्न हैं। इसलिए कोई ऐसा उपाय होना चाहिए, जिससे धर्म का नाश न हो सके। पृथ्वी की अपेक्षा कोई और दशा नहीं तथा मानव जनों की वसुधा के अतिरिक्त कोई दशा नहीं है इसलिए यही उत्तम है कि पृथ्वी का बोझ हल्का करने के लिए राजाओं का संहार किया जाए। हे भगवान्! इस

समस्या के विचार हेतु मेरु पर्वत की चोटी पर चलें हे राजन्! इस प्रकार कहकर महा तेजवान पितामह ब्रह्मा मौन हो गए।

इसके उपरांत सभी से मिलकर यह विचार किया कि किसी तरह भी पापात्माओं को समाप्त किया जाए क्योंकि जब तक वसुधा पर दुष्टों का राज्य रहेगा तब तक धर्म-कार्य नहीं हो सकते।

एक बार पृथ्वी ने भगवान् विष्णु से अपने अनेक कष्टों और दुःखों का वर्णन किया। उन्होंने कहा कि राजाओं की बढ़ती हुई सेना के भार से मुझे बहुत कष्ट हो रहा है। समुद्र के नीचे स्थित पर्वत भी उस भार को रोकने में असमर्थ होते जा रहे हैं। अतः हे भगवान्! आप कोई ऐसा काम कीजिए जिससे मेरा कष्ट दूर हो।

पृथ्वी की प्रार्थना सुनकर भगवान् विष्णु ने पितामह ब्रह्मा से पूछा कि पृथ्वी का कष्ट कैसे दूर किया जाए? इस पर ब्रह्मा और देवताओं में वार्तालाप हुआ। देवताओं ने ब्रह्माजी से कहा कि हम सब देवता कुछ करने के लिए तैयार हैं। आप हमें आज्ञा दीजिए। देवताओं की बात सुनकर ब्रह्माजी ने कहा कि मेरा विचार यही है कि आप लोग अंश रूप में पृथ्वी पर अवतार लें और अनेक स्थलों पर कार्य करते हुए पाप का नाश करें। मैंने बहुत पहले से ही इस विषय में निश्चित धारणा बना रखी है। अतः हे देवो! तुम सब जाओ और अलग-अलग रूप में अवतार लो। एक समय जब मैं अपना समय चिंतन में व्यतीत कर रहा था तो मेरे पास सागर आया किन्तु मेरी तीव्र वाणी सुनकर अपनी सीमा में चला गया। मैंने उसे राजा बनने का वरदान दे दिया और कहा कि तुम शांतनु नाम के राजा होकर पृथ्वी पर जाओ। नदियों में उत्तम गंगा हमेशा तुम्हारी सहधर्मिणी रहेगी। स्त्री रूप में वह तुम्हारे लिए सारे कर्त्तव्य पालेगी। समुद्र ने ब्रह्माजी से कहा कि मैं तो हमेशा आपका सेवक बना रहता हूं। आपने मुझे शाप क्यों दिया और गंगा भी निर्दोष है और उसे शाप युक्त कीजिए। तब ब्रह्मा ने देवताओं को बताया कि इस शाप के पीछे देवताओं का कार्य छुपा है। क्योंकि जब तक तुम भरत वंश में जन्म नहीं लोगे तब तक पृथ्वी का भार हल्का नहीं होगा।

मैंने समुद्र को आज्ञा दी कि वह पृथ्वी पर चला जाए और फिर गंगा

अष्ट वसुओं को अपने गर्भ से जन्म देगी और उसमें जैसा कि आप लोग जानते हैं सात वसु तो स्वर्ग में आ गए किन्तु आठवें वसु भीष्म के रूप में अभी भी वहां हैं।

इस प्रकार देवताओं का अंशवतार हुआ। महाराज शान्तनु की दूसरी पत्नी से विचित्रवीर्य नाम का पुत्र पैदा हुआ और उसका राजा के पद पर अभिषेक हुआ। फिर राजा पाण्डु और धृतराष्ट्र राज्य पर अधिकार करने के लिए तत्पर रहे।

हे देवगणों! तुम सब शान्तनु के वंश में जन्म धारण करो क्योंकि इस परिवार में महासंग्राम होगा फिर धर्म की रक्षा के लिए स्वयं भगवान् का अवतार भी निश्चित है। इस संघर्ष में अनेक राजा लोग नष्ट हो जाएंगे और इस तरह पृथ्वी का भार कम होगा। जितने लोग भी बचेंगे वे भी युद्ध की अन्तिम रात्रि में नष्ट हो जाएंगे और इस भीषण संघर्ष के अंत के साथ द्वापर युग समाप्त हो जाएगा और जब श्रीकृष्ण अपने शरीर को अंत करेंगे तो भयंकर कलियुग प्रारम्भ होगा। इस तरह सारा विधान करके मैंने तुम्हें लोक धारण करने की आज्ञा दी है।

पितामह ब्रह्मा के कहने पर भगवान् विष्णु, शेषनाग, सनत्कुमार, वसु, चन्द्रमा, सूर्य आदि से अलग-अलग रूपों में पृथ्वी पर जन्म लिया। इनमें से अनेक की शारीरिक क्षमताएं बहुत भयंकर थीं। सब लोग अलग-अलग वंशों में जन्म लेकर अपने वीरत्व को बढ़ाते रहे। लेकिन अन्ततः इन सबका उत्तरादायित्व भगवान् विष्णु पर छोड़ दिया गया। इसके बाद भगवान् विष्णु ने जैसा कि मैंने पहले कहा है, अवतार धारण किया है। उन्होंने ययाति के वंश के वसुदेव में यहां जन्म लिया।

इधर देवगणों ने जिस प्रकार जन्म लिया उसमें युधिष्ठिर के रूप में धर्म, अर्जुन के रूप में इन्द्र वायु के रूप में भीमसेन, नकुल और सहदेव के रूप में अश्विनी कुमार, कर्ण के रूप में सूर्य, कलि दुर्योधन के रूप में और इस तरह अनेकों रूपों में यह जन्म सम्पन्न हुआ।

पितामह ब्रह्मा की योजनानुसार सब देवताओं ने भगवान् विष्णु के पास जाकर कहा कि आपने इससे पहले भी अनेक रूपों में अवतार धारण किया है अब आप कृपया ग्वाल-बाल के वेश में पृथ्वी पर जन्म लीजिए।

हे भगवान्! आप अपने माया जाल के कारण सब राजाओं को परास्त कर सकते हैं। वैशम्पायन जी ने जनमेजय से कहा कि हे राजन्! भगवान् विष्णु ने अपने अवतार की बात निश्चित करके देवताओं को अपने-अपने स्थान पर भेज दिया।

नारद-कंस सवांद

भगवान की लीलाओं को सुनने में अथाह रुचि वाले जनमेजय ने लीलाओं के विस्तार के विषय में जानना चाहा तो वहां भगवान् वैशम्पयान ने कहा—हे महीप! जब सम्पूर्ण देवगण एवं स्वयं भगवान् विष्णु भी अपने-अपने अंशों सहित पृथ्वी पर अवतारित हो गए, तब इसका संवाद सुनाने महर्षि नारद कंस के समीप मथुरा आए। इसलिए कि उनकी भी यही इच्छा थी कि कंस को तुरन्त नष्ट किया जाए। सुरलोक से प्रस्थान कर देवर्षि नारद मथुरा में स्थित एक उपवन में आए, जहां से उन्होंने एक दूत उग्रसेन के पुत्र कंस के पास भेजा। नारद के संदेशवाहक ने देवर्षि नारद के पधारने की सूचना दी जिनको सुनते ही कंस तुरन्त मिलने के लिए चल पड़ा। महीपाल कंस अपनी नगरी के बाहर निर्दिष्ट स्थान पर जा पहुंचा और उसने देखा कि अग्नि जैसे तेजवान देहधारी, पवित्र आत्मा एवं, सूर्य की भांति भभकने वाले देवमुनि नारद सामने खड़े हैं। राजा कंस ने देवर्षि को नमस्कार करते हुए उनकी यथा विधि अर्चना की। तत्पश्चात् कंस ने देवर्षि को अग्नि समान व रक्त वर्ण आसन विराजने को प्रस्तुत किया जिस पर इन्द्र सखा श्री नारद विराजमान हो गए। पहले तो नारदजी कंस को देखने लगे।

फिर इसके उपरान्त महाक्रोधी उग्रसेन पुत्र कंस से देवमुनि नारद बोले—हे वीर श्रेष्ठ! तुमने श्रद्धापूर्वक मेरा स्वागत किया है। मेरे वचनों को ध्यान पूर्वक सुनकर, उन्हें ध्यान में लाएं। मैंने स्वर्ग से प्रस्थान किया और फिर ब्रह्मलोक आदि विविध लोकों में भ्रमण करता हुआ यहां आया हूं। मैं इसके पूर्व सूर्य देव द्वारा अधिष्ठित व विस्तृत सुमेरु शिखर पर पहुंच गया। वहां नन्दनवन और चैतरथ नामक वन को देखकर उनके देवताओं के साथ पवित्र तीर्थों में स्नान किया। तीन धाराओं वाली दिव्या व

त्रिपथगामिनी उस गंगा को भी देखा, जिसका देवता स्मरण करते हैं और जिनके दर्शन से सम्पूर्ण पापों का शमन हो जाता है। जिस ब्रह्मलोक की ब्रह्मर्षि सेवा करते हैं, उस ब्रह्मलोक को देखा जो कि देवताओं, गन्धर्वों, ऋषियों एवं अप्सराओं के शोर से पूर्ण था। उस अलौकिक सुमेरु पर्वत शिखर पर स्थित ब्रह्म भवन में अपनी वीणा सहित पहुंचा तो देखा कि सुन्दर सफेद पगड़ियां पहने ये अनेकानेक प्रकार के रत्न अलंकृत आभूषण धारण किए हुए ब्रह्माजी एवं सुरादि अपने दिव्य आसनों पर विराज हुए आपस में बातचीत कर रहे थे।

मैंने स्वयं सुना कि उनकी यह बातचीत तुम्हारे अनुयायियों सहित तुम्हारा वध करने के सम्बन्ध में हो रही थी। तुम्हारी देवकी बहिन से उत्पन्न उसका आठवां, पुत्र तुम्हारा काल बनेगा। जो भगवान् विष्णु सुरगण के सर्वस्व, स्वर्णाधार देवों का रहस्य हैं वही तुम्हें नष्ट करेंगे। वे ही सर्वपूज्य भगवान् तुम्हारे पूर्व जन्म में ही तुम्हारे विनाश का कारण हो चुके हैं। इस पर कंस आश्चर्य से उनकी ओर देखने लगा तो वे बोले कि यह अनोखी बात मैंने तुमसे कही है जिससे तुम सावधान हो जाओ और देवकी के गर्भ को नष्ट करने का प्रयत्न करो। चूंकि मेरा तुम पर विशेष स्नेह है इस कारण यह वृत्तान्त तुम्हें बता दिया, अब मैं वापिस लौटता हूं, तुम्हारा कल्याण हो। तुम फलो-फूलों!

ऐसा कहकर देवर्षि नारद के वापस प्रस्थान कर जाने के बाद उनके विचार जानकर कंस दांत निपोरकर बहुत समय तक हंसता रहा। फिर हंसता हुआ अपने सेवकों से बोला—हे सेवको! मुनि नारद की बातें सदैव हंसी के समान हैं। उनकी बातें योग्य बुद्धिमानों जैसी नहीं हैं। इसलिए कि यदि मैं युद्ध में सोते समय, मत्त या प्रमत्त किसी भी अवस्था में ही होऊं, फिर भी इन्द्र आदि सुर मुझे कदापि भयभीत नहीं कर सकते। मैं अपनी भुजाओं की शक्ति से सम्पूर्ण भूतल को क्षुब्ध कर सकता हूं। फिर पृथ्वी पर ऐसा शक्तिशाली कौन है जो मुझसे अटके और मुझे क्रोधित करने का दुस्साहस करें। देवताओं के अनुयायी समस्त मनुष्यों, पशु-पक्षियों व अन्य प्राणियों को एक समय में ही नष्ट कर दूंगा। ह्यग्रीव, केशी, प्रलम्ब, धेनुक, अरिष्ट, वृषभ, पूतना व कालिया नाग को मेरा निर्देश भेजा जाए

कि वे स्वेच्छापूर्वक परिवर्तन कर समस्त भूतल पर भ्रमण करें और जिस स्थान पर भी मेरे विपक्षी हो उनका वध कर डालें। देवमुनि नारद जिस गर्भस्थ बालक के बारे में कह गए हैं, इस कारण ह्यग्रीव व केशी नामक गण गर्भस्थ बालाकों पर निगरानी रखें।

इतना कहकर कंस चुप हुआ। वह फिर बोला–तुम सभी लोग भय और घबराहट को त्यागकर पूर्ण आनन्द से रहो। मेरे जैसे स्वामी के होते हुए तुम्हें देवलोक से कोई भय नहीं करना चाहिए। देवमुनि नारद कौतुक करने वाले, कलह कराने व मतभेद उत्पन्न करने में बड़े चतुर हैं। आपस में घनिष्ठ दो मनुष्यों में गतिरोध उत्पन्न कराकर के हर्ष का अनुभव करते हैं। मनुष्यों में इस प्रकार उत्तेजना उत्पन्न करना और विचरण करना उनका कार्य है। वे अपनी कूटनीतियों से भूपतियों के बीच शत्रुता की अग्नि प्रज्वलित करते रहते हैं। लेकिन फिर भी चिन्ता रूपी अग्नि कंस के अन्तर्मन को जला रही थी और इसी अवस्था में ही वह अपने निवासगृह की ओर चल दिया। नारदजी की बातें कभी तो उसके मन को भय पैदा करती थी, पर कभी वह उन पर बहुत हंसता था। इस तरह उसने दूसरे दिन मंत्रियों को बुला भेजा।

वैशम्पयान ने कहा हे राजन्! दूसरे दिन बहुत क्रोध के आवेश में होकर वह मन्त्रिगणों से कहने लगा–मन्त्रियों! देवकी बहिन का गर्भ समाप्त करने के लिए तुम लोग सदैव तत्परतापूर्वक सावधान रहना। प्रारम्भ से ही देवकी के समस्त गर्भ नष्ट करते रहो। क्योंकि नीति के अनुसार जिससे मनुष्य को भय हो, उसे वह पूर्णरूपेण नाश कर दे। देवकी की देख-रेख मेरे गुप्तचर कर रहे हैं। इसलिए आठवें गर्भ के उत्पन्न होने तक उसे औषदि आदि देकर उसके गर्भों का नाश करते चलो, जिससे कोई संदेह भी न रहे। देवकी मेरे महलों में तब विश्वास पूर्ण मन सहित स्वत्रन्त्रता से रहेगी और अन्तपुःर की सेविकाएं उसकी सावधानीपूर्वक रक्षा करेगी। जब भी देवकी के गर्भ धारण का अवसर हो उस समय विशेष सावधानी रहे, उनकी मेरी पत्नियां उचित ढंग से महीनों की गणना करेगी। उसके परिणाम और गणना द्वारा मैं उसके गर्भों के विषय में निश्चित रूप से जान सकूं। मेरे विषय विश्वासी सेवक प्रत्येक क्षण में

महलों में रहने वाले वसुदेव की रक्षा की रक्षा में सावधानीपूर्वक संलग्न रहकर उस पर विशेष देख-रेख रखें। इस नगर की स्त्रियों को इस विशेष रक्षा एवं देख-रेख प्रबन्ध के विषय में न बताएं। मेरे बताए सभी कार्य मनुष्य साध्य हैं एवं मनुष्य उन्हें पूरा कर सकते हैं। मन्त्र, औषधि, यत्न और समय की अनुकूलता का उचित रूप से पालन किया जाए तो मेरे समान मनुष्य अवश्य ही भाग्य को भी अपनी इच्छानुसार परिवर्तित कर सकते हैं और अपने अनुकूल बना सकते हैं। अतः कोई कठिनाई नहीं होगी।

वास्तविकता यह थी कि ऊपर से निर्भयता दिखाते हुए असुरराज कंस देवमुनि नारद द्वारा अपने विनाश का वर्णन सुनकर एकदम भयभीत हो गया और तभी से देवकी के गर्भों को नष्ट करने के विषय में विचार-विमर्श करने लगा। भगवान् विष्णु ने भी अपने ध्यान योग की शक्ति द्वारा कंस का गर्भ नष्ट करने सम्बन्धी उद्देश्य जान लिये और वे भी मन में विचार करने लगे कि यह भोज-पुत्र कंस अपनी बहन देवकी के सात गर्भों को तो समाप्त कर देगा और फिर आठवें गर्भ से जन्म लेकर अपना उद्देश्य पूर्ण करना होगा। भगवान् विष्णु इस पर विचार कर रहे थे, तभी उन्हें स्मरण हुआ कि भूगर्भ तल में देवताओं के समान इस शक्तिशाली कालनेमि के छः पुत्र हैं और वे महान् तपस्वी तथा अमृत पान किए हुए सुरों के सहित दीर्घायु हैं। आदिकाल में वे अपने पितामह हिरण्यकशिपु का विरोध और अपमान करके जगत्पिता ब्रह्माजी की आराधना में लग गए। उन्होंने जटाएं भी धारण कीं और फिर तपस्या में तल्लीन हो गए, जिससे प्रसन्न होकर ब्रह्माजी ने उन्हें वरदान दिया।

ब्रह्माजी ने कहा—हे महान् दानव! मैं तुम्हारी आराधना से अत्यधिक प्रसन्न हूं। तुम अपनी-अपनी इच्छा कहो, मैं वह पूर्ण करूंगा। इस पर वे एक मत होकर कहने लगे। जगपालक! यदि आप वास्तव में हम पर प्रसन्न हैं तो आप हमें यह वरदान दीजिए कि हम देवता, विशाल सर्प शाप देने वाले मुनियों, यक्ष, सिद्ध, गन्धर्व और किसी भी मनुष्य के हाथों न मर सकें। ब्रह्माजी ने उन्हें वरदान दिया—तुम्हारी आकांक्षा पूर्ण होगी। ब्रह्माजी उन छः को वरदान देकर अपने लोक को चले गए। उनके चले जाने के पश्चात् हिरण्यकशिपु बहुत क्रोधित होकर उनसे कहने लगा—तुमने ब्रह्माजी

से वरदान प्राप्त कर मेरी अवहेलना की है और इसीलिए तुमसे मेरा कोई संबंध नहीं और तुम्हारे प्रति मेरा स्नेह सदैव के लिए समाप्त हो गया, अब तुम मेरे शत्रु हो। इस तरह उसने अपने बंधुओं को शत्रु बना लिया।

उसने शाप दिया, तुम्हारे पिता ने तुम्हारा नामकरण किया है, वही तुम्हारा शमन करेगा। तुम सभी देवकी के गर्भ से जन्म प्राप्त करोगे और कंस एक-एक करके तुम छः हो का गर्भ के समय ही वध कर डालेगा।

वैशम्पायन बोले–हे नृप! कालनेमि के उन छः पुत्रों का स्मरण आते ही भगवान विष्णु ने तुरन्त ही भूतल पर प्रस्थान किया, जहां पर वे छः असुर जलपूर्ण और शैया पर एक साथ सो रहे थे। भगवान् विष्णु ने यह देखकर कि वे छःहों काल रूप निद्रा में मोहित होकर जलमय शैय्या पर निद्रित पड़े हैं, तो भगवान् विष्णु ने अपनी माया शक्ति द्वारा स्वप्न की भांति उनकी देहों में प्रवेश किया और उनके प्राणों को लेकर निद्रा देवी को दे दिया। उन्होंने निद्रा देवी से कहा–हे निद्रे! तुम वहां से प्रस्थान कर देवकी के अन्तःपुर में पहुंचों। वहां इन षटगर्भों के प्राणियों को एक-एक कर के देवकी के गर्भ में प्रस्थिापित कर दो।

निद्रा से बात करते हुए भगवान् विष्णु ने निश्चित किया कि ये देवकी के गर्भ से उत्पन्न होकर सब कंस द्वारा एक-एक करके वध कर दिए जाएंगे इस प्रकार कंस का प्रयत्न तो असफल होगा और देवकी का कष्ट भी सफल होगा। उस काल तुम मेरी प्रसन्नता का कारण बनोगी और मेरी प्रसन्नता व कृपा के कारण सम्मान प्राप्त करके सभी मनुष्यों व प्राण्यिों द्वारा सम्मानित होगी। इसके उपरान्त देवकी के सातवें गर्भ में चन्द्रमा का जो अंश प्रवेश करेगा वह मेरा बड़ा भाई होगा। सातवें महीने में वह सप्तम गर्भ देवकी के गर्भ से परिवर्तित कर रोहिणी के गर्भ में प्रस्थिापित कर देगा। इस प्रकार गर्भ संकर्षण से उत्पन्न उस बालक का नाम संकर्षण होगा और वह शिशु जो मेरा बड़ा भाई होगा, वह चन्द्रमा के समान अत्यन्त सुंदर होगा। इस गर्भ संकर्षण का परिणाम यह होगा कि यह समाचार फैल जाएगा कि भय के कारण देवकी का गर्भ गिर गया। इसके पश्चात् देवकी के आठवें गर्भ में मैं स्वयं प्रवेश करूंगा और तब मेरा वध करने के लिए कंस विभिन्न प्रयत्न करेगा। वसुदेव के अभिन्न मित्र

गोपराज की पत्नी यशोदा के नव गर्भ में तुम प्रवेश करो और कृष्णपक्ष की नवमी को जन्म लो।

उस समय मैं भी अर्द्धरात्रि में अभिजित् नक्षत्र के योग के समय जन्म लूंगा। हम आठवें मास में एक साथ जन्म लेंगे जिससे गर्भ परिवर्तन होगा और उससे कंस का वध करने में सफलता मिलेगी। गर्भ परिवर्तन के द्वारा मैं यशोदा के पास पहुंच जाऊंगा और तुम देवकी के पास आ जाओगी ऐसी परिस्थिति में उस घोर असुरराज कंस की मति भ्रष्ट हो जाएगी। आठवें गर्भ को नष्ट करने के लिए कंस तुम्हारा पैर पकड़कर तुम्हें शिला पर दे मारेगा और तुमको आकाश में स्थित होकर शाश्वत स्थान प्राप्त होगा। उस समय तुम्हारी देह की आभा मेरे समान कृष्ण वर्ण वाली हो जाएगी एवं मेरी भुजाओं के समान विशाल भुजाएं और तुम्हारा मुख मेरे ज्येष्ठ भ्राता बलराम के सदृश अति सुन्दर होगा। उस समय तुम्हारे हाथ में त्रिशूल, सोने की मूठ वाली तलवार, मदिरा पूर्ण पात्र और स्वच्छ कलम होगा। तुम्हारी देह पर नील वर्ण का रेशमी वस्त्र और पीताम्बर का उत्तरीय शोभायमान होगा। चन्द्रमा की किरण सदृश अत्यन्त स्वच्छ हार तुम्हारे वक्षस्थल पर सुशोभित होगा और इस तरह सौन्दर्य के विभिन्न रूपों से तुम सुशोभित होगी। उसमें श्रेष्ठ अलंकृत दो कुण्डल तुम्हारे दोनों कानों में लटके होंगे तुम्हारी उस अपूर्व मुख-आभा को विलोक कर चन्द्रमा को भी ईर्ष्या होने लगेगी। अलौकिक मुकुट एवं अनुपम केशराशि से तुम्हारा मस्तक अत्यन्त शोभायमान हो उठेगा। भयानक विषधरों जैसी तुम्हारी भुजाओं को देखकर सम्पूर्ण दिशाएं भयातुर हो जाएंगी। इसके अतिरिक्त तुम्हारी आभा उस समय अपूर्व होगी जब तुम मोरपंख लगी उच्च पताका और तेजस्वी अंगद धारण करोगी। उस काल तुम मंत्रगणों से घिरी हुई होगी और कौमार व्रत का पालन एवं मेरी आज्ञाओं का पालन करती हुई स्वर्ग लोक में स्थिर हो जाओगी। जहां सहस्र नेत्रधारी इन्द्र मेरी आज्ञा के पालन स्वरूप तुम्हें अभिषिक्त करेगा और अग्नि देवगणों में मिला लेंगे और वह इन्द्र तुम्हें अपनी बहन का स्थान देंगे। चूंकि तुम कुशिक गोत्रीया हो, इस कारण तुम्हारा नाम कौशिकी होगा। विन्ध्याचल पर देवेश्वर इन्द्र, तुम्हें शाश्वत स्थान प्रदान करेंगे फिर तुम अपनी लौकिक आभा से सहस्त्रों

स्थानों को आलोकित करोगी। तुम्हारे वरदान से प्राणियों की मनोकामना पूर्ण होगी और तुम मनोवांछित रूप-परिवर्तन करके समस्त लोकों में विचरण करोगी। विन्ध्याचल पर निवास करने वाले शुम्भ-निशुम्भ नामक दो विकराल असुरों का तुम मेरा ध्यान करके समूल शमन कर दोगी। तत्पश्चात् आमिष और बलि तुम्हें प्रिय लगेंगी और भूत-प्रेतों को संग लेकर विचरण करोगी एवं मनुष्य प्रत्येक नवमी को तुम्हें बलि समर्पित करके तुम्हारी अर्चना करेंगे। मेरे प्रभाव को जानने वाले जो मनुष्य तुम्हारी पूजा करेंगे वे धन, सम्पत्ति एवं पुत्रादि सभी सुख प्राप्त करेंगे। कोई भी मनुष्य किसी भी विपत्ति में क्यों न हो। उसके सामने भयंकर समस्याएं क्यों न उत्पन्न हो रही हों, वह चाहे अपना मानसिक संतुलन खो बैठे, चाहे वन में रास्ता भूल गया हो, विशाल समुद्र की लहरों में फंस गया हो अथवा दस्युओं के कब्जे में हो, वह जैसे ही तुम्हारा ध्यान करेगा, तुरन्त उसका संकट दूर हो जाएगा। तुम्हारी आभा मेरे समान कृष्ण वर्ण, मेरी भुजाओं के समान विशाल भुजाएं और तुम्हारा मुख मेरे ज्येष्ठ भ्राता बलराम के सदृश अति सुन्दर होगा।

सामान्य रूप से जो सम्मान तुम्हें दिया जाएगा वह पूजा के ही समान होगा किन्तु इसके उपरान्त भी तुम निर्द्वन्द्व रूप से सब में बल और धैर्य में उत्तम मानी जाओगी—"और अब मैं यह व्यवस्था भी कर देता हूं कि मनुष्य प्रत्येक नवमी को तुम्हें बलि समर्पित करके तुम्हारी अर्चना करेंगे।

श्री विष्णु का कृष्ण रूप-जन्म

राजा जनमेजय ने मुनि से कहा कि भगवान् के जन्म की कथा को विस्तार से बताइए। तो वैशम्पायन ने कहा—हे नृप! जैसा मैंने पहले वर्णन किया उस प्रकार देवकी की गर्भ स्थिति प्रारम्भ हुई और जैसे-तैसे उसके गर्भ से शिशु जन्म लेते थे, वैसे-वैसे कंस उन्हें पृथ्वी पर पटक-पटक कर वध कर देता था। इस प्रकार देवकी की जब सातवीं बार गर्भ-स्थिति हुई उस समय योगमाया ने अपनी माया शक्ति द्वारा देवकी के गर्भ को रोहिणी के गर्भ में स्थित कर दिया। इससे आधी रात में रजस्वल देवकी का गर्भपात हो गया। देवकी निद्रा से मोहित होकर पृथ्वी पर लेट गई और योग

माया का उन्हें ज्ञान न हो सका। उन्हें स्वप्न मात्र की अनुभूति हुई कि उन्हें वेदना अवश्य हुई। उस घोर अन्धकारमयी रात्रि में रोहिणी के समान सुन्दर रोहिणी से योगमाया बोलीं, मैंने देवकी का गर्भ तुम्हारे गर्भ में प्रवष्टि करा दिया है, अतएव इस गर्भ संक्रमण से जो पुत्र तुम्हारे गर्भ से जन्म लेगा, इसका नाम संकर्षण होगा। इस प्रकार कुछ समय व्यतीत होने पर रोहिणी के पुत्र हुआ। रोहिणी को पुत्र प्राप्ति के कारण बहुत हर्ष था और हर्षित होती हुई रोहिणी जब अपने शिशु सहित अपने गृह में प्रविष्ट हुई उस समय उसकी शोभा ऐसी लग रही थी कि मानो चन्द्र पत्नी रोहिणी अपने पुत्र को लेकर प्रविष्ट हुई हो। इधर कंस ने देवकी के सप्तम गर्भ की खोज प्रारम्भ कराई और इसी अवधि में देवकी को पुनः आठवीं बार गर्भ स्थिति हो गई।

सब प्रकार की सावधानी करते हुए कंस ने निर्ममतापूर्वक व्यवहार से अब तक देवकी के सात गर्भों को नष्ट करा दिया था। उसी उद्देश्य की पूर्ति के लिए कंस के मंत्री व राजसेवकों द्वारा देवकी के अष्टम गर्भ की देख-रेख हो रही थी। फिर स्वयं भगवान् विष्णु स्वेच्छा से देवकी के गर्भ में आए और उधर भगवान् विष्णु का शरीर इधर हुआ उधर निद्रा देवी भगवान् विष्णु के निर्देश के अनुसार यशोदा के गर्भ में प्रवेश कर गईं।

इस प्रकार प्रसव की अवधि पूर्ण होने पर नवें महीने में इधर देवकी के पुत्र और यशोदा ने कन्या को एक साथ जन्म दिया। जिस रात्रि में भगवान् विष्णु ने वृष्णि कुल में जन्म लिया। उसी रात्रि गोपराज नन्द की पत्नी यशोदा ने भी एक कन्या को जन्म दिया। चूंकि नन्द गोप की भार्या यशोदा और वसुदेव की भार्या देवकी एक साथ गर्भवती हुई थीं। इसलिए उस अभिजित् नक्षत्र में अर्द्धरात्रि काल में उन दोनों के पुत्र एवं कन्या उत्पन्न हुईं।

भगवान् का जैसे ही जन्म हुआ, जैसे समस्त भूमण्डल में उथल-पुथल होने लगी, समुद्र उमड़ने लगा, पर्वत वैसे ही हिलने लगा और अग्नि भी धधकने लगी। आनन्ददायक वायु वेगवती हो गई, धूल गुब्बारे शांत हो गए और नक्षत्र एकदम चमकने लगे। भगवान् के जन्म के समय अभिजित नक्षत्र, जयन्ती नामक रात्रि और विजय नामक मुहूर्त था। उस अव्यक्त,

शाश्वत और सूक्ष्म हरिनारायण प्रभु के जन्म लेते ही देवताओं ने स्वर्ग में वाद्य बजाने प्रारम्भ कर दिए। सुरराज इन्द्र अपने लोक से उन पर पुष्प बरसाने लगे, मंगलमय वाक्यों के उच्चारण द्वारा सुरगण, मुनिगण, गन्धर्वी व अप्सराएं उनकी आराधना करने लगीं जिनके जन्म लेते ही समस्त भूतल आनन्दित हो उठा। देवेश्वर इन्द्र भी अपने देवताओं सहित भगवान् की स्तुति करने लगे। उस अन्धकारमयी रात्रि के समय उत्तम लक्षण युक्त उन भगवान् के रूप की छवि देखकर लोक वसुदेव बोले—हे प्रभो! आप अपने इस रूप को संवरित कीजिए मुझे कंस से बहुत भय है। उसने आपसे बड़े मेरे कई पुत्रों का वध कर डाला है।

वैशम्पायन जी बोले—हे महाराज! वसुदेव जी की प्रार्थना पर भगवान् ने अपना वह अलौकिक रूप संवरित कर लिया और फिर उन्होंने वसुदेव से कहा—हे पिताजी! आप यहां से मुझे गोपराज नन्द के यहां ले चलिए। भगवान् की ऐसी आज्ञा सुन वसुदेव तुरन्त ही बालक को लेकर रात्रि में यशोदा के घर पहुंचे। देवकी को इस बात का ज्ञान भी नहीं था और वे अपने बालक को यशोदा के निकट लिटाकर कन्या को लेकर चल पड़े। यद्यपि देवकी और यशोदा के गर्भ का परिवर्तन करके वसुदेव भयभीत थे, फिर भी अपने को कृतार्थ मानकर वे नन्द भवन से बाहर आए और मथुरा पहुंचे। फिर वसुदेव ने महाराज कंस को देवकी के यहां कन्या उत्पन्न होने का संदेश दिया।

देवकी के यहां सन्तान-जन्म का समाचार सुनते ही कंस अपने सेवकों सहित तेजी से वहां पहुंचा। वसुदेव और देवकी को हटाकर उसने कहा जो कुछ उत्पन्न हुआ उसे तुरन्त मेरे पास लाओ, कंस के ऐसे आदेश को सुन देवकी के अन्तःपुर की स्त्रियां चीत्कार कर उठीं और देवकी ने कातर स्वर में कंस से कहा—अब मेरे कन्या उत्पन्न हुई है। अब तक तुमने मेरे सात पुत्रों का वध कर डाला तो यह कन्या तो वैसे ही मरी-सी है। स्वयं ही देख लो। ऐसा कह देवकी ने उस उत्पन्न कन्या को कंस के आगे पृथ्वी पर लाकर लिटा दिया। फिर हर्षित होते हुए कंस ने कहा—वास्तव में यह कन्या तो मर ही चुकी है और यह कहकर उसने कन्या को पैर पकड़कर घुमाकर उसे पृथ्वी पर मारने का उद्यम किया।

जैसे ही कंस ने कन्या को पृथ्वी पर पटका वैसे ही वह कन्या अपना बाल रूप त्यागकर आकाश में उड़ गई। उस समय उसके केश फैले हुए और उसकी देह सुन्दर दिव्य चंदन से सुशोभित थी। उसके सम्पूर्ण अंगों पर मालाएं सुशोभित थीं। अद्‌भुत मुकुट मस्तक पर धारण था। ऐसा देख समस्त सुरगण उसकी प्रार्थना करने लगे। उस कन्या ने नील एवं पीत वर्ण के परिधान पहन रखे थे। हाथी के मस्तक सदृश उभरे हुए उसके स्तन थे और रथ जैसा विशाल वक्ष-प्रदेश। उसका मुख चन्द्रमा के समान रूपवान् था एवं उसकी चार भुजाएं थीं। उसके शरीर की आभा दमकती विद्युत के सदृश थी एवं उषाकालीन सूर्य के समान रक्तवर्ण उसके नेत्र थे। सायंकाल की मेघ युक्त संध्या के समान उसके कुच थे। भूत-प्रेतों सहित उस घोर अन्धकारमयी रात्रि में वह बार-बार नाचती, हंसती और आकाश में विचरती हुई मदिरा पान करने लगी। फिर भयानक अट्टहास सहित क्रोधित स्वर में कंस से कहा–हे पापी कंस! तूने मेरा वध करने हेतु मुझे पृथ्वी पर पटका। जब तेरा मृत्युकाल आएगा उस समय तेरा शत्रु तुझे घसीटेगा और उस समय मैं अपने हाथों से तेरे शरीर को चीरकर तेरा रुधिर पान करूंगी। हे राजा! कंस से इस प्रकार क्रोधपूर्वक वचन कहकर वह कन्या अपने भूत-प्रेतों के सहित आकाश मंडल में विचरने लगी। इसके पश्चात् भगवान् विष्णु के निर्देशानुसार वृष्णिवंशियों के घर में पुत्र के समाने बड़े प्रयत्न के साथ पालन-पोषण हुआ तो वह बढ़ने लगी। वह कन्या भगवान् प्रजापति के अंश से उत्पन्न थी। इसलिए यादव लोग भगवान् कृष्ण की रक्षक के रूप में उस कन्या को पूजने लगे। देवताओं के समान अद्‌भुत देहधारणी वह कन्या जब कृष्ण भगवान् की रक्षा करके चली गई तब कंस बड़ा लज्जित हुआ और अकेले में देवकी से बोला–देवकी बहन! मैंने अपनी मृत्यु के भय से तुम्हारे अनेक पुत्रों का वध कर डाला, लेकिन अब ऐसा प्रतीत होता है कि मेरी मृत्यु का कारण कोई अन्य व्यक्ति ही बनेगा।

कंस ने दुःख प्रकट करते हुए कहा–मैं बड़ा निर्दयी हूं और मैंने अपने प्रियों का नष्ट किया है, फिर भी विधि ने जो भाग्य में लिख दिया उसे मैं किसी भी प्रकार से परिवर्तित नहीं कर सका। हे सती! तुम्हें अब

पुत्रों के वध के विषय में सभी चिन्ता और सन्ताप त्याग देना चाहिए। विधि के विधान के कारण ही मैंने उनका वध किया। यदि तुम इस पर विचार करो तो तुम्हें प्रतीत होगा कि मैं तो विधि के विधान का निमित्त मात्र हूं। समय ही मनुष्य का सबसे बड़ा शत्रु है और यही उसका विनाशक है। जो होना होता है वह अवश्य होता है। लेकिन संताप तो यह है कि देव के विधान का मनुष्य स्वयं ही कर्त्ता बन जाता है। इसलिए तुम्हें पुत्रों की चिन्ता त्यागकर यह शोकपूर्ण रुदन बन्द कर देना चाहिए। मनुष्यों की गति ही ऐसी है, वह काल को जीत नहीं सकता। हे बहन! पुत्रवत् मैं तुम्हारे चरणों में शीश नवाता हूं, तुम्हें मेरे ऊपर से क्रोध त्याग देना चाहिए। मैंने तुम्हारा बड़ा अपकार किया है। कंस को अपने चरणों में पड़ा इस प्रकार संताप करते देखकर देवकी की आंखों में आंसू उमड़ आए वह अपने पति वसुदेव की ओर देखकर एक मां की भांति द्रवित हृदय से कंस से बोली–हे वत्स! उठो, तुमने जो मेरे पुत्रों का वध किया, उसके कारण तुम नहीं हो, इसका प्रमुख कारण काल ही है। अब जबकि इसके लिए तुम मेरे चरणों पर माथा रखकर इस प्रकार संतप्त होकर खेद प्रकट कर रहे हो, इसलिए मैं तुम्हें क्षमा करती हूं। गर्भ, बाल्यावस्था, यौवनावस्था और वार्धक्य कोई भी स्थिति क्यों न हो, लेकिन काल की गति नहीं रुकती। देवकी ने पुनः कहा, ऐसा समय केवल काल के वशीभूत होकर ही आता है। काल का जो कार्य होता था, उसके तुम निमित्त मात्र हो। पुत्र-जन्म न हो तो यह संतोष रहता है कि उत्पन्न नहीं हुआ, किन्तु जन्म हो और उसके पश्चात् वह न रह पाए तो यह ईश्वर की कृपा पर आधारित है। विधाता प्राणी को अपनी इच्छा के अनुसार जहां चाहता है, ले जाता है, इसलिए हे वत्स! अब तुम जाओ और यह भूल जाओ कि मुझे तुम पर कोई कोप है। जिसको जाना होता है वह मृत्यु को अवश्य प्राप्त करता है, इसके पश्चात् उसका केवल अवशिष्ट मात्र रह जाता है। अनेक जन्मों के पाप-दोष, मां-बाप के दोष और जन्मों के कारण जीव को मृत्यु प्राप्त होती है। इसमें तुम्हारा कोई दोष नहीं है। इस प्रकार देवकी के सांत्वनापूर्ण वचन सुनकर कंस अपने अन्तःपुर चला गया किन्तु उसके प्रयास करने पर भी उद्देश्य की पूर्ति में बाधा पड़ गई थी, इससे उसके

चित्त में चिन्ता रूपी अग्नि जल रही थी। वह देवकी के सामने तो उतना नहीं घबराया पर अकेले में आकर घबरा गया।

भगवान् कृष्ण की ब्रज-यात्रा

इसके बाद भगवान् कृष्ण की विविध स्थितियों के विषय में बताते हुए वैशम्पायन ने कहा–हे नृप! देवकी द्वारा जन्म दिए जाने से पूर्व ही वसुदेव ने अपनी दूसरी पत्नी रोहिणी को गोपराज नन्द के यहां भेज दिया था तत्पश्चात् उसको समाचार मिला था कि रोहिणी की कोख से चन्द्रमा के सदृश सुन्दर मुख वाले बालक ने जन्म लिया है। गोपराज नन्द अपना वणिक कर चुकाने के लिए अपने पुत्र व पत्नी सहित मथुरा आए थे। तब यह सुनकर वसुदेव उनसे भेंट करने पहुंचे ओर नन्द से उन्होंने कहा–गोपराज! ब्रज में तुरन्त वापिस पहुंचकर आप उन दोनों बालकों का जातकर्म संस्कार आदि सम्पन्न करके उनका पोषण करें। जिस प्रकार यशोदा के पुत्र का पालन हो, उसी प्रकार रोहिणी के पुत्र का पालन होना चाहिए, क्योंकि रोहिणी के पुत्र से ही संसार की दृष्टि में पुत्रवान कहलाऊंगा। मैंने अभी तक अपने पुत्र का मुख भी नहीं देखा है। कंस की निर्दयता और उसके द्वारा शिशुओं का वध किए जाने से मैं विज्ञ होकर भी मंदबुद्धि हो गया हूं इसलिए विशेष सावधानी सहित यशोदा व रोहिणी दोनों के बालकों की रक्षा करें और उनका पालन करें। चूंकि उन बालकों पर अनेकों प्रकार के संकट आ रहे हैं।

उसका पुत्र ज्येष्ठ है और मेरा पुत्र छोटा है। फिर उन दोनों की लगभग बराबर की आयु है, उसी प्रकार उनके नामकरण का प्रयत्न करिएगा। हे सखे! आपका ऐसा प्रयत्न हो कि ये दोनों समान आयु वाले बालक गायों के झुण्ड साथ लेकर क्रीड़ा करें और घूमें। बाल्यकाल में अधिकतर सभी प्राणी स्वेच्छाधारी व उद्दण्ड स्वभाव के होते हैं, इस विषय में आप विशेष सतर्क रहें। वृन्दावन में गोपों का निवास स्थान न बनवाइएगा। क्योंकि वहां किसी राक्षस, अनेक प्रकार के सर्प और हिंसक पशु-पक्षियों का भय है। अपने गोष्ठ में गायों और उनके बछड़ों को बचाते रहें। वसुदेव ने कहा–सखे नन्द! रात्रि समाप्त हो चुकी है, प्रस्थान की

शीघ्रता करिए। ऐसा प्रतीत होता है कि बहुतेरे पक्षी आपके इधर-उधर चक्कर लगा रहे हों। हे भूपते? महान आत्मा वसुदेव के मुख से ऐसे रहस्यपूर्ण वचन सुनकर नन्द गोपराज सावधान हो गए और नन्द ने वसुदेव से विदा मांगी, तत्पश्चात् यशोदा सहित अपनी पालकी में बैठ गए और साथ में इन्होंने अपने पुत्र को भी उसमें बिठा लिया।

इसके उपरांत वे यमुना के किनारे-किनारे एकान्त एवं अधिक पानी वाले मार्ग से चले। उस काल प्रभातकालीन मंद शीतल वायु बह रही थी। आगे बढ़ने पर उन्हें गो ब्रज दिखाई पड़ने लगा, जो कि हिंसक पशुओं से शून्य था। वह मनोरम प्रदेश गोवर्धन पर्वत के निकट एवं यमुना किनारे स्थित था और उस स्थान पर शीतल व मन्द वायु बह रही थी। उस मनोरम प्रदेश की शोभा विभिन्न प्रकार के लता कुंज और वृक्ष समूहों से थी। अनेक दुधारू गौएं वहां घास चर रही थीं। वह एक समतल भूमि थी जहां गौएं सुविधापूर्वक चर सकती थी और वहां अत्यन्त सुन्दर तालाब भी थे। सांडों के कन्धों की रगड़ तथा सींगों के प्रहार से अनेक वृक्षों की छाल छिल गई थी। ऐसा मनोरम वन प्रदेश गृद्ध, बाज, शृंगाल, मृग और सिंह आदि मांसाहारी वन पशुओं को शरण दिए हुए था। वहां हर समय सिंहों की गर्जना का घोर शब्द होता रहता था। अनेक प्रकार के पखेरू वहां सदैव विचरण करते रहते थे। स्वादिष्ट व मधुर फलों की अधिकता थी, चारों तरफ हरियाली थी।

वहां अनेक गायें दिखाई पड़ती थीं और हर दिशा में गायों का शब्द गूंजता था और हर तरफ गायों के बछड़ों की हम्मा-हम्मा शब्द ध्वनि गूंजती थी। अनेक बैलगाड़ियां गोलाकार करके खड़ी थीं। जगह-जगह पर कांटों से रुका मार्ग था, जिनके किनारे अनेक जंगली वृक्ष भी गिरे पड़े थे। कई स्थानों पर बछड़ों के बांधने के लिए रस्सी सहित खूंटे गड़े पड़े थे। कई स्थानों पर उपले का चूरा फंसा पड़ा था और उस स्थान के सभी घर और मठ फूस से छाए हुए थे। अकसर उस स्थान पर अच्छे-अच्छे मानव आया-जाया करते थे। उस स्थान के सभी प्राणी स्वस्थ और हृष्ट-पुष्ट थे। किसी-किसी स्थान पर मोटी रस्सियां भी पड़ी गई थीं और कहीं-कहीं गोपियों द्वारा दही मथते समय उनके हाथों के आभूषणों की ध्वनि सुनाई

देती थी। स्थान-स्थान पर दही व मट्ठा गिरने के कारण वहां की मिट्टी पर गीली हो गई। जो गोपियों के बालक वहां खेल रहे थे। उनकी बड़ी-बड़ी शिखाएं थीं। गायों के सभी बाड़ों के द्वार बन्द थे और उनमें गायों के रखने के लिए सभी प्रकार की सुविधाएं विद्यमान थीं। वहां वातावरण में चारों तरफ पके हुए घी की सुगन्ध आ रही थी। सभी तरफ नीले-पीले रंग की पोशाक के कारण उनकी युवा स्त्रियां दृष्टिगत हो रही थीं। उनकी वेश-भूषा अत्यन्त आकर्षक थी उनके पहनावे में सौन्दर्य था।

वे गोपियों अंगिया और साड़ी पहने हुए और पुष्पों के आभूषण पहनकर जलपूर्ण घड़े को अपने सिर पर रखकर एक पंक्ति में चल रही थीं, उस ब्रज में प्रवेश करते ही गोपराज नन्द को आता देखकर उस तरफ बढ़कर बूढ़ी गोपियों और वृद्ध गोपों ने स्वागत किया। इसके उपरान्त नन्द को शंकट आदि से परितृप्त करके एक सुखदायी और सुविधापूर्ण स्थान पर बैठाया। उसके बाद नन्द वसुदेव की पत्नी रोहिणी के निकट गए, जहां पहुंचकर उन्होंने रोहिणी को नवोदित सूर्य के सदृश तेजस्वी कृष्ण को दिया। कृष्ण को देखकर रोहिणी अत्यन्त प्रसन्न हुईं।

इस प्रकार बिछुड़ा हुआ परिवार जैसे मिला हो और उनकी प्रसन्नता का आर पार नहीं रहा हो। सब ऐसे ही अनुभव कर रहे थे। उनके वहां रहने के विषय में वैशम्पायन जी ने कहा—हे राजन्! गोपों की सुख-सुविधा का ध्यान रखते हुए नन्द को वहां रहते हुए कुछ काल बीत गया। उनके दोनों पुत्रों का जब नामकरण हुआ, तब बड़े पुत्र का नाम संकर्षण और छोटे का कृष्ण हुआ। ये प्रभु ही थे जो मनुष्य योनि को प्राप्त हुए तथा मेघ के समान श्याम शरीर वाले कृष्ण गायों के बीच निवास करते हुए समुद्र के जल के समान सुखपूर्वक वृद्धि को प्राप्त होने लगे। एक दिन कृष्ण को नींद आने पर और गहरी नींद होने पर गोपरानी यशोदा ने उन्हें एक छकड़े के नीचे सुला दिया और स्वयं नहाने यमुना तट पर गयीं। इधर कृष्ण की निद्रा भंग हो गई और वह हाथ-पांव चलाते हुए मधुर स्वर में रोने लगे और स्तनपान की इच्छा करते हुए उन्होंने अपना पांव जैसे ही ऊपर को चलाया वैसे उसके आघात से वह छकड़ा उलट गया। उसी समय यशोदा भी भीगे वस्त्र पहने हुए ही शीघ्रता से स्नान करके आ गईं,

उन्होंने देखा, छकड़ा उल्टा हुआ पड़ा है, उसमें पुत्र का व्याकुल देखकर उन्होंने अपनी गोद में ले लिया। छकड़े को उलटा हुआ देखकर उन्हें आश्चर्य हुआ, परन्तु वह यह नहीं जान सकीं कि छकड़े को किसने पलट दिया। अपने शिशु का सकुशल देखकर कहने लगीं–हे लाल! तुम्हारे पिता बड़े क्रोधी हैं, जब वे सुनेंगे कि मैं तुम्हें छकड़े के नीचे सुलाकर यमुना स्नान को चली गयी थी और उसी समय में छकड़ा उलट गया तो न जाने क्या कहेंगे। मुझे इस प्रकार स्नान के लिए यमुनाजी पर क्या जाना चाहिए था? मेरे अच्छा भाग्य था, जिससे छकड़े के उलट जाने पर भी तुम्हें कुशलपूर्वक पा सकी हूं। यशोदाजी इस प्रकार कह ही रही थीं, तभी काषाय वस्त्रों को धारण किए हुए नंदराय भी गायों सहित वन से लौटे और देखा कि छकड़े का प्रत्येक भाग टूटा पड़ा है, नन्दजी अत्यन्त भयपूर्वक नेत्रों से आंसू भरकर घर में तेजी से घुस गए और पूछने लगे कि मेरा लाल तो ठीक है? फिर उसको स्तनपान करते देखकर शान्त हुए और बोले कि परस्पर बैल भी तो नहीं लड़े, फिर यह छकड़ा कैसे उलट गया। नंदजी को अत्यन्त आश्चर्य हो रहा था।

नन्दजी का प्रश्न सुनकर यशोदा का कण्ठ भर आया, वह भयपूर्ण स्वर में बोली कि छकड़ा किसने गिराया यह मैं नहीं जानती। मैं तो कपड़े धोने यमुना तट पर गयी थी और जब वहां से आई तो इस प्रकार उलटा पड़ा हुआ पाया। जब नंद-यशोदा में यह बातें हो रही थीं वहां इकट्ठे हुए बालक आकर बोले–यह छकड़ा इसी ने अपने पांव से उलट दिया है, हमने यह बात अपने नेत्रों से देखी है यह सुनकर नन्द अत्यन्त चकित हुए। नंदराय हर्षित हुए और भयभीत भी, वह अब बार-बार सोचते थे कि ऐसा कैसे हो गया? परन्तु साधारण मत वाले गोपों ने बालकों की बात को यथार्थ नहीं माना। वे विस्मयपूर्वक यही कहते रहे कि अत्यन्त आश्चर्य कि बात हुई है, फिर उन्होंने उस टूटे छकड़े को जोड़कर पुनः ठीक कर दिया।

इधर भगवान् अपनी माया दिखा रहे थे उधर कंस कृष्ण को नष्ट करने की चेष्टाएं कर रहा था। वैशम्पायनजी ने कहा–हे राजन्! इस बात को कुछ समय व्यतीत हो गया तब कंस की धाय पूतना पक्षिणी का रूप

धारण कर पंखों से भयानक शब्द करती हुई, आधी रात समय नन्दजी के घर पर क्रोधपूर्वक पहुंची। सिंह के समान भीषण गर्जना करने वाली यह पूतना बार-बार घोर शब्द करती और दूध की वर्षा करती हुई एक वाहन के धुरे पर जाकर बैठ गयी। जब सब लोग निद्रामग्न हो गए तब उसने कृष्ण के पास जाकर अपना स्तनपान कराया। कृष्ण ने उसका स्तनपान करते-करते उसके प्राणों का भी पान कर लिया, तब अत्यन्त व्याकुल होती हुई पूतना घोर चीत्कार करती हुई पृथ्वी पर लेट गयी। उसकी चीत्कार को सुनकर सुन्दर नन्द और गोप तथा यशोदा आदि स्त्रियां अत्यन्त शंकित और भयभीत होते हुए उठ पड़े। तब उन्होंने देखा कि वज्र से फटे हुए पर्वत के समान पूतना चेतनाहीन पृथ्वी पर पड़ी है तथा उसके स्तन भी कट गए हैं।

वहां उपस्थित लोग अत्यन्त आश्चर्यचकित हुए और नन्द को घेर कर खड़े हो गए और पूछने लगे कि यह कार्य किसने किया? बहुत विचार करने पर उसका कोई कारण उनकी समझ में नहीं आया और "विस्मय है" ऐसा कहते हुए अपने-अपने घर चले गए। जब वे गोप आश्चर्य में भरे हुए अपने घर चले गए तब नन्द ने अत्यन्त घबराहट भरे स्वर में यशोदा से पूछा कि यह घटना कैसे हुई। इसे देखकर तो मुझे अपने बालक के लिए अत्यन्त भय दिखाई देने लगा है। इस पर यशोदा ने भी भयपूर्वक कहा—मुझे भी कुछ नहीं मालूम कि यह सब क्या और कैसे हुआ? मैं तो अपने बालक को साथ लेकर सो गई थी और इस भयंकर शब्द को सुनकर ही जग पड़ी हूं। यशोदा द्वारा अनभिज्ञता प्रकट करने पर नन्दादि गोप कंस के कारण ही इसे भय की स्थिति मानते हुए विस्यम में पड़ गए।

इसके बाद जनमेजयजी ने भगवन् वैशम्पायन से निवेदन किया कि भगवान् कृष्ण के बालक से किशोर होने के विषय में बताने की कृपा करें।

वैशम्पायनजी ने कहा—हे राजन्! नामकरण होने के बाद जैसे-तैसे समय व्यतीत होने लगा, वैसे-वैसे ही सौम्य दर्शन कृष्ण धीरे-धीरे वृद्धि को प्राप्त होते हुए घुटनों के बल चलने लगे। उन दोनों की आकृति-प्रकृति, भोजन-वसन, भूषण, शयन, कार्य, बल एक समान थे तथा वे समान रूप वाले नवोदित चन्द्र और प्रातःकाल के सूर्य के समान तेज वाले थे। उन्हें

देखकर ऐसा लगता था कि एक शरीर के दो भाग हैं, क्योंकि उनके सभी कार्यों में समानता थी तथा उसके सोने, खेलने, खाने-किसी रूप में अन्तर नहीं था। दोनों समान कद के थे तथा लोक रक्षार्थ दोनों ने ही समान वेश गोप रूप धारण किया था। उनकी आलौकिक लीलाएं और तेजस्विता से प्रतीत होता था कि चन्द्रमा सूर्य रश्मियों का ओर सूर्य चन्द्र किरणों का ग्रास कर रहा है। नाग के समान लम्बी भुजाओं वाले दोनों गोप पुत्र अपने देह को धूल धूसरित किए हाथी के बच्चों के समान इधर-उधर विचरने लगे।

दोनों बालक शिवपुत्र कार्तिकेय के समान अत्यन्त सुन्दर थे। वे अपने देह में कभी भस्म, कभी उपलों का चूरा, कभी गोबर लपेटे हुए सब स्थानों पर घुटनों के बल चलते थे। उन्हें देखकर नंद अत्यन्त आनन्दित होते थे। वे दोनों बालक अपने साथियों को चिढ़ाते और हंसते हुए इधर-उधर घूमते थे। वे अत्यन्त सुकुमार तथा चंचल नेत्र वाले दोनों इतने हठी हो गये कि नन्द उनको अधिक वश में न रख सकें। एक दिन अत्यन्त क्रोधित हुई यशोदा कमल-नयन श्रीकृष्ण को पकड़कर छकड़े के पास ले गईं और उनकी कमर में रस्सी बांधकर ऊखल से बांध दिया और यह कहकर कि ताकत हो तो इससे छूटकर भाग जा, वह अपने कार्य में लग गईं।

इधर माता अपने काम में लगी, उधर बाल-लीला करते हुए कृष्ण ऊखल से बंधे हुए धीरे-धीरे रेंगकर आंगन के बाहर निकले और सबको विस्मित करते हुए यमलार्जुन वृक्षों के मध्य जा पहुंचे। वहां ऊखल टेढ़ा होकर वृक्षों में फंस गया तब वह उसे जोर लगाकर खींचने लगे। इस प्रकार खींचने से दोनों वृक्ष समूल उखड़कर पृथ्वी पर गिर गए और कृष्ण उनके मध्य स्थित होकर हंसने लगे। ब्रज गोपियों पर अपना पराक्रम प्रदर्शित करने के लिए ही, उन्होंने यह लीला की थी। यशोदा के द्वारा बांधी गयी वह साधारण रस्सी उनके प्रभाव से अत्यन्त दृढ़ हो गयी थी। यमुना किनारे के मार्ग से जाने वाली गोपियों ने उनकी यह लीला देखी तो अत्यन्त आश्चर्य प्रकट करती हुई यशोदाजी के पास गईं। वहां जाकर वे बोली-हे ब्रजरानी! विलम्ब मत करो, शीघ्रता से चलो, अरे देखो कृष्ण ने क्या किया है?

हम जिस यमलार्जुन वृक्षों की पूजा अपनी कामना पूर्ति के लिए करती थीं वे वृक्ष तुम्हारे बालक पर गिरे हुए धरती पर पड़े हैं और देखो! बालक दृढ़ रस्सी से बंधा हुआ बीच में खड़ा हुआ हंस रहा है। तुम अपने को अत्यन्त बुद्धिमती मानती हो, परन्तु तुम्हारी जैसी मतिहीन कौन होगी? बालक मृत्यु के मुख से बचा है, शीघ्रतापूर्वक वहां जाकर अपने बालकों को बुलाओ। यह सुनते ही यशोदा अत्यन्त आकुल होकर दौड़ पड़ी और शीघ्र ही घटनास्थल पर जा पहुंची। उन्होंने वहां देखा कि दोनों वृक्ष धरती पर गिरे पड़े हैं और उनके बीच में ऊखल खींचते हुए कृष्ण हंस रहे हैं और वह रस्सी अब भी उनकी कमर से बंधी हुई है। इस घटना का समाचार समूचे ब्रज में शीघ्रता से फैल गया और सभी ब्रजवासी उस कौतूहल उत्पन्न करने वाली घटना को देखने के लिए वहां आ गए। परस्पर में वे सब गोप कहने लगे–अहा! ये विशाल वृक्ष गिर पड़े, इस समय वायु, वर्षा, बिजली या हाथियों का भी कोई उपद्रव नहीं है तब यह कैसे गिरे।

जिस तरह जलविहीन मेघ शोभा रहित हो जाता है, वैसे ही ये वृक्ष समूल उखड़कर शोभा-हीन हो गए हैं; ब्रज/वासियों द्वारा लगाए हुए वृक्ष ब्रजबालाओं के लिए अत्यन्त उपकारी थे। हे गोप श्रेष्ठ नन्द! इस दशा को प्राप्त होकर भी यह आप पर अत्यन्न प्रसन्न प्रतीत होते हैं, इसलिए इन्होंने आपके बालक को कोई हानि नहीं पहुंचाई है। छकड़े का टूटना और पूतना का मरना यह दो उत्पात पहले ही हो चुके थे, अब इन वृक्षों का गिरना तीसरा उत्पात हुआ समझो। अब हमारा यहां रहना ठीक नहीं, क्योंकि बार-बार ऐसे उत्पातों का होना शुभ-सूचक कदापि नहीं है। इसी समय नन्द शीघ्रतापूर्वक दौड़े और वे कृष्ण को ऊखल से खोल इस प्रकार दुलारने लगे जैसे लोभी मनुष्य का खोया हुआ धन मिल गया हो। फिर वे अपने पद्म नयन बालक के मुख को टकटकी लगाकर देखने लगे और फिर यशोदा पर क्रोध करते हुए अपने घर गए। भगवान् कृष्ण के उदर में दाम (रस्सी) के बंधन से गोपियों ने उन्हें दामोदर नाम दिया। वैशम्पायनजी ने कहा–हे राजन्! जब श्रीकृष्ण ब्रज में रहते थे, तब यह उनकी बाल-लीला विषयक एक अत्यन्त विस्मयजनक घटना हुई है। वैशम्पायनजी

ने कहा—हे राजन्! इस प्रकार कृष्ण और संकर्षण अपनी शैशवावस्था को पार करके सात वर्ष की अवस्था के हो गए। संकर्षण नीले वस्त्र ओर कृष्ण पीले धारण करके श्वेत चंदन लगा करके दोनों शिखाधारी बालक बछड़ों के पालक हो गए। दोनों बालक सुन्दर रूप से सुनने में मधुर ध्वनि करते हुए वनों में विचरण करते हुए तीन सिर के सर्प के समान सुन्दर प्रतीत होते थे। उनके कानों में मोर पंखों का कुण्डल, मस्तक पर पल्लव युक्त कमल पुष्प का मुकुट, कण्ठ में वनमाल, कंधे पर रस्सी का जनेऊ, हाथ में तुम्बी और छीका लिए रहते तथा वंशी बजाया करते थे। वे कभी परस्पर हास-परिहास करते और कभी पत्तों का बिछौना बनकार उस पर सोने की क्रीड़ा करते थे। इस प्रकार वे दोनों भाई वनों में गायों को चराते और विविध क्रीड़ा करते हुए चंचल बछड़ों के समान शोभा पाते थे। उनकी शोभा अपूर्व थी।

एक दिन कृष्ण ने अपने भाई संकर्षण से कहा—हे आर्य! अब इस वन में गोप बालकों के साथ खेलना उचित नहीं है। क्योंकि हम इस वन का भली प्रकार उपभोग कर चुके हैं, अब यहां घास भी नहीं रही और बेल तथा वृक्ष भी थोड़े ही रह गए हैं क्योंकि गोपों ने वृक्षों को काट डाला है। पहले यह वन वृक्षों से इतना परिपूर्ण था कि और कुछ भी दिखाई नहीं देता था, परन्तु अब उन वृक्षों के कट जाने अथवा पत्र-विहीन हो जाने पर सरलता से दूर तक देखा जा सकता है। गौशाल और उसकी प्राचीर पर स्थित वृक्ष, वज्र की अग्नि में दग्ध होकर प्रभाव-हीन हो गए हैं। जो घास अथवा काष्ठ पहले ब्रज के समीप था अब वह बहुत दूर है तथा यत्नपूर्वक उसकी खोज करनी होती है। इस वन में घास, जल और विश्राम-स्थल मिलना अब कठिन हो गया है, वृक्ष बहुत दूर-दूर पर रह गए हैं, यदि अब खोज न करेंगे तो भविष्य में हमें खेलने और बैठकर विश्राम करने को भी स्थान न मिलेगा। यहां के सभी वृक्ष अब बेकार हो चुके हैं, इसलिए वनवासी पक्षियों ने इन्हें त्याग दिया है। यहां के निवासियों ने वृक्षों को काट डाला है, इसलिए वन में अब वायु के सुखद झोंके उपलब्ध नहीं होते। पक्षियों के चले जाने से वह वन शाकादि से हीन भोजन के समान निरानन्द हो गया है।

वन में उत्पन्न शाकों और काष्ठों का विक्रय होने के कारण काष्ठ और घास यहां नहीं रही इसलिए यह ब्रज अब गांव न रहकर नगर जैसा हो गया है। पर्वतों की शोभा, ग्रामों की शोभा, वन तथा वनों की शोभा गौएं हैं, यही हमारे लिए परमगति है। इसलिए इस वन को छोड़कर हमें वहीं चलना चाहिए जहां तृण और काष्ठ प्रचुर मात्रा में उपलब्ध हो सके, क्योंकि गौएं नवीन तृण को चरना चाहती हैं। इसलिए धनिक ब्रजवासियों को नवीन वनस्पति से परिपूर्ण वन में चलना चाहिए क्योंकि ब्रजवासियों के लिए वैसे भी कोई निश्चित गृह, क्षेत्र अथवा स्थान आदि का बंधन नहीं है। वे तो हंस, सारस आदि पक्षियों के समान जहां कहीं भी जाकर रहने लगते हैं वही स्थान ब्रज बन जाता है। पर यहां की घास में गोबर और मल-मूत्रादि के मिश्रित होने जाने से एक प्रकार का क्षार उत्पन्न हो गया है, इसलिए गौएं इस घास को नहीं चरतीं और जो चर लेती हैं उनका दूध हितकर नहीं होता। इसलिए हमें नवीन तृणयुक्त समतल वन्य प्रदेश में अपनी गौओं के सहित चल देना चाहिए। जहां तक सम्भव हो इस स्थान को त्याग कर हम यहां से कहीं अन्यत्र चल दें।

कृष्ण ने कहा–सुना है, यमुना के तीर पर ही वृन्दावन नाम का एक सुन्दर वन है जहां हरे तृणों, सुस्वादु फलों और मुधर जल की बहुतायत है। यह वन कदम्ब वृक्षों से परिपूर्ण है, वहां झिल्लियों और कांटों के दर्शन तक नहीं होते तथा उस वन में श्रेष्ठ वन के सभी गुण हैं। यहां गन्धयुक्त वायु है। सभी ऋतुएं एक साथ रहती हैं, वहां गोपिकाएं अत्यन्त आनन्द से विहार कर सकती हैं। उनके निकटवर्ती नन्दन वन में आनन्द पर्वत के समान उच्च शिखर वाला गोवर्धन नामक पर्वत विद्यमान है। उस पर्वत के ऊपर नील मेघ के समान सघन तथा एक योजन विस्तार वाला भांडीर नाम का एक वट वृक्ष स्थित है। जैसे इन्द्र के नन्दन कानन में मन्दाकिनी बहती है, वैसे ही उस पर्वत की सीमा में यमुनाजी प्रवाहित हैं। वहां विचरण करते हुए हम दोनों ही गिरि गोवर्धन, भांडीर वृक्ष और परम रमणीय यमुना को देखते हुए आनन्दित होंगे।

भगवान् कृष्ण बलराम से बोले–इसलिए हे भैया! हमारा इस ब्रज को त्याग कर वृन्दावन में निवास करना उचित है, इसलिए यहां कोई विशेष

भय उपस्थित करके ब्रजवासियों को डरा देना चाहिए। भगवान् के इतना कहते उनकी देह से सहसा हजारों भीषण आकार वाले भेड़िए उत्पन्न हो गए। वे सब भेड़िए ब्रजवासी गोपों, गायों, बछड़ों, गोपियों आदि पर आक्रमण करके उन्हें व्यथित करने लगे। इससे सम्पूर्ण ब्रजमण्डल आतंकित हो उठा। वे भेड़िए पांच-दस, पचास आदि के समूह में घूमते-फिरते थे। भगवान् कृष्ण की देह से उत्पन्न हुए उन काले मुख वाले भेड़ियों ने बहुत से बछड़ों को मार डाला और रात्रि काल में गोप बालकों को उठाकर ले जाने लगे। इसलिए उन भेड़ियों को आतंक इतना बढ़ गया कि कोई भी व्यक्ति वन से कुछ लाने, गाय चराने या यमुना-किनारे जाने का साहस नहीं कर पाता था। उन भेड़ियों के भय से सभी ब्रजवासी त्रस्त हो गए और कोई भी बाहर नहीं निकलना चाहता था। उन सिंह के समान पराक्रमी भेड़ियों के भय से बचने के लिए जब ब्रजवासी एकत्रित होकर एक स्थान पर रहने लगे थे और उनका भय दूर होने लगा।

वैशम्पायन जी ने कहा–हे राजन् जब वे भेड़िए अत्यन्त उद्दण्ड हो गए तब सब ब्रजवासियों ने एकत्रित होकर परस्पर मन्त्रणा की और बोले कि अब हमें इस स्थान से क्या कार्य है? हमें यहां से किसी अन्य वन में चल देना चाहिए, जो कि सुखपूर्वक निवास के योग्य तथा गायों के लिए भी सुखदायी हो। अब विलम्ब से क्या लाभ है हम अपनी गायों और बछड़ों के सहित आज ही यहां से चल दें, जिससे उन भयानक भेड़ियों द्वारा होने वाले सर्वनाश से बचा जा सके। यह पीले देह वाले कृष्ण-मुखी एवं नखकर्षी भेड़िए रात के समय घोर गर्जना करते हुए घूमते हैं, जिससे हमें बड़ा डर लगता है। प्रत्येक घर के ब्रजवासी प्रतिदिन प्रातःकाल रुदन करते दिखाई देते हैं, कोई कहता है कि मेरे भाई, पुत्र व बछड़ा, गाय को भेड़ियों ने मार डाला है। हम इस प्रकार ब्रजवासियों के रुदन और गायों के क्रंदन से व्यथित हुए वृद्ध पुरुषों के उस ब्रज को छोड़कर चलने के दृढ़ निश्चय को सुनकर बुद्धिमान नन्द ने उनसे कहा–कि हे गोपगण! यदि आपने इस स्थान को त्याग कर वृन्दावन चलने का निश्चय ही कर लिया है तो अब विलम्ब न करके ब्रजवासियों को शीघ्र तैयार होने की आज्ञा दीजिए। इसके अनुसार ब्रज भर में घोषणा करा दी कि सब गायों को

इकट्ठा कर लो और गृहस्थी के सब समान बर्तन-वस्त्रादि बैलगाड़ियों में लाद दो। छकड़ों तथा बछड़ों को एकत्र करके यहां से वृन्दावन चलने को तैयार हो जाओ। नन्द की यह बात सुनकर शीघ्र ही चलने के लिए उत्सुक समस्त ब्रजवासी उसी समय उठ चले। उस समय वे परस्पर बोले–"चलो, जल्दी यहां से निकल चलें तुम अभी भी क्यों सो रहे हो, अपनी बैलगाड़ी को जोतो, इस प्रकार की बातचीत से एक प्रकार का कोलाहल-सा होने लगा। उस कोलाहल के साथ एक समूह गर्जन, सिंह-गर्जन या विद्युत गर्जन जैसा घोर शब्द हुआ, जिससे सम्पूर्ण ब्रज-मण्डल गूंज उठा और गोप-गोपी व्याकुल हो गए। जब गोपिकाएं सिर पर सामान रखकर और बगल में गगरी दबाए पंक्तिबद्ध होकर ब्रज से चलीं तब ऐसा प्रतीत होने लगा जैसे आकाश की तारिकाएं पृथ्वी पर उतर पड़ी हों।

उस समय गोपियों का सौंदर्य अप्रतिम था। उनकी चोलियां, नीले, पीले या लाल रंग की थीं, इससे उनके पंक्तिबद्ध होकर चलने से इन्द्र धनुष के उदित जैसी शोभा होने लगी। धीरे-धीरे चलने वाली गोपियों के कंधों पर जो रस्सियां लटकी हुई थीं वे वट वृक्ष की जटाओं जैसी प्रतीत होने लगीं। ब्रज से चमचमाते हुए रथों के समूह ऐसे लगने लगे जैसे अनेक नावें वायु के झोंकों के साथ समुद्र में उड़ रही हों। उन गोपों के ब्रज के चल देने पर वह भूमि मरुभूमि जैसी प्रतीत होती थी। वहां के घरों में पड़े हुए अन्नकणों और कूड़े आदि पर कौए मंडराने लगे थे। वहां से चल के गोपों का समूह वृन्दावन जा पहुंचा और वहां उन सबने पहले गायों के लिए अनेक गोशालाओं का निर्माण किया। सभी छकड़े अर्ध-चन्द्राकार के घेरे के रूप में खड़े किए। वह स्थान एक योजन लम्बा, एक योजन चौड़ा था। जिसे ऊंचे-ऊंचे कांटेदार वृक्ष लगाकर चारों ओर से घेर लिया। तब छतनार की शाखाओं ने उस वृन्दावन को सब ओर से सुरक्षित किया। इस तरह रस्सी से युक्त जल से धोया हुआ लगने लगा। दही मथने का बर्तन, पाशयुक्त कीलक स्तंभनों, परिवर्तन योग्य शंकट, मन्थनपात्र के बीच में स्थित दण्ड के सिरे पर बंधी हुई रस्सी कटी हुई वृक्ष की शाखा पर घास बिछा कर रखे गए मंथन पात्र का ढक्कन स्वच्छ, गोशाला, ओखली तथा पूर्वाभिमुख स्थित भुस प्रज्वलित अग्नि, मंत्र एवं चर्म सहित पर्यंक यह

सभी वस्तुएं यथास्थान रखी गईं। जल लेने को जाती हुई गोपिकाएं वृन्दावन की शोभा देखती हुई वृक्षों की शाखाओं को पकड़-पकड़कर नीचे की ओर झुकाने लगीं।

उस समय जंगल को रहने के योग्य बनाने के लिए सभी युवा और वृद्ध गोपों ने कुल्हाड़ी ग्रहण कर, वृक्षों को शीघ्रतापूर्वक काटना आरम्भ किया। इस प्रकार स्वादिष्ट जल और उत्तम फल-फूल से युक्त वृन्दावन के उस स्थान की शोभा असीमित हो गई। पक्षियों के कलरव से युक्त नन्दन कानन के समान सुरम्य वृन्दावन में पहुंच कर गौएं इच्छित दूध देने लगीं। गौओं को शुभ चाहने वाले भगवान् ब्रजवन में विचरण करते समय ही वृन्दावन में रहने का निश्चय कर चुके थे। यह नितांत सूखी तथा रूखी ग्रीष्म ऋतु में वहां आए थे, परन्तु उनके वहां पहुंचते ही जैसे देवों ने अमृत वर्षा आरम्भ कर दी हो, जिससे तृण बढ़ने लगे थे। इस पर भी जहां स्वयं मुधसूदन श्रीकृष्ण लोकहित के लिए विराजमान हैं उस स्थान को सुंदर तो होना ही था। उस स्थान पर मनुष्यों, गौओं और बछड़ों को किसी प्रकार कोई कष्ट हो सकता था? उस वृन्दावन में सभी गौएं, गोप तथा संकर्षण आदि सब श्रीकृष्ण के साथ आनन्द सहित निवास करने लगे।

वैशम्पायन जी ने कहा—हे राजन्! एक बार श्रीकृष्ण एक दह के पास खड़े कदम्ब के ऊपर से दह से कूद पड़े। इस प्रकार कूदने से उस दह में क्षोभ उठा और वह चारों ओर जल फेंकने लगा। उसके कूदने का शब्द कालिया नाग के स्थान तक पहुंचा तब सम्पूर्ण दह कांप उठा और वह नाग लाल नेत्र किए हुए जल से बाहर आया। उसके भीषण पांच मुखों से ज्वालाएं निकल रही थीं और वह अपनी जिह्वा को लपलपाता था। क्रोध के कारण उसका शरीर फूल गया और तेज के बहुत बढ़ने से अग्नि के समान दिखाई देने लगा। सम्पूर्ण जल उसके क्रोध से खलबला उठा और उसके भय से यमुना की धारा भी विपरीत दिशा में बहने लगी।

एक बालक के समान उस दह में क्रीड़ा करते हुए श्रीकृष्ण को देखकर उसके मुख से कृष्ण श्वांस और ध्रुव युक्त ज्वालाएं तीव्रता से निकलने लगीं। उसके क्रोध से किनारे के सब रूख भस्म हो गए। उसके पुत्र, स्त्री, सेवकादि भी घोर सर्प थे। उन्होंने भी अपने मुख से धुएं सहित

अग्नि से श्रीकृष्ण की सम्पूर्ण देह को अपने में लपेट कर जकड़ लिया, तब भगवान् हरि पर्वत के समान स्थिर एवं अचल खड़े रहे। फिर महासर्प उन्हें सब ओर से काटने लगे, परन्तु फिर भी भगवान् का बाल-बांका न हो सका।

कालिया का रूप देखकर कृष्ण सखा गोप बालक समझने लगे कि यह नाग उनके मित्र को डस रहा है पर यह सत्य नहीं था—उन्होंने नंदजी से कहा कि कृष्ण को कालिया नाग डस रहा है। आप सब तुरंत वहां चलें और बलराम को इसकी सूचना दे दें। नंदजी ने जब वज्र गिरने के समान इस समाचार को सुना तब वे अत्यन्त शोक संतप्त होते हुए गिरते-पड़ते दह की ओर दौड़े। फिर बलरामजी के सहित सब गोप गोपी, बाल-वृद्ध, काली दह पर जा पहुंचे। नन्दादि सभी ब्रजवासी नेत्रों से आंसुओं की वर्षा करते हुए किनारे पर ही खड़े रहे और सारी क्रीड़ा देखते रहे।

तभी एक भाव और एक देह के ही भिन्न स्वरूप बलरामजी ने क्रोध पूर्वक श्रीकृष्ण से कहा—हे कृष्ण! तुम महाबाहो! इस विष रूप शस्त्र वाले नागराज को शीघ्र ही नष्ट कर डालो, क्योंकि यह मनुष्य बुद्धि वाले ब्रजवासी तुम्हें सामान्य मनुष्य जानकर करुणापूर्वक रुदन कर रहे हैं। बलरामजी की बात सुनकर भगवान् कृष्ण झटका देकर नागफन पर नाचने के लिए तत्पर हो गए। उन्होंने उसके सिर को नीचा करके उस पर चढ़कर नृत्य किया इस प्रकार मस्तक पर नाचते हुए उसका मर्दन करने के कारण कालिया नाग संतप्त होकर मुख से रक्त उगलता हुआ। आर्त स्वर में कहने लगा—हे कृष्ण! मैं आपको जान नहीं सका था इसलिए क्रोध किया था, अब आपके द्वारा दमन किए जाने पर मैं विष रहित आपकी शरण में हूं।

हे प्रभु! आप मुझे जीवन प्रदान कीजिए और बताइए कि मुझे अब क्या करना और किसके आश्रय में रहना है तब श्रीकृष्ण ने उन पांच शिरों को झुकाकर खड़े हुए नागराज से हर्षपूर्वक कहा—तुम इस यमुना जल को छोड़कर अपने परिवार सहित समुद्र के जल में जाकर रहो। अब के पश्चात् यदि मैंने तुम्हें या तुम्हारे किसी पुत्र को यहां देखा तो उसका वध कर दूंगा। तुम्हारे समुद्र में चले जाने से यहां का जल निर्मल हो सकेगा। तुम्हारे यहां रहने से सभी को भय है, इसलिए तुम्हें तुरंत ही यहां से जाना

चाहिए। तुम्हें गरुड़ से डर है परन्तु वह तुम्हारे मस्तक पर मेरे चरण चिह्नों को देखकर तुमसे कुछ भी नहीं कहेगा। यह सुनकर वह नाग श्रेष्ठ भगवान् के चरणों में सिर झुका प्रणाम करता हुआ सब गोपों के देखते दह से चला गया।

इस प्रकार कालिया नाग का दमन करके श्रीकृष्ण किनारे पर आ गए और सब गोपों ने उन्हें घेरकर उनकी स्तुति की और परिक्रमा करने लगे। तब हर्ष से विस्मित हुए गोपराज से इन्द्र कहने लगे—हे गोपराज! तुम्हारा पुत्र इतना महान् है, इसलिए तुम कृत-कृत्य हो। अब गोपों, गायों तथा हम सब ब्रजवासियों पर जो संकट उपस्थित होगा, उससे विशाल नेत्र वाले कृष्ण हमें मुक्त करेंगे। फिर वे सभी ब्रजवासी भगवान् कृष्ण की स्तुति करते हुए ब्रज में इस प्रकार पहुंचे जिस प्रकार देवगण चैत्ररथ वन को प्रस्थान करते हैं।

धेनकासुर वध

वैशम्पायनजी ने कहा—हे राजन् काली दह में उस सर्पराज का दमन हो जाने पर कृष्ण बलराम दोनों ही आनन्दपूर्वक विचरण करने लगे। एक दिन वे गायों को चराते हुए अत्यन्त रमणीक गिरि गोवर्धन पर जा पहुंचे। तब गोवर्धन के उत्तरीय यमुना किनारे पर उन्हें अत्यन्त रमणीक सरोवर दिखाई दिया। उद्यत गोवत्स के समान अत्यन्त सुन्दर वे दोनों भाई तालपत्रों से आवृत उस ताल वन में विचरण करने लगे। वह स्थान समतल स्वच्छ और कृशाओं से युक्त था, यहां न मिट्टी थी और कंकड़-पत्थर का कहीं नाम नहीं था। काली गांठों वाले अत्यन्त ऊंचे ताल वृक्ष हाथियों की सूंड जैसे लम्बी थी और उन पर ताल फल लद रहे थे। वाक् चतुर श्रीकृष्ण ने बलरामजी से कहा—इन पके हुए फलों की सुगन्ध सम्पूर्ण वन में फैल रही है।

कृष्ण ने बलराम से कहा, जब इनकी सुगंध से ही नासिका तृप्त हो रही है तो यह भी अमृत के समान अत्यन्त स्वादिष्ट होंगे। इसलिए इन अत्यन्त स्वादिष्ट, सुगन्धित, सुरम्य फलों को वृक्षों से झाड़ लें। श्रीकृष्ण की बात सुनकर मुस्कुराते हुए बलरामजी ने उन वृक्षों को हिला-हिला कर बहुत से पके हुए ताल फल पृथ्वी पर गिरा लिए। इस वन में मनुष्यों का

जाना भी संभव नहीं था, क्योंकि वह दैत्यों के निवास योग्य मरुस्थल था। वहां गधे के रूप में एक भयंकर दैत्य धेनुक निवास करता हुआ ताल वृक्षों की देख-रेख करता था। उसके भय से मनुष्य क्या पशु-पक्षी भी त्रस्त हो रहे थे। जैसे करतल ध्वनि सुनकर कोई हाथी बिगड़ जाता है, वैसे ही फलों के गिराए जाने की ध्वनि सुनकर धेनुकासुर बिगड़ उठा।

जिधर से फलों के गिरने की ध्वनि हुई थी, वह उधर ही अत्यन्त वेगपूर्वक दौड़ा। उसकी रोमावली खड़ी हो गयी और नेत्र स्तब्ध हो गए। वह अपने खुरों से पृथ्वी को कुरेदता हुआ बार-बार गर्जन कर रहा था। उसने यमराज के समान मुख फैला रखा था और वह पूंछ उठाए हुए वहां जा पहुंचा जहां बलरामजी ताल वृक्ष के नीचे खड़े थे। वहां पहुंचते ही वह उन्हें दांतों से काटने लगा। बलराम ने उसे धक्का देकर नीचे गिरा दिया। फिर उसके पैरों को पकड़कर घुमाया और ताल वृक्ष के ऊपर दे मारा। जिससे उसकी पीठ, ग्रीवा, आदि भग्न हो गए। उसका मुख विकृत हो गया और वह अनेक ताल फलों सहित धराशायी हो गया। जब धेनुकासुर मर कर चेष्टाहीन हो गया, तब उसके आक्रमणकारी साथियों की भी बलरामजी ने उसी के समान गति बनाई। मरे हुए गधों और झड़े हुए फलों से वह स्थान मेघमय शरदकालीन आकाश जैसा प्रतीत होने लगा।

गोवर्धन उत्सव

वैशम्पायन जी ने कहा—हे राजन्! इन्द्र के प्रभाव को श्रीकृष्ण भी भली प्रकार जानते थे, परन्तु उस वृद्ध की बात सुनकर कहा—हमारी जीविका तो गोवर्धन से चलती है, इसलिए हमारे देवता भी पर्वत, वन और गोएं ही हैं। कृषकों की जीविका खेती से और वैश्य की जीविका व्यापार से है। वैसे ही हमारी जीविका का साधन गोधन है। विद्या ही आराध्य और वह उसी का पूजन करता है। अथवा जो लोग किसी एक देवता के द्वारा जीविका प्राप्त करके अन्य देवता का पूजन करते हैं, उनको इह लोक और परलोक दोनों में ही सुख नहीं मिलता। कृषि की सीमा खेत हैं, खेत की सीमा वन और वन की सीमा पर्वत हैं, इसलिए पर्वत ही हमारी गति हैं वे पर्वत की इच्छानुसार विविध रूपों को धारण कर कन्दराओं में विचरते

रहते हैं। कभी व्याघ्र का रूप धारण कर वनों को नष्ट करने वाले जीवों को डराते हुए, वनों की रक्षा करते हैं वनों में विघ्न उपस्थित करने वाले दुराचारियों को राक्षस के समान क्रूर को समाप्त कर देते हैं।

ब्राह्मण मन्त्र-यज्ञ और कृषक हल के अग्रभाग से कृषि-यज्ञ करते हैं तथा हम गोपों के लिए गिरि-यज्ञ का विधान है, इसलिए हमें वही करना चाहिए। मेरे मन से तो गिरि-यज्ञ का आयोजन कर पवित्र बलि आदि के द्वारा पर्वत का पूजन करना चाहिए। व्यर्थ समय व्यतीत नहीं करना चाहिए। कहिए, आपका क्या विचार है? शरद ऋतु के पुष्पों की माला से सुशोभित गौओं के द्वारा गिरिराज की परिक्रमा करके उन्हें वनों में चरने के लिए छोड़ दीजिए। जब शरद ऋतु आ गई है, जल-तृण आदि स्वादिष्ट हो गए, आकाश स्वच्छ हो गया और धरती का जल सूखने लगा है। वनस्थली भी कदम्बादि पुष्प-गुच्छों से परिपूर्ण है घासें परिपक्व हो गईं और वनों में मोरों की बोली सुनाई नहीं देती है। जल, वज्र और बिजली से विहीन मेघ बिना दांत के हाथी के समान आकाश में घूम रहे हैं। नवीन जल का शोषण करने वाले वृक्ष पत्तों से लदकर फूल उठे हैं और ऐसा लगता है कि आकाश बादलों का मुकुट, हंसों का चंवर तथा स्वच्छ चन्द्रमा का छत्र धारण करके राज सिंहासन पर बैठा हो।

वर्षाकाल में सोए भगवान् विष्णु को सब देवता एकत्रित होकर इसी समय जगाते हैं। वर्षा समाप्त होकर शरद ऋतु आ गई है; खेतों में अन्न परिपक्व हो गए, विविध वर्षा के पक्षियों और पुष्पों से सुशोभित पर्वत इन्द्रधनुष युक्त बादल जैसे दिखाई दे रहे हैं। पर्वत पर वृक्षों की शाखें घर के समान विस्तृत होकर नीचे झुक गई हैं। इसलिए हमें गायों को सजाकर इस पर्वत-देवता का पूजन करना ही उचित है। अब गायों को पूरी तरह विभूषित कर कंठ में घंटा आदि धारण कराकर गिरिराज का पूजन आरम्भ करें। देवता अपने इन्द्र को पूजें और हम इस पर्वत का पूजन करें। यदि आप मुझ पर स्नेह करते हैं और मुझे अपना शुभचिन्तक मानते हैं तो मेरे आग्रह से आपको यह गिरि-यज्ञ करना होगा। गौएं सदा ही सबकी पूजनीय हैं यदि आपके मन में कोई संशय न हो तो लोकहित के लिए यज्ञ को आरम्भ कीजिए।

श्रीकृष्ण के कहने पर पहले तो गोप और कुछ बड़े लोगों को इन्द्र के नाराज होने का भय लगा पर कुछ क्षण बाद ही उन्होंने अपनी स्वीकृति दे दी।

वैशम्पायनजी ने कहा–हे राजन्! श्रीकृष्ण के ऐसा कहने पर गोपगणों ने पुलकित होकर निःशंक चित्त से कहा, हे वत्स! तुम्हारे कथन से हम अत्यन्त आनन्दित हुए हैं। तुम्हारे अनुसार चलने पर हमारी वृद्धि होगी। तुम हमारी गति, शक्ति, मति, कर्म और शुभाशुभ के ज्ञाता अभयदाता तथा उपकारी मित्र हो। तुम्हारे ही प्रताप से यह गोपजन और ब्रज स्वर्गीय सुखों को भोग रहे हैं। तुम्हारे दुष्कर कार्यों, असीमित बल, कीर्ति और विशिष्ट पराक्रम को देखकर हमें आश्चर्य होता है। देवताओं में इन्द्र के श्रेष्ठ होने के समान ही तुम अपने पराक्रम, यज्ञ और विवेक सब मनुष्यों में श्रेष्ठ हो। जैसे दीप्त, पूर्ण और प्रताप में सूर्य सबसे श्रेष्ठ माने जाते हैं, वैसे ही मनुष्यों में तुम सर्वश्रेष्ठ हो।

हे प्रभो! तुम्हारा आदेश कभी उल्लंघन करने योग्य नहीं रहा तो इस गिरि–यज्ञ के तुम्हारे अनुरोध को कौन स्वीकार न करेगा। इसलिए इन्द्र–महोत्सव न करने ओर गोप तथा गौओं के कल्याणार्थ तुमने जिस गिरि–यज्ञ के करने का निर्देश किया है, वही अब आरम्भ होगा। दूध से भोजन तैयार करके पीने का श्रेष्ठ जल कलशों में भरकर रखा जाए। कतिपय नदियों को दूध से परिपूर्ण करके सब प्रकार से भव्य भोजन और पेय पदार्थ एकत्र किए जाएं? ऐसा करने से गोपों और गौओं में आनन्द छाएगा और तुम्हीं तथा बैलों के गर्जन और बछड़ों के निनाद से ब्रजभूमि हर्षित हो उठेगी। दही के सरोवर, घृत के कुएं और दूध की कृत्रिम नदियां भर कर अन्नादि का मेरु पर्वत बनाया जाए। हे राजन् इसके अनुसार सब सामान एकत्र हो गया और गिरि–यज्ञ का आरम्भ हुआ। कुछ देर में वहां गोपियां और गौओं का विशाल समाज दिखाई देने लगा, यज्ञ–स्थल के पास ही अग्नि स्थलों, चरुस्थली, विविध प्रकार के भक्ष्य, सुगन्धित द्रव्य और पुष्पमाला और धूप आदि सामग्री एकत्र कर रख दी गईं। फिर शुभ–मुहूर्त में गिरि–यज्ञ आरम्भ किया गया। जब यज्ञ कार्य सम्पन्न हो गया तो श्रीकृष्ण ने अपनी माया से गोवर्धन रूप धारण किया और सभी

अर्पित सामग्री का भोग लगाने लगे। श्रेष्ठ ब्राह्मणों ने भोजन से तृप्त होकर स्वस्ति वाचन किया और गोवर्धन रूपधारी कृष्ण भी इच्छानुसार भोजन करके दिव्य हंसी हंसने लगे। गिरिराज रूपधारी कृष्ण को गोपों ने प्रणाम किया तथा कृष्ण रूप से उन्होंने भी अपने गिरि रूप को प्रणाम किया।

सब उस समय विस्मित हुए फिर गोपों ने पर्वत पर विराजमान देव से निवदेन किया--हे भगवान्! हम आपके आज्ञाकारी सेवक हैं। हम सब क्या करें सो आज्ञा करिये? पर्वत रूपधारी भगवान् बोले–हे गोपो! यदि तुम अपनी गौओं के प्रति दया रखते हो तो आज से मेरा ही पूजन करना। क्योंकि मैं ही तुम्हारे मनोरथों को पूर्ण करने वाला हूं, मेरी कृपा से तुम असंख्य गौओं वाले होकर वनों में विचरोगे। मैं भी तुम्हारा सब प्रकार से हित करूंगा और स्वर्ग के समान ही वहां भी तुम्हारे साथ निवास करता हुआ सब गोपों की गौएं लाई जाएं जिन्हें देखकर मुझे अत्यन्त आनन्द होगा।

इसके बाद भगवान् की प्रसन्नता के लिए बैलों सहित असंख्य गाएं वहां लाई गईं। उन्होंने इस गिरि गोवर्धन को सब ओर से घेर लिया। वे सैकड़ों-हजारों असंख्य गौएं वनमाला आदि से विभूषित हो रही थीं। सब गौओं को वश में रखने के लिए गोपगण उनके पीछे-पीछे दौड़ते थे। वे गोप भी सुगन्धित द्रव्यों और रंग-बिरंगे वस्त्रों से सुसज्जित थे। वे अपने हाथों में मोर के पंखों के आभूषण और शस्त्रास्त्र धारण किए हुए थे और उन्होंने केशों में भी मोरपंख लगा रखे थे। इस प्रकार असंख्य गोपों की उपस्थिति से वहां विचित्र शोभा हो रही थी। कुछ गोप बैलों पर चढ़ गए थे। कुछ नाच रहे थे और कुछ भागती हुई गौओं को रोक रहे थे। इस प्रकार गोवर्धन की परिक्रमा का कार्य पूर्ण हो जाने पर गिरिराज की वह साक्षात् मूर्ति अंतर्धान हो गई और फिर श्रीकृष्ण भी गोपों के साथ वन में लौट आए। गिरि-यज्ञ के उस अद्‌भुत समारोह से आश्चर्यचकित हुए सभी ब्रजवासी भगवान् मधुसूदन की स्तुति करने लगे।

इस कथा खण्ड में सबसे महत्वपूर्ण कृष्ण का गोवर्धन धारण करना है। इससे उस प्रदेश में भागीरथी की नयी लहर स्थापित हुई।

वैशम्पायनजी ने कहा–हे राजन्! इस प्रकार श्रीकृष्ण द्वारा इन्द्रयज्ञ को रोक देने से कुपित हुए इन्द्र ने सवर्तकादि मुख्य-मुख्य मेघों को अपने

पास बुलाकर कहा–हे मेघगण! यदि तुम में राजभक्ति हो और आज्ञा का पालन करने वाले हो तो मेरे वचन को सुनो। कृष्णभक्त गोपों ने वृन्दावन जाकर मेरे यज्ञ को नहीं किया है। इसलिए उनके जीवन स्वरूप गौओं को सप्त-रात्रि तक जल और आंधी के वेग से महा संतप्त करो। मैं भी अपने ऐरावत पर चढ़कर वहां आ रहा हूं और उस गर्जनशील भीषण वायु के प्रकोप से सवत्सा गौएं विनाश को प्राप्त होंगी। कृष्ण द्वारा इन्द्र-यज्ञ न करने पर कुपित हुए देवराज ने यह आज्ञा दी। तभी ये पर्वताकार भीषण और गर्जन करते हुए आकाश में छा गए। तभी और अन्धकार छा गया। हाथियों के यूथ जैसा मकराकृति वाले एवं सर्प की तरह लहराते हुए मेघ आकाश में मंडराने लगे। ऐसे हजारों हाथियों के झुंड के समान एक दूसरे से भिड़े हुए मेघ भयंकर रूप से बरसने लगे। वे मनुष्य के हाथ के समान हाथी की सूंड के समान तथा बांस जैसी मोटी जल धाराओं को गिराने लगे। उस समय ऐसा प्रतीत होने लगा कि अगाध जल वाला महासागर ही पहुंचाया गया हो। सब ओर भीषण गर्जन ही सुनाई पड़ने लगा। आकाश में एक भी पक्षी दिखाई नहीं देता था और मृगों के समूह भयभीत होकर इधर-उधर भाग रहे थे। सूर्य, चन्द्रमा, ग्रह, नक्षत्रों के दर्शन भी नहीं हो रहे थे, इस प्रकार भीषण वर्षा से सभी मलीन हो गए। सूर्य-चन्द्र के गुम होने से आकाश में अंधकार छा गया। निरन्तर मूसलाधार वर्षा होने से पृथ्वी सब ओर जलमयी दिखाई देने लगी। नदियों में बाढ़ आ गई, सरोवर उमड़ पड़े और जल के वेग से नदी के वृक्ष उखड़-उखड़कर बह गए। वर्षा के कारण गायों और गोपों को नष्ट होते देखकर श्रीकृष्ण ने मन-ही-मन विचार किया कि वनों के सहित गोवर्धन पर्वत को उखाड़कर इन सबको इसके नीचे शरण दी जाए।

इस विशाल पर्वत को दूसरी पृथ्वी के समान उठा लेने से गौएं गोपियां, ग्वालबाल आदि सभी सुरक्षित होंगे और यह पर्वत भी मेरे अधीन हो जाएगा। हे राजन्! ऐसा विचार स्थित कर श्रीकृष्ण ने उस पर्वत को उखाड़कर अपने बाएं हाथ पर धारण कर लिया, उस समय उसकी सभी गुफाएं परस्पर हिलने लगीं। उनमें भरा पानी इधर-उधर गिरने लगा और उस समय उसकी शिलाओं के बंधन शिथिल हो जाने के कारण उससे

बड़ी-बड़ी शिलाएं गिरकर पृथ्वी पर छाने लगीं। उसके शिखर गिरने लगे तब वह पर्वत श्रीकृष्ण के हाथ में स्थित होकर आकाशगामी पक्षी के समान दिखाई पड़ने लगा।

जिस प्रकार कोई नगर जनपद से घिरा होता है, उसी प्रकार वह पर्वत मेघों से घिरा था। उस समय पर्वत को हाथ पर रखे हुए सर्वरक्षक श्रीकृष्ण ने मुस्कराकर गोपों से कहा हे गोपों! मैंने इस पर्वत को गायों की रक्षा के लिए ही घर के समान बना दिया है। इस कार्य के करने में देवता भी समर्थ नहीं हैं। अब तुम शीघ्र ही सबके लिए यथायोग्य स्थान निर्दिष्ट करो। इस पर्वत को उखाड़ कर मैंने कोस भर चौड़ा और पांच कोस लम्बा स्थान बना दिया है। इससे ब्रज तो क्या तीनों लोकों की रक्षा भी निहित है। भगवान् की बात सुनकर गोपों और गायों ने हर्षध्वनि की जिसे सुनकर मेघ भी भीषण रूप से गर्जने लगे।

फिर उस पर्वत के नीचे गायों के झुण्ड-के-झुण्ड खड़े कर दिए गए। पाषाण निर्मित स्तम्भ के समान उन अत्यन्त ऊंचे आकार वाले भगवान् ने उस पर्वत को प्रिय अतिथि के समान ऊंचा उठा लिया। उसी पर्वत के नीचे गोपों के वर्तनादि से लदे छकड़े खड़े कर दिए गए। जब इन्द्र की प्रतिज्ञा व्यर्थ हो गई और उसने कृष्ण के असम्भव कार्य को देखा तो मेघों की जल-वृष्टि को रोक दिया। एक सप्ताह पूरा होने पर विफल मनोरथ इन्द्र मेघों को साथ लेकर अपने लोक को गए। मेघों के हटने से आकाश स्वच्छ हो गया और भगवान् भास्कर प्रकाशित होने लगे। गायों का संकट दूर हुआ और वे पर्वत के नीचे से निकल आईं। अब गोपों ने देखा कि संकट टल गया है, तब वे अपने-अपने स्थान पर जा पहुंचे। तदनन्तर भगवान् श्रीकृष्ण ने प्रसन्न होकर गोवर्धन पर्वत को फिर उसी स्थान पर स्थापित कर दिया।

इस प्रकार देवराज इन्द्र के स्थान पर कृष्ण की भक्ति प्रारम्भ हो गई।

भगवान् द्वारा अरिष्टासुर वध

वैशम्पायजी ने कहा–हे राजन्! एक दिन गोधूलि के समय जब श्रीकृष्ण क्रीड़ारत थे तब गायों को भयभीत करता हुआ भयंकर अरिष्टासुर

ब्रज में आया। उसकी देह का वर्ण बुझे हुए अंगार के समान काला था, दोनों सींग अत्यन्त तीक्ष्ण, नेत्र सूर्य के समान लाल, सामने के पांव छुरे के समान थे, कद अत्यन्त ऊंचा और पूंछ दर्प से घूमती हुई थी। उसकी सम्पूर्ण देह गोबर से सनी थी। उसने आलात करके ही अनेक घरों के छप्पर आदि गिरा दिए थे। उसे देखते ही सब गाएं भय के कारण कांपने लगीं। सींग से उसने गायों, बछड़ों और बैलों को मार-मारकर गोष्ठ सूने कर दिए थे तब बची हुई गाएं श्रीकृष्ण की शरण में गईं। तब वह दैत्य भगवान् से बची प्राप्त उन गायों को डराता हुआ घोर गर्जन करने लगा और धीरे-धीरे कृष्ण की ओर चला। उन्होंने ताली बजाते हुए सिंहनाद किया जिससे वह मोहित हो गया।

तब श्रीकृष्ण का वध करने की कामना करता हुआ वह दैत्य बड़े वेग से उन पर झपटा, परन्तु उन्होंने उसके मुख का अगला भाग पकड़ लिया जिससे उसकी नासिका और मुख से स्राव होने लगा। परस्पर एक, दूसरे पर प्रहार करने लगे, उस समय प्रतीत होता था कि दो बादल आपस में टकरा गए हैं। इस प्रकार कुछ समय में ही उसके बल को नष्ट करके भगवान् ने उसके सींगों में अपना चरण फंसा गीले वस्त्र की तरह से निचोड़ डाला। फिर उन्होंने बांया सींग उखाड़ कर उसी से उसे मारा तब वह सींग, मुख पृथ्वी पर गिरकर समाप्त हो गया। उसे मृत्यु को प्राप्त हुआ देखकर सभी ब्रजवासी भगवान् श्रीकृष्ण की प्रशंसा करने लगे। उस समय सायंकाल व्यतीत होकर इन्द्रोदय हो गया था। तब पद्मलोचन भगवान् वन में जाकर रास-क्रीड़ा करने लगे। इस प्रकार सब गोपों ने देवताओं द्वारा इन्द्र का स्तवन करने के समान ही श्रीकृष्ण की स्तुति की।

वैशम्पायन जी ने कहा—हे राजन्! श्रीकृष्ण की विजय और उत्कर्ष को सुनकर कंस को बड़ी व्याकुलता हुई। पूतना का वध, कालिया नाग का दमन, प्रलम्ब का संहार, धेनुक की मृत्यु, गिरि गोवर्धन धारण, इन्द्र की विकलता, गो-रक्षा, यमलार्जुन वृक्षों का पतन और युवक रूपी अरिष्टासुर का मर्दन आदि को सुनकर मथुरेश कंस ने अपनी मृत्यु को निकट जानकर अपनी बुद्धि गंवा दी और किंकर्तव्यविमूढ़ हो गया।

रात्रि का समय था, मथुरा की जनता सो रही थी ऐसे में कंस अपने

पिता, बन्धुगण, वसुदेव, कंस, सत्यक, दारुक, दारुक वैतरण, भोज, विक्रुट, भयेसख, विपृथ, अक्रूर, कृतवर्मा और अत्यन्त तेजस्वी भूरिश्रवा आदि को अपने पास बुलाकर उनसे कहने लगा—आप सभी कार्य-कुशल, वेदों में पारंगत, न्याय का आचरण करने वाले तथा धर्म, अर्थ, कामरूपी त्रिवर्ग के प्रर्वतक हैं। आप सदैव अपने कर्तव्यों को देवताओं की तरह निभाते रहे और पर्वत के समान अविचल रूप से सदाचरण रत रहे हैं। आपने अभिमान रहित रहकर गुरुकुल वास किया है तथा मंत्रण कुशल और धर्नुविद्या के विशेषज्ञ हैं।

इस प्रकार से आप जैसे मेरे अनुयायियों के रहते हुए भी मेरा शत्रु, वृद्धि को प्राप्त होता जा रहा है फिर उसकी उपेक्षा क्यों कर रहे हैं? मेरा यह वैरी नन्द गोप का पुत्र समुद्र के समान दिनों-दिन वृद्धि को प्राप्त होता हुआ मेरे कुल को ही नष्ट करने में लगा है। मैं मंत्रियों और गुप्तचरों से रहित हूं। इस प्रकार मेरी ही असावधानी से वसुदेव ने अपने पुत्र को नन्द गोप के घर में भेज दिया था। यह दुरात्मा कृष्ण बिना चिकित्सा के रोग, क्षुब्ध समुद्र और ग्रीष्म काल की समाप्ति पर गर्जना करने वाले बादलों के समान ही बढ़ता जा रहा है। उस गोप बालक के कार्यों को देखकर मुझे अपने और केशी के लिए भय उपस्थित हुआ दिखाई पड़ रहा है। अब वह मेरे साथ युद्ध करने को तत्पर है तो वह अवश्य ही मेरे पहले जन्म का काल ही होगा। यदि यह बात न होती, वह इस नाशवान मनुष्य देह को धारण करके साधारण गोप ही क्यों बनता? और क्यों वह मेरे ब्रज में देवभाव से क्रीड़ा करता? इसलिए मैं समझाता हूं कि श्मशान में जैसे अग्नि छिपी रहती है वैसे ही देवता अपने यथार्थ स्वरूप को छिपाकर छद्मवेश में विचरण कर रहा है।

इससे जान पड़ता है कि नारदजी का कथन सत्य है वही मेरा पुराना शत्रु, इन्द्र मुझे मारने के लिए भूतल पर अवतरित हुआ है। इस समय मैं वसुदेव के प्रति अत्यन्त शंकावान हूं, इसी ने अपनी धूर्तता का प्रयोग करके आज मुझे इस संकट में डाल दिया है। एक दिन खटवांग वन में नारदजी ने मुझे बताया था कि तुम देवकी की सन्तानों को नष्ट करने का जो उपाय करते थे उसे एक रात्रि में वसुदेव ने विफल कर दिया। उस

रात्रि में तुमने जिस कन्या को पछाड़ा था वह यशोदा की थी, वसुदेव का पुत्र तो कृष्ण है। तुम्हारे मित्र बने हुए वसुदेव ने ही परस्पर षडयन्त्र करके तुम्हारी हत्या के लिए दोनों गर्भों को परिवर्तित कर दिया था। यशोदा की उस कन्या ने भी शुम्भ-निशुम्भ की हत्या कर डाली और इस समय भी वह प्रथम गणों के साथ विन्ध्याचल पर रह रही है।

इस प्रकार नारदजी ने उस कृष्ण-पराक्रम का वर्णन करते हुए यह भी कहा था कि बलराम के अतिरिक्त कृष्ण भी वसुदेव का ही पुत्र है। वह वसुदेव तुम्हारा स्वाभाविक बांधव होते हुए भी तुम्हारा काल होगा। जिस प्रकार कौआ जिसके सिर पर बैठता है, उसके नेत्रों को निकाल लेता है, वैसे ही यह वसुदेव मेरे ही अन्न से पालित होकर मेरे ही मूलोच्छेद में तत्पर है। हे दानपते? दाता गोपों को शीघ्र ही यहां लिवा लाओ। नन्द से कहना कि वार्षिक कर लेकर अन्यान्य गोपगण के सहित शीघ्र ही मथुरा चला आए। क्योंकि महाराज कंस अपने सेवकों और पुरोहितों के सहित वसुदेव के दोनों पुत्रों को देखने की इच्छा कर रहे हैं।

सुना है कि वे दोनों बालक युद्ध-क्रीड़ा में अत्यन्त चतुर व दृढ़ शरीर वाले अत्यन्त कौतुक करने वाले हैं। मेरे यहां भी दो मल्ल अत्यन्त निपुण हैं, जब वे बालक यहां आ जाएंगे तब मैं अपने मल्लों से उनकी कुश्ती कराऊंगा। मैं उन देवताओं के समान सुन्दर बालकों को अपनी चचेरी बहिन के पुत्र होने के कारण देखने के लिए भी उत्सुक हूं। उन गोपों से यह भी कहना कि राजा ने धनुष यज्ञ का आयोजन किया है। वे यहां आकर नगर के निकटवर्ती वन में ठहरें और यज्ञ में आए हुए अतिथियों को किसी वस्तु की कमी न पड़ जाए, इसकी देख-रेख उन्हें करनी है। इसलिए सभी पदार्थों को लेकर शीघ्र ही वे यहां आकर उपस्थित हों। हे अक्रूर! तुम शीघ्रतापूर्वक जाकर उन बालकों को यहां ले आओ, क्योंकि मुझे उन्हें देखने का अत्यन्त कुतूहल हो रहा है।

उनके आने से मुझे परम हर्ष होगा और तब मैं उन दोनों के प्रति जैसा उचित समझूंगा वैसा ही करूंगा। यदि मेरी आज्ञा पाकर भी यहां न आए तो उन्हें दण्डित किया जाएगा। वैसे बालकों को सामनीति से ही समझना चाहिए, इसलिए मधुर वचनों से फुसलाकर उन्हें ले जाओ। यदि

तुम वसुदेव के पक्ष में न हो तो मेरे इस प्रिय कार्य को शीघ्र ही संपन्न करो। जिस उपाय से वे यहां आ जाएं, वही तुम्हें करना है। कंस के ऐसे आक्षेप युक्त वचनों सुनकर भी वसुदेव मौन रहे। परन्तु वहां उपस्थित व्यक्तियों ने कंस को इस प्रकार विक्षिप्ततापूर्वक प्रलाप करता देखकर सिर झुका लिया और अस्फुट शब्दों में कंस की निन्दा करने लगे। दिव्य द्रष्टा अक्रूर भविष्य को जानकर अत्यन्त हर्षित हुए और जैसे प्यासा जीवन जल को देखकर उतावला हो उठता है वैसे ही वे ब्रज को प्रस्थान करने के लिए उतावले हो गए। अक्रूर ने उसी समय ब्रज के लिए प्रस्थान किया।

कंस की आज्ञा से भगवान् के दर्शन करने के इच्छुक अक्रूर जी का ब्रज में आना निश्चित हो गया। वे कंस की भावना को समझते थे लेकिन वे कुछ कह नहीं सकते थे। उन्होंने सोचा कि अब भगवान् के दर्शन करके ही परम गति को प्राप्त होऊं। दूसरी ओर श्रीकृष्ण को भी बहुत सुन्दर लक्षण और शुभ शकुन अनुभव हो रहे थे। उन्होंने केशी दैत्य का वध किया और अपनी गऊओं को भी छुड़ाया और गोपियों को भी भय मुक्त किया। अक्रूर जी ने ब्रज पहुंचकर बलराम और कृष्ण के बारे में जानकारी प्राप्त की और उन्होंने नन्द के घर उन दोनों बालकों के दर्शन किए।

उन्होंने कृष्ण से कहा कि केशव, आपके शीश पर मुकुट और कानों में कुण्डल विद्यमान हैं। आप ही साक्षात् विष्णु हैं। आप इस समय वार्षिक यज्ञ महोत्सव में भाग लेने के लिए मथुरा में चलिए। वहीं आपको वसुदेव जी मिलेंगे और वहां आपकी माता देवकी भी आपकी याद में दुःखी हो रही हैं वह तपस्वनी के समान जीवन-यापन कर रही हैं।

अक्रूर जी की बात सुनकर सभी लोग मथुरा चलने के लिए तैयार हो गए। प्रातःकाल होने पर अक्रूर के साथ कृष्ण और बलराम मथुरा के लिए चल दिए। जब यमुना किनारे पहुंचे तो अक्रूर जी ने कहा कि आप यहां ठहरिए मैं स्नान करने जाता हूं और वहां शेष भगवान् की पूजा करूंगा। भगवान् कृष्ण ने कहा—आप जाइए और जैसे ही अक्रूरजी ने यमुना के किनारे आकर स्नान किया तो उन्होंने देखा कि वे नाग लोक में पहुंच गए हैं। वहां हजार मस्तक वाले उन्नत ध्वजा युक्त हल-मूसल धारण किए हुए, नीलाम्बर ओढ़, एक कुण्डल से सुशोभित, पाण्डुर कर्ण

वाले, मद से मत्त, अधखिले कमल जैसे नेत्र वाले, स्वास्तिक चिह्न धारी अनन्त भगवान् अपने मस्तक पर सम्पूर्ण पृथ्वी को धारण किए हुए एक उज्ज्वल आसन पर प्रतिष्ठित हैं। उनका मुकुट बाईं ओर कुछ-कुछ झुका तथा उनके वक्षःस्थल पर सोने के कमल की माला सुशोभित थी। उनके शरीर पर रक्त चन्दन लगा था, उनकी विशाल भुजाएं, कमल के समान नाभि और जल रहित मेघ के समान अत्यंत शुभ देह कान्ति थी। वासुकि महासर्प उन एकार्णेश्वर भगवान् का निरन्तर पूजन कर रहे थे।

इसके अतिरिक्त अक्रूर जी ने वहां विभिन्न नागों को अपना-अपना कार्य करते देखा। उन्होंने देखा कि भगवान् के निकट ही पीले वस्त्र धारण करके श्री वत्स से अलंकृत कुछ अन्य पुरुष विराजमान हैं। उन्होंने देखा, वे साक्षात् कृष्ण हैं। जब अक्रूर जी यमुना के जल से निकल कर वापिस आए तो उनके आश्चर्य का ठिकाना नहीं रहा। जब उन्होंने कृष्ण और बलराम को एक-दूसरे से बात करते हुए देखा।

अक्रूर जी को पास आता हुआ जानकर कृष्ण ने उनसे पूछा कि आपने क्या देखा? इतनी देर कहां लगा दी? इस पर अक्रूर जी बोले कि हे वत्स! इस विश्व में तुम्हारे अतिरिक्त और क्या देखा जा सकता है जो मैंने वहां देखा वही मैं यहां देख रहा हूं।

वैशम्पायन जी ने जनमेजय से बताया कि फिर रथ को जोड़कर कृष्ण बलराम और अक्रूर सूर्य अस्त होते-होते मथुरा पुरी में पहुंच गए। उन दोनों बालकों को लिए अक्रूर अपने घर गए। जब कृष्ण ने पिता वसुदेव के यहां जाने की बात कही तो अक्रूर ने रोक दिया। फिर उन्होंने कहा कि हम मथुरा के मार्ग को देखते हुए कंस के भवन में चले जाएंगे।

जब भगवान् कृष्ण मथुरा के सुन्दर मार्गों पर इधर-उधर देखते हुए जा रहे तो उन्हें एक धोबी मिला। उससे उन्होंने कहा कि ये वस्त्र हमें दे दो। धोबी बोला कि तुम्हें राजा के वस्त्र मांगते हुए लज्जा नहीं आती। कृष्ण ने उसे एक थप्पड़ मारा तो वह नीचे पृथ्वी पर गिर गया। उसको मरा हुआ जानकर उसकी पत्नी शिकायत करने के लिए कंस के दरबार में पहुंची उधर श्रीकृष्ण और बलराम ने अपनी रुचि के वस्त्र पहनकर आगे बढ़कर एक माली से अनेक मालाएं प्राप्त कीं। कृष्ण और बलराम

ने माली को अनन्त लक्ष्मी का वरदान दिया। रास्ते में उन्हें कुब्जा मिली और उसने कृष्ण से कहा कि तुम्हें जितना चंदन चाहिए उतना ले लो। दोनों भाइयों ने कूबड़ को दबा दिया। जिससे वह सीधी और सुडौल अंग वाली नारी बन गई। फिर उसने कृष्ण से कहा कि अब मैं हमेशा आपकी सेवा में ही रहूंगी।

फिर दरबार के पास पहुंचकर यज्ञशाला में धनुष देखने की इच्छा व्यक्त की तो द्वारपाल ने खम्भे के समान मोटा धनुष उन्हें दिखा दिया। भगवान् कृष्ण ने उस धनुष को बहुत ध्यान से देखा और उसे उठाने के लिए तत्पर हुए।

भगवान् ने बाएं हाथ से कमल की डंडी और ईख की पोई की तरह वह धनुष आनन-फानन में तोड़ डाला। धनुष के टूटने पर चारों तरफ जय-जयकार मच गया। दाऊ जी बोले–कन्हैया, अब भीड़ बढ़ेगी, भाग चलो। सो दोनों ग्वाल-बाल के साथ वहां से वापस अपने पड़ाव पर आ गए। रास्ते में उन्होंने संगी बालकों और दाऊ जी से कहा–रास्ते में कोई बात बाबा नन्द को मत बताना। जो बताना होगा मैं स्वयं बता दूंगा। बगीचे में लौटकर जब वे बाबा के सामने पहुंचे तो बाबा बहुत खुश हुए। लेकिन ये रंग-ढंग, वस्त्र-आभूषण और चंदन-माला देखकर बोले–ये सब कहां से पाया? बाकी सब तो जैसा सिखाया था, चुप रह गए लेकिन कृष्ण ने उत्तर दिया, बाबा! मामाजी की व्यवस्था बहुत अच्छी है। माला, चन्दन, वस्त्र कुछ भी चाहिए वह ले लो और इस प्रकार थके-हारे कृष्ण तो सो गए पर कंस को रात भर नींद नहीं आई। उसे हर चीज में कृष्ण-ही-कृष्ण दिखाई दे रहे थे। कंस को इतना परेशान देखकर उसके सेवकों ने कहा–महाराज! कृष्ण हमें तो दिखाई नहीं दे रहा आपको कैसे दिखाई दे रहा है। आप थक गए हो, चलिए भोजन कर लीजिए और ऐसा कहकर राजा कंस के लिए भोजन का थाल सजाकर प्रस्तुत किया गया। पर कंस को तो व्यामोह हो रहा था। जो भोजन का थाल देखा उसमें भी उसे भगवान् दीखने लगे। पूड़ी में परमात्मा, कचौड़ी में कृष्ण, साग में शालिग्राम रायते में राम, दाल में दामोदार, हलवा में हरि, पापड़ में परमेश्वर, चटनी में चतुर्भुज, भात में भगवान्। तब कंस ने थाल फेंककर

कहा हटाओ इसे मेरे सामने से। तुम मेरे बैरी को उठाकर ले आए। नौकर-चाकर क्रोध देखकर लौट गए।

प्रातःकाल उठते ही राजा कंस ने मंत्री को बुलाकर आदेश दिया कि कुबलयापीड़ हाथी को किले के दरवाजे के बीच में खड़ा कर दो। जैसे ही वे दोनों बालक किले में प्रवेश करेंगे, हाथी के पैरों से कुचले जाएंगे। उनके मरने की सूचना मुझे तत्काल दी जाए। जो आज्ञा कहकर मंत्री प्रस्थान कर गए।

दोनों भाई मल्ल की वेशभूषा में किले के प्रवेश द्वार पर पहुंचे। वहां पर सामने हाथी को अड़ा देखकर कृष्ण ने कहा, महावतजी! इस हाथी को आगे ले आओ या पीछे लौटाओ, किले के दरवाजे पर इस प्रकार बीच में क्यों फंसा रखा है। महावत प्रभु की कृपा से अभिभूत उन्हें पहचान कर बोला, महाराज! यह आपकी सेवा में ही खड़ा है। कृष्ण ने सरल स्वभाव से बात का जवाब देते हुए कहा, महावत जी! हमारे लिए खड़ा है तो जब हमें आवश्यकता होगी बुला लेंगे, अभी तो आप इसे मार्ग से हटाइए। तो महावत ने कहा, आप कहां जाएंगे? कृष्ण ने कहा, मामाजी से मिलने जाएंगे। यह सुनकर महावत बोला, ये सूंड वाले मामाजी आपकी सवेरे से बाट देख रहे हैं, पहले इनसे तो मिल लीजिए। कृष्ण ने उसे चुनौती देते हुए कहा, या तो इसे हटा लो अन्यथा हाथी समेत तुझे ही यमराज के पास पहुंचा दूंगा। पर महावत तो दूसरी ही मुद्रा में था, वह हाथी को कृष्ण के ऊपर चढ़ाने लगा। दाऊजी ने उछाल मारकर हाथी की सूंड पकड़ ली। कृष्ण ने उसकी पूंछ पकड़ ली और इस प्रकार दोनों भाइयों ने हाथी को सूंड तथा पूंछ से पकड़कर उसे किले के दरवाजे से बाहर लाकर जो हाथी को घुमाना शुरू किया, महावत घबरा गया और बोला, मुझे उतर जाने दो। कृष्ण ने कहा, तुझे तो स्वामी की आज्ञा है, ऊपर ही बैठा रह। किन्तु उसके अधिक गिड़गिड़ाने पर बलराम ने उसे उतर जाने दिया। इसके बाद तो दोनों भाइयों ने इस भीमकाय हाथी को उछालकर धरती पर ज्यों ही पटका उसके प्राण-पखेरू उड़ गए। महावत यह दृश्य देखकर दांतों तले उंगली दबा गया और भाग खड़ा हुआ। ऐसे वीर नन्द के लाल कंस से मिलने आगे बढ़ गए।

मचान पर बैठे कंस ने देखा, महावत दौड़कर आ रहा है, इसलिए समाचार कोई अच्छा ही होना चाहिए क्योंकि यदि कोई गड़बड़ बात होती तो यह धीरे-धीरे आता। लेकिन कंस को भी चैन नहीं था, उसने मचान से ही बैठे-बैठे पूछा–क्या हुआ? महावत बोला–महाराज! हो गया फैसला! कंस ने इनाम की थैली भेंट में देने के लिए उठाते हुए कहा, मर गए ना ? महावत ने कहा, महाराज! हाथी मर गया। आपने कहा था मर जाए तो दौड़कर खबर देना इसलिए दौड़ा चला आ रहा हूं।

जैसे ही कंस ने हाथी के मरने का समाचार सुना, वैसे ही उसके हाथ-पैर ठंडे पड़ गए। इतने में ही दोनों भाई रंगभूमि में आ गए।

''जाको हृदय भावना जैसी। प्रभु मूरत देखी तिन तैसी।'' वहां बैठे हुए पुरुषों ने भगवान् को नर भूषण के रूप में देखा। स्त्रियों ने कामदेव के रूप में देखा। ग्वाल-बालों को भगवान् अपने मित्र के रूप में दिखाई दिए। माता-पिता देवकी, वसुदेव और नन्द बाबा के लिए भगवान् छोटे बच्चे के रूप में दिखाई दिए और राजा कंस ने जब दोनों बालकों को आते देखा तो कंस चिल्ला उठा, ऐ व्यवस्थापक लोगों! तुमने इस आयोजन में यमराज को भी बुलाया है? उन्होंने पूछा, कहां हैं? तो कंस ने कहा, वह देखो भैंसे पर बैठकर आ रहा है। व्यवथापकों ने कहा, महाराज! वह तो दोनों भाई कृष्ण-बलराम हैं। लेकिन कंस को तो मृत्यु दिखाई दे रही थी। योगियों ने उन्हें देखा तो उन्हें लगा मानो परम तत्त्व चला आ रहा है। जो विद्वत भाव धारण करके बैठे थे उनको विराट् पुरुष का दर्शन हुआ। यादवों को अपना परम इष्ट दिखाई दिया।

जैसे ही भगवान् आए, पहलवान खड़े हो गए। अपने बड़े-बड़े हाथों को हिलाकर उन्हें ऐसे दिखा रहे जैसे उन दोनों को चूरण बना देंगे। वे बोले, हे कृष्ण-बलराम! हम और आप राजा कंस की प्रजा हैं, उन्हीं के लिए हम यह मल्ल-क्रीड़ा कर रहे हैं। हमारा और आपका कर्तव्य है अपने कला-कौशल से राजा को प्रसन्न करना। उन्हें प्रसन्न करने के लिए कुश्ती प्रारम्भ करते हैं–फिर पुरस्कार प्राप्त करेंगे। कृष्ण ने कहा, हे मल्लो! तुम आपस में ही युद्ध कर लो, हम बालक दूर से ही देखते रहेंगे। तो चाणूर ने कहा, हे कृष्ण! न तुम बालक हो, न किशोर हो, तुम

बलवानों में भी बलवान हो, तुमने खेल-ही-खेल में हजार हाथियों के बल वाले हाथी को मारा है। हमारे सामने बालक बनते हो। बलराम को ताव आ गया, उन्होंने कृष्ण से कहा, कन्हैया! क्या बच्चों की बात करते हो, हो जाने दो दो-दो हाथ। देखा जाएगा। बस फिर क्या था दोनों भाई ताल ठोककर अखाड़े में कूद पड़े। मुष्टक दाऊजी के हाथ पड़ गया। वह एक ही पटकी में जमीन चाट गया। भगवान् ने चाणूर पर दांव दिखाया। वह भी चित्त आके पड़ा। खम्बे से टकराकर वह भी खत्म हो गया। इनके बाद आए दूसरे मल्ल शल-तोशल का भी वही हाल हुआ। सभी सभा में उनकी जय-जयकार होने लगी।

यह दृश्य देखकर कंस को क्रोध चढ़ आया, उसने कहा—उग्रसेन, देवकी, नन्द जी विपक्षी हैं, सभी के हाथ-पैर बांधकर मेरे सामने प्रस्तुत करो। कृष्ण ने यह कथन सहन नहीं हुआ, तुरन्त ऊंची छलांग मारकर वह उसी मचान पर पहुंच गए, जहां सुरक्षित स्थान जानकर, कंस विराजमान था। कृष्ण को कंस के पास आया देखकर पंखा झलते सेवक-चाकर सभी भाग खड़े हुए। कंस सुरक्षा के लिए ज्यों ही झुका, उसका मुकुट गिर पड़ा। कृष्ण ने कंस के बाल पकड़कर कहा, कंसजी! तुमने एक अबला स्त्री की चोटी पकड़ी थी, उसका बदला तो मैंने तुम्हारी भरी सभा में बाल पकड़कर ले लिया है, अब शेष फल भी प्राप्त कर लीजिए और बाल पकड़कर ज्यों घुमाया, कंस ऊंचे मचान से नीचे आकर गिर पड़ा। कृष्ण ने उसकी छाती पर बैठकर जो मुष्टि प्रहार किया, उससे उसके प्राण-पखेरू उड़ गए। स्वयं भगवान् नारायण उसकी छाती पर विराज रहे थे। इस प्रकार कंस की ज्योति भगवान् के चरणों में विलीन हो गई।

कंस की मृत्यु के बाद उसके आठ भाई उसका पक्ष लेकर मुकाबला करने आए तो बलराम ने उन्हें भी कंस वाली गति प्रदान की। राजा कंस की रानियां कंस के देहान्त पर विलाप करने लगीं तो स्वयं कृष्ण भी उनके मध्य जाकर मामा के दुःख में विलाप करने लगे। भगवान् होते हुए भी लोक की भावनाओं में कुशल मामियों के दुःख का शमन किया। माता-पिता के बंधन खोले। नानाजी को राजगद्दी पर बैठाया।

उग्रसेन को राज्यदान

कंस का वध करने के बाद श्रीकृष्ण ने उग्रसेन को ही राजा बनाया। श्रीकृष्ण ने स्वयं कंस की मृत्यु पर शोक प्रकट किया और उग्रसेन ने कृष्ण से कहा कि तुमने कंस को मारकर अपना कार्य कर लिया है। अब यदु वंश की एकमात्र आशा तुम हो। इस कंस का संस्कार भी विधिवत् करना। किन्तु हे वत्स! कंस के संस्कार की व्यवस्था तुम्हें ही करनी है। जितने भी विद्वान, धनी और गुणी व्यक्ति होते हैं उनमें से कोई भी कालं के चुंगल से नहीं निकल सकता। समय आने पर सबको काल का ग्रास बनना पड़ता है। इसलिए इस विषय में चिन्ता नहीं करनी चाहिए। कृष्ण ने उत्तर दिया कि मैंने काल की गति के अनुसार ही कंस का वध किया है, मुझे राज्य नहीं चाहिए। मैंने केवल लोक कल्याण के लिए कंस का वध किया है। अत: आप निश्िंचत होकर इस राज्य को ग्रहण करें। इतना कहकर भगवान् गोविन्द ने उग्रसेन जी का अभिषेक किया और कंस के संस्कार के लिए तैयारी करने लगे।

कंस का संस्कार करने के लिए अनेक यादव उग्रसेन जी के पीछे-पीछे चले और यमुना के किनारे ले जाकर पूरी विधि से उनका दाह-कर्म किया और यह कहते हुए जल अर्पण किया कि स्वर्ग में जाकर ये सब अपने पूर्वजों से मिलें।

जब जरासंध को कंस की मृत्यु का समाचार मिला तो उसे बहुत क्रोध आया। वह अत्यंत प्रतापी राजा था उसने अपनी विशाल सेना तैयार की। कंस उसका दामाद लगता था अत: उसने उसका बदला लेना चाहा। उसने मथुरा पर चढ़ाई कर दी जिसके फलस्वरूप जरासंध और यादवों के पक्ष में युद्ध होने लगा। रुक्मि से श्रीकृष्ण, भीष्मक से उग्रसेन, कृत से वसुदेव आदि युद्ध करने लगे। इस भयानक युद्ध के बीच जरासंध पर अपने भीषण बाणों की वर्षा करते हुए बलराम जी ने बहुत तीव्रता से आक्रमण किया। शस्त्र समाप्त हो गए और दोनों गदा से युद्ध करने लगे। युद्ध भूमि में अनेक लोग इस युद्ध को देखने के लिए रुक गए। जरासंध ने बहुत कठोर प्रहार किए लेकिन उन्होंने बलराम जी को विचलित नहीं किया। तभी आकाशवाणी हुई कि हे बलराम जी! आप जरासंध पर अपना

क्रोध त्याग दीजिए इसकी मृत्यु किसी और स्थान पर किसी और व्यक्ति द्वारा लिखी है। इस प्रकार दोनों वीर अपने-अपने पक्ष में वापस लौट आए। श्रीकृष्ण ने जरासंध का पीछा नहीं किया और उसे भागने दिया।

इसके बाद श्रीकृष्ण ने काल्यवन नाम के असुर का वध किया। काल्यवन से श्रीकृष्ण के युद्ध की चर्चा करते हुए जनमेजय से कहा कि वृष्णि और अधंक वंश के गुरु गर्ग थे। उन्होंने बहुत उदात्त जीवनयापन किया क्योंकि वे पत्नी के होते हुए भी ब्रह्मचर्य का पालन करते थे। एक दिन उनके साले ने उनको नपुंसक कहकर उनका अपमान किया यह सुनकर वे अजितजय नगर गए और वहां 12 वर्ष तक लौहचूर्ण खाकर शंकर की आराधना की। उनकी आराधना से प्रसन्न होकर शंकर ने उन्हें एक तेजस्वी पुत्र का वरदान दिया जो वृषियों पर विजय प्राप्त करेगा। जब यवनराज ने यह सब सुना तो उन्हें स्त्रियों के समीप ठहरा दिया गया और वहां गोपली नाम की एक अप्सरा ने उनका गर्भधारण किया। काल्यवन इसी अप्सरा का पुत्र था। जब यवनराज की मृत्यु हो गई तब काल्यवन राजा बना। इसके बाद पूछा कि मैं किससे संग्राम करूं तब नारदजी ने उसे यादवों की बातें सुनाईं और नारदजी ने ही काल्यवन के जन्म का वृत्तांत श्रीकृष्ण को आकर सुनाया। थोड़े समय बाद आस-पास के क्षेत्र जीत लेने के बाद उसने मथुरा की ओर चढ़ाई की। जब उसकी चढ़ाई के विषय में श्रीकृष्ण को पता चला तो कृष्ण ने अपने साथियों को बुलाकर कहा कि घोर विपत्ति का समय आ गया है। काल्यवन ने युद्ध करने के विचार से चढ़ाई की है और शिवजी कि हमारी मथुरा में रहने की अवधि पूरी हो गई है। जरासंध भी हमारा शत्रु है। इसलिए हमें यह नगरी छोड़ देनी चाहिए। यह निश्चय करके श्रीकृष्ण ने एक सुन्दर से घड़े में काला सांप बंद करके दूत के हाथ काल्यवन के पास भेजा। दूत ने उसे रखते हुए कहा कि कृष्ण काले नाग के समान भयंकर हैं। काल्यवन ने भयंकर दांत वाली चीटियां उस घड़े में डाल दीं और उन्होंने सांप को खा लिया। कृष्ण सब कुछ समझ गए और मथुरा छोड़कर द्वारका के लिए चल दिए। काल्यवान ने कृष्ण के साथ युद्ध करने का विचार किया। कृष्ण वहां से भाग गए और वह उनके पीछे-पीछे भागता रहा।

काल्यवन से श्रीकृष्ण किस प्रकार बचे यह प्रसंग सुनाते हुए वैशम्पायन जी बोले कि भागते-भागते श्रीकृष्ण का एक गुफा में सोए मुचकुंद के पास पहुंचे। मुचकुंद को यह वरदान प्राप्त था कि जो उन्हें सोते से जगाएगा वह उनकी क्रोध अग्नि में जल जाएगा। श्रीकृष्ण ने सोए हुए मुचकुंद पर अपना पीताम्बर डाल दिया और आगे जाकर छिप गए। जब काल्यवन ने पीताम्बर धारी सोए हुए मुचकुंद को देखा तो वास्तविकता नहीं पहचान पाया। उसने मुचकुंद को लात मारकर उनको जगाया और जैसे ही वह जगे तो उसकी क्रोधाग्नि में काल्यवन समाप्त हो गया। तब श्रीकृष्ण मुचकुंद के समाने आए और कहा कि तुमने मेरा बहुत बड़ा कार्य किया है। तुम्हारा कल्याण हो।

मुचकुंद से मिलने के बाद भगवान् श्रीकृष्ण को उसकी सेना घोड़े और शास्त्रास्त्र प्राप्त हुए। उन्होंने बहुत सारी सम्पत्ति उग्रसेन को भेंट कर दी और उससे द्वारका नगरी बहुत सुन्दर हो उठी। भगवान् श्रीकृष्ण ने प्रमुख यादवों को साथ लेकर द्वारकापुरी के निर्माण का कार्य प्रारम्भ करने के दुर्ग हेतु स्थान का परीक्षण किया। जब स्थान तय हो गया तब दुर्ग का निर्माण-कार्य शुरू करा दिया गया। उसकी नगरी का नाम द्वारावती रखा गया और उसे इन्द्र की अमरावती की तरह तैयार किया गया। श्रीकृष्ण ने अपने संगी साथी यादवों से कहा कि तुम निश्चित होकर इस नगरी में रहोगे। अलग-अलग लोगों ने सुन्दर मार्ग चौराहे और भवनों का निर्माण प्रारम्भ कर दिया। उन्होंने विश्वकर्मा को बुलाया और उसके आने पर विश्वकर्मा ने कहा कि मैं आपके लिए बहुत सुन्दर भवन और मार्गों का निर्माण करूंगा लेकिन उसने यह भी कहा कि नगरी सारे यादवों के लिए पूरी नहीं होगी। उस समय उसमें इतना स्थान होगा कि नदी आदि सब उचित रूप से आ सकें। श्रीकृष्ण ने कहा कि मुझे 12 योजन वाले स्थान की आवश्यकता है। यदि इतना स्थान मिल जाए तो मेरा सुन्दर नगर बस जाएगा। कुछ समय बाद समुद्र 12 योजन पीछे हट गया और वहां एक सुन्दर नगरी का निर्माण हो गया। उस सुन्दर नगरी में द्वार, प्राचीर परिखा सभी का बहुत सुन्दर रूप से निर्माण किया गया। सेना के द्वारा आक्रमण का करना और दूसरे के आक्रमण को रोकने की क्षमता वाले स्थान भी

बनाए गए। नगरी को बनाकर विश्वकर्मा अपने स्थान को चले गए। फिर भगवान् कृष्ण ने कुबेर के अनुचर निधिपति शंख का बुलाया और वहां सभी वस्तुओं की व्यवस्था की। श्रीकृष्ण ने कुछ इस प्रकार की व्यवस्था की कि नगरी में कोई भी गरीब नहीं रहा। महाराज उग्रसेन को राजा, काशी नरेश पुरोहित और अनेक प्रमुख यादवों को अध्यक्षों का पद सौंपा गया। कुछ समय बाद बलराम जी ने रेवत की पुत्री रेवती से विवाह किया।

इन सारी व्यवस्थाओं को पूरा करने के बाद श्रीकृष्ण और रुक्मिणी का प्रसंग सुनाते हुए वैशम्पायन जी ने कहा कि श्रीकृष्ण ने रुक्मिणी के मन की भावना समझते हुए उनसे विवाह करने का निश्चय कर लिया। वैसे रुक्मिणी का विवाह जरासंध की घोषणा के अनुसार शिशुपाल के साथ होना निश्चित हुआ और इस घोषणा के बाद अनेक राजा विवाह में सम्मिलित होने के लिए आए। यह एक तरह का स्वयंवर था। रुक्मिणी का वंश विख्यात था। इसी वंश में भीष्म की उत्पत्ति हुई थी। रुक्मि को जब कृष्ण और रुक्मिणी के प्रेम भाव का पता चला तो उसे और भी क्रोध आया। लेकिन हुआ यह कि जब शिशुपाल पूरी तरह से तैयारी करके विवाह के लिए आया तो रुक्मिणी पूजा करने के लिए मंदिर में गई। वहां उनके जाते हुए उनकी सुरक्षा का पूरा ध्यान रखा गया। उधर दूसरी ओर श्रीकृष्ण और बलवान भी अपनी विशाल सेना लेकर वहां पहुंचे। उन्हें भी उचित स्थानों पर ठहराया गया। जब रुक्मिणी मंदिर के समीप पहुंची तब श्रीकृष्ण ने उन्हें देखा और उनके हरण करने का निश्चय किया। जैसे ही रुक्मिणी मंदिर से बाहर निकली वैसे ही श्रीकृष्ण ने सहसा उन्हें पकड़कर अपने रथ पर बिठा लिया और जो भी उन्हें रोकने के लिए आया, उसे बलराम, युयुधान, कृतवर्मा को वहीं छोड़कर अपना रास्ता पकड़ लिया और इधर युद्ध होने लगा। लेकिन इस युद्ध में बलराम जी ने जरासंध आदि को परास्त करते हुए अपने आप जल्दी-जल्दी युद्ध से मुक्त होकर निश्चिन्त हो गए। दूसरी ओर रुक्मि बहुत दुःखी हुआ और उसने कहा कि मैं कृष्ण का वध किए बिना लौट नहीं जाऊंगा। कृष्ण से युद्ध में उसके सारथी आदि मारे गए और वह मूर्च्छित हो गया। कृष्ण ने रुक्मि के अन्य

सहयोगियों को मार डाला। बाणों के इस भयंकर युद्ध में जब रुक्मिणी ने देखा कि उसका भाई मूर्च्छित हो गया है और उसके साथी राजा भागने लगे हैं तो उसने श्रीकृष्ण से अपने भाई की प्राण-रक्षा मांगी। श्रीकृष्ण ने रुक्मि को छोड़ दिया और प्रसन्नतापूर्वक द्वारका की ओर चल पड़े। रुक्मि ने कुंडनपुर न जाकर मार्ग में ही नगर बनाकर निवास किया। उधर कृष्ण और रुक्मिणी का विवाह हो गया।

समय आने पर रुक्मि का वध हो गया। रुक्मि के वध को बताते हुए वैशम्पायन जी ने जनमेजय को बताया कि रुक्मि और बलराम जी में द्युत-क्रीड़ा प्रारंभ हुई। सारे राजा अलग-अलग मालाएं लेकर रुक्मि और बलराम जी का साहस बढ़ने के लिए आ गए। दक्षिण पक्ष के राजाओं ने रुक्मि को अतुल धनराशि दी। प्रारम्भिक अनेक दावों में बलराम बार-बार पराजित हुए तब एक बार उन्होंने क्रोधित होकर एक करोड़ स्वर्ण मुद्राएं दांव पर लगा दीं लेकिन वे इस बार भी हार गए। फिर बलराम जी ने दस करोड़ मुद्राएं दांव पर लगाईं और उन्हें रेगिस्तान में काले और लाल रंग के पासों को फेंकने के लिए कहा। रुक्मि ने पासा फेंका पर पूरे स्थान पर नहीं फिर पाया इसलिए इस दाव में बलराम जीते। लेकिन फिर भी रुक्मि ने चार को नौ बताकर अपनी विजय घोषित की और अकाशवाणी के द्वारा विरोध किया गया कि जीत उनकी नहीं हुई है। लेकिन आकाशवाणी की बात सुनकर बलराम जी ने क्रोध में आकर एक भारी अष्टपात उठाया और रुक्मि पर दे मारा। इस तरह श्रीकृष्ण ने जिस रुक्मि को अपनी प्रेमिका के कारण छोड़ दिया था वह इस प्रकार बलराम जी के द्वारा मारा गया जब रुक्मि के वध का समाचार नगर में पहुंचा तो सब लोग बहुत दुःखी हुए और उसके साथ-साथ रुक्मिणी भी बहुत करुण विलाप करने लगी। कृष्ण ने उन्हें समझाया और इसे देव का विधान मानकर ही स्वीकार किया।

एक बार शंकर भगवान् का शिष्य बाणासुर शिवजी को अपनी साधना से प्रसन्न करके बोला, भोलेनाथ मुझे वरदान दो। शिवजी ने वरदान दिया तो उसने मांगा कि मेरे शरीर में हजार भुजाएं हो जाएं। वे अवढर दानी थे। उनके लिए ढाई हजार भी हो जाएं तो ना नहीं कहें।

वरदान मिलने के साथ ही दोनों तरफ पांच-पांच सौ भुजाएं लटक गई। अब वह बड़ा प्रसन्न हुआ कि मेरे बराबर कौन शक्तिशाली है। दो भुजा वाला ईश्वर की कृपा से बड़ा शक्तिशाली होता है फिर इसकी तो एक हजार भुजाएं थीं। कई वर्ष तक घूम-घामकर पुनः शिवजी के पास आया और बोला, प्रभु आपने एक हजार भुजाएं दे दीं, मेरे तो वजन लटक गया। शंकर बोले, हमने जानकर थोड़े ही चिपकाया है, तुमने जो वरदान मांगा वही तो दिया है। इस पर वह बोला कि प्रभु! मैं तो शक्ति का बढ़ावा करने, पूरी दुनिया जीतने के उद्देश्य से ये भुजाएं ली थीं कि मैं सबसे अधिक शक्तिशाली बन जाऊंगा पर कोई सामने नहीं आता, सब दूर से ही देखकर भाग जाते हैं। मेरी भुजा में लड़ने को बहुत खाज मचती है। शिवजी बोले-अब मैं क्या करूं। तो बाणासुर ने कहा, महाराज आप ही मुझ से कुश्ती लड़ लें। यह सुकर शिव ने शाप दे दिया, अरे दुर्मति! जिस दिन तेरे महल की ध्वजा गिर जाएंगी, तेरी भुजाओं को काटने वाला तेरे घर पर ही आ जाएगा।

अब तो बाणासुर को बहुत दुःख हुआ। उसका सिर घूम गया, न शिवजी से कुश्ती की बात करता न शाप मिलता। बाणासुर ने शंकर की पुनः खूब पूजा की, इतनी पूजा की कि शंकर प्रसन्न होकर प्रकट हुए और बोले, बाणासुर! एक महीने से पूजा कर रहे हो, हम कुछ समय के लिए तांडव करना चाहते हैं। बाणासुर ताल वाद्य अपने हाथों में लेकर ताल देने लगा। शिव ने प्रसन्न होकर पुनः वर दिया तो बाणासुर ने कहा, मेरे नगर की आप रक्षा करेगे। तथास्तु कह कर शिव अंतर्धान हो गए। बाणासुर ने महल के दरवाजे के पास शिव मंदिर बनवा दिया और निश्चिन्त हो गया। बाणासुर की उषा नाम की पुत्री थी, उसने स्वप्न में कृष्ण के पौत्र अनिरुद्ध के दर्शन किए और अपनी सखी चित्रलेखा को उसने बता दिया। चित्रलेखा के सहयोग से अनिरुद्ध उषा के महल में पहुंचा। कालांतर बाणासुर को ज्ञात हुआ। उषा को डांटा-डपटा और अनिरुद्ध जी को कारागार में बंद कर दिया। द्वारका में काफी समय तक कुछ पता नहीं चला, लेकिन दाऊजी ने प्रश्न किया, अनिरुद्ध नहीं दिखाई दे रहे हैं? सब जगह देखा पर पता नहीं चला। नारदजी से ज्ञात हुआ कि अनिरुद्ध चार

महीने से बाणासुर की कारागार में पड़े हैं।

यह समाचार पाते ही सेना तैयार करके कृष्ण ने बाणासुर के यहां चढ़ाई कर दी, चारों तरफ से शोणितपुर घेर लिया गया। उसके महल की ध्वजा गिर पड़ी, वह बोला–ध्वजा गिरे, चाहे कलश, हमारे शंकर सहायक तो भयंकर क्या करेगा। दोनों सेनाएं टकराईं। मारू राग बजने लगा। शंकर जी प्रकट हो गए। कृष्ण ने पूछा-भोलेनाथ, आप यहां कैसे? यही प्रश्न शंकर से कृष्ण से पूछा–द्वारका से इतनी दूर यहां कैसे? और फिर शोणितपुर में यहां क्या रखा है? शोणित का अर्थ है रक्त और रक्त को आसामी भाषा में तेज कहते हैं, तो यहां तेजपुर आसाम में और कहां द्वारका। शंकर ने कहा–द्वारकाधीश! यह बाणासुर मेरा शिष्य है, मैंने इसे वरदान दिया है कि मैं तेरे नगर की रक्षा करूंगा। द्वाराकाधीश बोले–भोलेनाथ, ऐसे वरदान क्यों देते हो? भगवान् होकर दरबान हो गए, यह भी कोई वरदान है? जब शंकर ने पूछा–महाराज! आप कैसे आए तो भगवान् ने कहा–मेरा पौत्र अनिरुद्ध अंदर बंद है। मैं उसे छुड़ाने आया हूं। भगवान् जैसे ही प्रवेश करने लगे, शंकर ने कहा–आप अंदर नहीं जा सकते, वह मेरा चेला है। भगवान् ने कहा–चेला को दे धकेला–मेरा पोता अंदर बंद है। शंकर बोले–पोता है तो क्या होता है, वरदान भी कोई चीज है। आप अन्दर नहीं जा सकते। वे बोले, जाएंगे। शंकर ने कहा–देख लेंगे। भगवान् बोले–देख लेना, दोनों के समूह में पूरा संग्राम छिड़ गया। कृष्ण पूरे सैन्य के साथ ही आए थे। शंकर जी ने शंख बजाया तो उनका भी पूरा परिवार उतर आया। स्वामी कार्तिकेय, गणेश, भूत-पिशाच, डाकिनी आदि सभी गण आ गए। एक-एक के चार-चार चुड़ैल चिपट गईं।

प्रभु ने यह दृश्य देखा तो मंत्र सिद्ध करके जम्भास्त्र छोड़ा। जैसे ही दिव्यास्त्र शिव-सेना की ओर चला–भूत, प्रेत, पिशाच और डाकिनियां सभी ने लड़ाई बंद कर दी, उबासी लेने लगे। प्रेतों के मोहड़े कौन देख सके। शंकर जी बोले–"यह क्या हुआ? अभी तो मेरी सेना लड़ाई लड़ रही थी और अब खड़ी मुंह फाड़ रही है, उबासी ले रही है। तब उन्हें मालूम पड़ा कि प्रभु ने जम्भास्त्र छोड़ दिया है। शिवजी की माया क्या कम है, जब लड़ते हैं तो सारे स्वरूप दिखाई पड़ जाते हैं। जब तक भोले हैं तब

तक भोले हैं वरना गोले भी हाथ में रखते हैं। तभी तो भोले-भोले कहलाते हैं। शंकर ने मंत्र सिद्ध करके एक ऐसा बाण छोड़ा कि प्रभु की सेना को जूड़ी बुखार चढ़ गया। एक दिन ठोक कर लड़े, एक दिन बुखार आ जाए इस प्रकार आराम कर-करके लड़ाई होने लगी। आश्चर्य यह है कि जिसके पीछे यह लड़ाई हो रही है वह बाणासुर अपने महल में आराम से बैठा हुआ था। खिड़की में से लड़ाई देख रहा है। वह जानता है कि वह बीच में क्या बोले—उसके रख वाले भोलेनाथ लड़ रहे हैं उसकी तरफ से।

अकस्मात् प्रभु के प्रताप से उसकी मति फिर गई, उसके मन में विचार आया, मेरी हजार भुजाएं काम आएंगी। लोग तो दूसरों की लड़ाई में कूद पड़ते हैं, यह तो मेरी अपनी लड़ाई है। इस तरह वह शस्त्रागार में से अनेक शस्त्र हाथों में उठाकर मैदान-क्षेत्र में आकर शंकर जी से कहने लगा—हे प्रभु! लाइए मैं भी कुछ शक्ति का प्रदर्शन कर दूं। शंकर कुछ पीछे हटे और वह बाणासुर अपनी सहस्त्र भुजाओं में शस्त्र लिए श्रीकृष्ण के सामने आ गया। भगवान् ने उसे सम्मुख देखकर सुदर्शन चला दिया तो देखते ही देखते उसकी सारी भुजाएं मूली-गाजर की तरह कट-कटकर धरती पर गिर पड़ीं। ऐसे बाहु विहीन पुत्र को देखकर व्यथित विलाप करती बाणासुर की मां कोटरा निर्वस्त्र होकर भगवान् के पैरों में आकर गिर पड़ी। भगवान् ने उसे आता जानकर दृष्टि फेर ली क्योंकि पराई स्त्री को आंखों से नग्न देखने से तीन जन्म के पुण्य नष्ट हो जाते हैं। बाणासुर ने देखा तो कहा, मां! यह क्या किया? तो वह बोली—बच्चों के सामने माता-पिता को घुटने टेकने पड़ते हैं। बेटा अपनी लाज देकर तेरी जान बचानी जरूरी हो गई। जब मां ने उसे प्रार्थना करने को कहा तो बाणासुर भगवान् के चरणों में सिर नवाकर प्रणाम करने लगा। तो भगवान् ने उसकी दूसरी तरफ की पांच सौ भुजाएं काट दीं। जैसे दो चाहिए वैसे ही भुजाएं उसकी शेष रह गईं। उषा का विवाह अनिरुद्ध से हो गया और जूड़ी-बुखार से भगवान् ने कहा—जो भागवत के 62 वें, 63 वें अध्याय की कथा सुने उसे तुम छोड़ चले जाना। यह चमत्कार है कि किसी को भी तीसरे दिन का बुखार आ जाए तो उसे इस भागवत् की पूर्वोक्त कथित अध्याय की कथा सुनने से यह बुखार फिर नहीं आता। बहु उपायकारी

प्रभु श्रीकृष्ण का आख्यान जो भी मन लगाकर ध्यान से सुनता है प्रभु उसके सकल मनोरथ पूरे करते हैं।

इसके पश्चात् प्रभु ने राजा नृप का उद्धार किया। बलराम ने ब्रजयात्रा की। भगवान् ने राजा पौंड्रक का भी उद्धार किया। दाऊजी ने बल-बल का उद्धार किया और हस्तिनापुर विजय के पश्चात् लक्ष्मणाजी का साम्ब के साथ विवाह किया। भगवान् की अचिंत्य लीलाओं का दर्शन करके जो उसमें भावना रखता है, उसका सर्वत्र नारदजी की तरह भगवत् भाव दिखाई देता है। उसके बाद दो जगह से निमंत्रण आया, एक युधिष्ठिर महाराज को राजसूय यज्ञ करना था, दूसरा इस जरासंध ने धर्मनिष्ठ राजाओं को बंदीगृह में डाल रखा है और निश्चय कर लिया है कि महाभैरव यज्ञ करूंगा और सब धर्मनिष्ठ राजाओं की गर्दन काट-काटकर आहुति चढ़ाऊंगा। भगवान् तो सर्वज्ञ हैं। राजसूय यज्ञ में जाने की तैयारी कराई। भीमसेन, अर्जुन को ब्राह्मण बनाकर जरासंध की ब्राह्मणता से उन्होंने युद्ध का वरदान मांग लिया। भीमसेन को इशारा देकर जरासंध के बीच में से दो करा दिया। उसके पुत्र सहदेव का राजतिलक कर दिया। जितने राजा कारागार में पड़े थे सभी को छुड़ाया। सभी राजाओं ने भगवान् की प्रार्थना की।

कृष्णायै वसुदेवाय हरये परमात्मने।
प्रणतः क्लेश नाशाय गोविन्दाय नमो नमः ॥

इसके पश्चात् प्रभु ने युधिष्ठिर का राजसूय यज्ञ सम्पन्न कराया। शिशुपाल का उद्धार किया। दुर्योधन को जल में थल, थल में जल देखने से हास्य का विषय बनना पड़ा। इसके पश्चात् भगवान् ने दंतावक्र और शाल्व का उद्धार किया। दाऊजी ने नैमिषारण्य में सूतजी पर कृपा की। दाऊजी ने इसके बाद भारतवर्ष की यात्रा की।

यह वृत्तांत कहते हुए वैशम्पायन जी ने जनमेजय से कहा—राजन्! तुमको कथा सुनते हुए छः दिन हो गए। आखिर तुमने अपने जीवन का क्या निर्णय किया? परीक्षित ने कहा—भगवान्! आपके मुख से कथा सुनने के बाद मैं जिस निश्चय पर पहुंचा हूं, वह आपको बता देता हूं—गुरुदेव! वाणी वही पवित्र है जो श्रीकृष्ण के गुण गाती है। प्रत्येक व्यक्ति को

जीवन में यह धारणा बनानी चाहिए कि जब तक हमारा जीवन रहेगा, हम प्रभु का नाम, जप, कीर्तन अवश्य करेंगे। हाथ वही पवित्र हैं जो ठाकुर जी की सेवा में लगे रहें। कभी वस्त्र है, पोशाक, शृंगार है, सामग्री है। कुछ-न-कुछ इन हाथों से बनता रहे तो ये हाथ पवित्र हैं। मन वही पवित्र है जो चारों तरफ प्रभु के दर्शन करता रहे।

सियाराम मय सब जग जानी।
करहुं प्रणाम जोर जुग पानी।

भगवन् कान वही पवित्र हैं, जो भगवान् की कथा सुनते रहें। शुकदेव बोले—परीक्षित! हम तुमसे बहुत प्रसन्न हैं, जो तुमने स्वयं को कृष्णार्पित करके भगवान् की सेवा में लगाने का निश्चय किया। प्रत्येक इन्द्रिय से भगवान् में समर्पित हो जाना ही तो जीवन की सार्थकता है। हाथों से राधा-गोविन्द का शृंगार बने, आंखों से दर्शन बने, वाणी से कीर्तन, सेवा और भजन बनता रहे। गृहस्थ में रहकर अपनी पूजा, अपना मंदिर ठाकुर जी को ही सब कुछ समझा जाए, संसार के सुख तो खूब अच्छी तरह देख लिए, अब जीवन में ठाकुरजी का सुख देखो। शकुदेव जी ने विभोर होकर कहा—राजा! तुम्हारे जैसे योग्य पात्र को कथा सुनाकर मैं अपने-आपको धन्य मानता हूं। अब मैं तुम्हें सब बात बताता हूं। अब तक तुम भगवान् की कथा सुन रहे थे, अब एक निष्काम भक्त की कथा सुनो।

भगवान् के एक ब्राह्मण मित्र थे सुदामा। वह इंद्रियों के धर्म से विरक्त थे। वह कामना रहित थे। जितेन्द्रिय थे और ब्राह्मण ब्रह्मलीन थे। एक बार उनकी पत्नी ने कहा—हे देव! आपके मित्र साक्षात् श्रीकृष्ण हैं और आप द्वारका चले जाएं तो भगवान् आपको बहुत-सा द्रव्य देंगे। उससे आपके कुटुम्ब का पोषण होगा। सुदामा जी ने स्पष्ट मना कर दिया और कहा—देवी! मैंने भगवान् की भक्ति मांगने के लिए नहीं की है बल्कि अपनी आत्मा के कल्याण के लिए की है। सुशीला जी ने कहा—हे पतिदेव! एक काम तो करो, आप अपने मित्र के दर्शन ही कर आओ, तो सुदामा ने यह प्रस्ताव प्रसन्नता से स्वीकार कर लिया और कहा—अब की बार तुमने ठीक कहा है। हे देवी! उत्तमोश्लोक भगवान् का दर्शन ही जीवन का

परम लाभ है। ऐसा करो, मैं खाली हाथ तो जाऊंगा नहीं, श्री ठाकुरजी को निवेदन करने के लिए कुछ तो चाहिए। चार मुट्ठी चावल सुशीला पत्नी ने अपनी धोती के टुकड़े में बांधकर सुदामाजी के हाथ में पकड़ा दिए।

सुदामा प्रभु के दर्शन करने द्वाराका पुरी जा रहे थे दारिद्रय की पराकाष्ठा थी। सुदामा जी की फटी चीथड़ा धोती, जहां फटी वहीं गांठ लगी हुई थी। पेट पीठ से जा लगा था। उस दरिद्र ब्राह्मण को कभी भी तिलक लगाने के लिए रोली नहीं जुट पाई, ईंट घिसकर तिलक लगाते थे, फिर भी भगवान् का कीर्तन करते जा रहे थे।

भजो राधारमण हरि गोविंद जय जय।

इस प्रकार कीर्तन करते जा रहे थे। रास्ते में प्यास लगी, दो बूंद पानी पिया, ठाकुर जी को प्रणाम किया और धन्यवाद किया कि प्रभु आपकी बड़ी कृपा है, पानी पीने को दे रहे हो। यहां भगवान् ने सब कुछ दे रखा है फिर भी प्रभु का नाम लेने का समय नहीं है मानव को। प्रभु अपने भक्त की व्यथा-कथा समझ रहे थे। परिचारिकाएं, सेवक नाना भक्त-मित्र केवल पानी पीकर भी उनका धन्यवाद करके सो गया। तुरन्त योगमाया से कहा–देखो बगीचे में कुएं के पास हमारा एक मित्र पानी पीकर भूखा सो गया है। उसे जगाना मत। अपने प्रभाव से द्वारका में ले आओ। योग माया को तो संकेत मात्र चाहिए था तुरन्त सुदामा जी द्वारका में पधार गए।

द्वारका में आकर जैसे ही सुदामाजी की आंखें खुली नगर की चकाचौंध देखकर के चकित रहे गए। पूछा-भैया! मैं कहां पर आ गया हूं? एक ने उत्तर दिया कि पंडित जी यह द्वाराकापुरी है। सुदामा ने कहा–मैं तो तीन महीने में द्वारकापुरी नहीं आ पाता। यह तो प्रभु की कृपा हो गई जो मुझे इतनी जल्दी द्वारका बुला लिया। सुदामा ने उस सेवक से कहा, भैया! यहां हमारे मित्र का घर है। तो उस सेवक ने झुंझलाकर उसका उपहास करते हुए कहा–कहीं छोटे गांव में होगा तुम्हारा मित्र। यहां तो करोड़पतियों का नगर है। फिर भी नाम बातओ, तो उसने बताया, कृष्ण। नाम सुनकर मन-ही-मन मुस्कराकर फिर कुछ सकपका कर उस सेवक ने कहा–यह नाम तो राजाधिराज हमारें स्वामी का बचपन का नाम है और फिर उस सेवक ने कहा–वह जो सामने ड्योढ़ी दिखाई दे रही है,

जहां दरवाजे पर हाथी बंधा है वहीं प्रार्थना करना, तुम्हें प्रभु के दर्शन हो जाएंगे। ड्योढ़ी पर पहरेदारों ने पूछा तो सुदामा यूं बोले–

मैं तो श्रीकृष्ण का तालिब हूं, मेरा यार भी है सरकार भी है।
ऐ कृष्ण तुम्हारी उल्फत में, गुल्जार भी है और खार भी है ॥

तो सेवकों ने कहा–अच्छा महाराज! अभी दर्शन खुलेंगे तो तुम्हारी बात पहुंचा देंगे। छड़ीदार भगवान् के पास गया तो वह भावुक हो उठा–कहां तो सर्व स्वामी कृष्ण महाराज, कहां वह अकिंचन ब्राह्मण, पता नहीं यह मित्रता कैसे होगी। ज्योंही वह छड़ीदार प्रभु के पास पहुंचा तो भगवान् ने उसे देखकर कहा–छड़ीदार जी! आप रो क्यों रहे हो? नहीं भगवान्! ऐसे ही कुछ विचार मन में आ गया। नहीं, कोई तो बात होगी? भगवान् ने कहा–तो छड़ीदार बोला–महाराज! क्या बताऊं? जो दरवाजे पर देखा है, उसके बारे में सोचता हूं तो जी कुछ और हो जाता है और आपके दर्शन करता हूं तो विचार कुछ और हो जाता है। क्यों बात क्या है? कृष्ण ने पूछा–

सीस पगा न झगा तन पे, प्रभु पांय उपानह की नहीं सामा।
धोती फटी सी लटी दुपटी, प्रभु जाने को आय बसे केहि ग्रामा।
दुर्बल देह द्वारे खड़ो द्विज, देख रह्यौ वसुधा अभिरामा।
पूछत दीनदयाल को धाम, बतावत आपनो नाम सुदामा।

सुदामा नाम सुनते ही कृष्ण स्वयं उठकर ड्योढ़ी तक आए और सुदामाजी को हृदय से लगा लिया और लाकर अपने सिंहासन पर बैठा दिया। स्वयं उनके चरणों में विराज गए। सुदामाजी के चरण हाथ में लिए सहचरियों ने सारी सेवापूजा की तैयारी करी।

विप्र पद हाथ में लियो है त्रिलोकी नाथ, देख दीनताई, दीनताई उर छायी है ॥
कांटे बिवाई धूल, हाटे पग फाटे पट, सोए भाग जागे आज पास यदुराई है॥
पूजन को चन्दनादि पानी कनक झारी, झारि बिसारी प्रेमधार यों बहाई है ॥
नैन नीर धोए क्यों करुणा निधान रोए, सींची अंसुआन माल अंसुवन चढ़ाई है।

सुदामाजी के पैर में बिवाई फट रही थी, उसमें कांटा उलझ रहा था, भगवान् रेशमी पीताम्बर से कांटा निकालना चाहते हैं। शुष्क चरणों में पीताम्बर उलझ गया, भगवान् ने खींचा, सुदामा बोले–मित्र मेरे को

दुःखता है, आप रहने दो। भगवान् रोने लग गए।

ऐसे बेहाल बिवाइन सो मग कंटक जाल लगे पग जोए।
हाय सखा दुःख पायौ महा, तुम आए इतै न कितै दिन खोए।
देख सुदामा की दीन दशा करुणा करिकै करुणानिधि रोए।
पानी परात को हाथ छुयौ नहीं, नैनन के जल सौं पग धोए।

रुक्मिणी जी बोलीं—सत्यभामा तुम ठाकुर जी को संभालो, यह सेवा मैं करूंगी। ब्राह्मण का चरण रुक्मिणी ने हाथ में लिया। अपने बालों का जूड़ा खोला, अलंकावलियों का ब्रुश बनाकर ब्राह्मण के चरणों की धूल निकालने लगीं। यह है निष्काम भजन का आनन्द। लक्ष्मी और नारायण दोनों ही चरणों में विराजमान हैं, फिर भी हम भजन नहीं कर पाते। फिर रुक्मिणी जी ने कहा—सुदामा भैया! आप ये कपड़े लें। उन्हें मोती की माला पहनायी गई, भोजन कराया, फिर अपने शयन मंदिर में सुलाने के लिए ले गए।

भगवान् सुदामा जी के पैर दबाते जाएं और कहते जाएं, मित्र आपको याद होगा, संदीपन गुरु के आश्रम में साथ पढ़ते थे। गुरुपत्नी ने हमें समिधा लेने भेजा, रास्ते में लिए चना कुरमुरा दिए। जंगल में आंधी-मेह बरसे, हम आप बिछुड़ गए मित्र। गुरुजी ढूंढ़ने के लिए पधारे। जब मैंने कहा—मित्र हमें भूख लगी है चना कुरमुरा दे दो, आप बोले—हे भैया! मुझे भूख लगी थी, सौ मैंने तुम्हारे अपने दोनों के हिस्से के खा लिए।

सुदामा बोले—कृष्ण! मुझे क्षमा कर दो। कृष्ण ने उत्तर दिया, मित्र बचपन की बात थी, मुझे याद आ गई, मैंने तुम्हें शाप दे दिया था, जा सुदामा, तू दरिद्र ही रहेगा, तूने दूसरे के हिस्से की चीज क्यों खाई? मेरे कारण तुम्हें बहुत कष्ट हुआ। मैं आपके चरण दबाकर क्षमा मांग रहा हूं। सुदामाजी बोले—हे कृष्ण! वह तो तुमने वरदान दिया था, शाप थोड़े ही दिया था। ना आप वरदान देते, न भजन में मन लगता।

इसी क्रम में सवेरा हो गया। कृष्ण ने पूछा, भैया! हमारी भाभी ने कुछ भेजा होगा? सुदामा ने चावल की पोटली कांख में दबा रखी थी। उसका जो बढ़िया-बढ़िया पकवान से स्वागत हुआ, उसके बाद सुदामा के लिए यह चावल की पोटली भेंट करते हुए संकोच हुआ। भगवान् ने उसे खींच लिया। एक मुट्ठी चावल का फांका लिया, एक लोक की सम्पत्ति

दे दी दूसरी मुट्ठी फांकते ही दूसरे लोक की सम्पत्ति दे दी फिर जैसे ही तीसरी मुट्ठी फांकने को हाथ बढ़ाया तभी रुक्मिणी ने हाथ पकड़ लिया।

हाथ गह्यौ प्रभु को कमला, कहौ नाथ कहा हरि ने चित्तधारी।
तन्दुल खाए मुट्ठी प्रभु ने दई, दीन कियो दो लोक बिहारी॥
खाए मुट्ठी तीसरी अब नाथ, कहां निज वास की आस बिचारी।
रंक की आप समान कियौ हरि, चाहत आपन होन भिखारी॥

हे भगवान्! आप क्या सोचकर खा रहे हो? ना प्रिये! तीन लोक की सम्पत्ति देकर भी इसके भजन के पुण्य से उऋण नहीं हो सकते हैं। सुदामा जी समझ गए, कहीं और कोई लीला न हो जाए। वह कह रही हैं मान जाओ, भगवान् कह रहे हैं छोड़ दो। इसलिए सुदामा बोले–मित्र! मैं चलता हूं। जब मेहमान के आगमन पर घर के लोग लड़ने लगें तो मेहमान को चाहिए कि वह चल दे। कृष्ण ने कहा–मित्र जा तो रहे हो, ये कपड़े उतार दो, अपने पहन लो। कृष्ण ने सोचा कि धन की इच्छा तो इनकी पत्नी की थी तो मित्र को प्रलोभन में क्यों फंसाया जाए। ऐसा कहते हुए सुदामा से बोले–हे मित्र, भूलना नहीं याद करते रहना।

सुदामा जैसे ही घर लौटे, उन्हें फिर उसी प्रकार से बसा हुआ नगर दिखाई दिया। सुदामा अचरज में पड़ गए। द्वाराकापुरी से तो लौट आए, अब यह कौन-सी पुरी आ गई? एक व्यक्ति ने कहा–पंडित जी यह सुदामापुरी है। सुदामा ने मन में सोचा, कुटिया तो साबुत थी नहीं, यह पुरी कहां से आ गई? यहां तो रजवाड़े का सा डेरा दिख रहा है। हो सकता है किसी राजा ने हमारी जमीन दबा ली है, ब्राह्मणी बच्चों को लेकर कहीं तीर्थ चली गई होगी? पेड़ के नीचे बैठ के दुःखी एवं चिंतित सुदामा माला फेरने लगे। लेकिन सुदामा की पत्नी के दर्शन करो तो देखते ही रह जाओ। उसके यहां सम्पन्नता कदम छू रही थी, जरी, चौकड़ी, डोरिया के वस्त्र हीरे के गहने, लौंग पैसा आने पर बोलचाल भी धीमी हो गई। दिन भर पंखा झलने लगा। पानदान, पीकदान, सारा खानदान पास में ही रहने लगा। अब तो सारी बातें ही बदल गईं। उनसे किसी ने कहा–राजमाता जी! जैसे पंडित जी आप बता रही हैं, बगीचे में पेड़ के नीचे माला फेर रहे हैं। खिड़की खोल के देखी, हे राम! ये तो गए नहीं दिखाई देते। तभी

सेविकाओं सेवकों से जल्दी तैयारी करने का आदेश दिया। चार आदमी सुदामा के पास गए और बोले—महाराज! राजामाताजी आ रही हैं। आप खड़े हो जाइए। सुदामाजी संकोच में आ गए, पता नहीं राजमाता क्या करेगी हमारी। इतने में ही बाजे बजते आए, इतने-इतने गुलाब जल छिड़के साज-बाज से सजी सुदामा पत्नी वहां पधारीं। (सब पैसे का सुख है, शरीर में कर लो चाहे ठाकुरजी में) सुशीला जी जैसे ही पालकी में से नीचे उतरीं, सेवक चंवर डोलाने लगे, पंखा झेलने लगे। जेवरों से लदी सुशीलाजी सुदामा से बोलीं—''प्राणनाथ यह सुनते ही सुदामा पीछे सरक गए और सोचने लगे, कैसे प्राणनाथ। हे महाराज! कृष्ण भगवान्! यह कैसा संकट? सोचकर बोली—मैं आपकी पत्नी हूं। सुदामा बोले—मेरी पत्नी पर फटी पैबन्द लगी एक धोती थी, यह आधी पहनती थी, आधी धोकर सुखा लेती थी। सुशीला ने घूंघट उठा दिया। सुदामा ने पहचान कर कहा—''अरी सुशीला! इतना सारा अड़ंगा आया कहां से और सुदामा ने कहा—राधे, राधे! हमारे शरीर से उसने अपने कपड़े उतरवा लिए, तुझ पर इतने मेहरबान हो गए द्वारकाधीश। क्यों झूठ बोलती हो? नहीं महाराज इन सेवकों से पूछ लो। मालूम पड़ा कि भगवान् की लीला अपरम्पार है, दें तो घर भर दें। लें तो सब कुछ ले लें।

सुदामाजी महल में गए तो घर की महिमा और शोभा देखकर दंग रह गए। लेकिन अभी गलीचे पर बैठे नहीं, न कभी सोने की थाली में खाना खाया। जमीन पर सोना चना-चबेना करके लाख-लाख जाप जपते रहे। सुदामाजी की इतनी दृढ़ता देखकर एक दिन सुशीला जी बोलीं—महाराज! इतना धन किस काम आएगा? सुदामाजी बोले—

सुशीला या में कहा लगैगो तेरो ?
नंद नंदन कर घर को ठाकुर, आप होए रहो चेरो।

अरी सुशीला! भगवान् यदि धन देदें तो उसका मंदिर बनवाना चाहिए। उस रुपए से सोने के झूले बनवाने चाहिए तथा स्वयं सेवक बनकर जीवन भर ठाकुर की सेवा करनी चाहिए।

कहा भयौ घर सम्पत्ति बाढ़ी बहुत कियो पर घेरौ

जिससे घर घिरा रहे उस सम्पत्ति से फायदा ही क्या?

कहुं हरि कथा, कहुं हरि सेवा, कहुं संतन को डेरौ।

घर तो तभी पवित्र होता है, जब उसमें हरि-कथा या कीर्तन होता रहता है। संत-महात्मा अपने घर ठहरें।

सबहिं समर्पण सूर श्याम को, यह सांचो मत मेरा।

इस प्रकार सुदामा जी ने सारा जीवन भगवत् सेवा में ही लगा दिया।

जनमेजय ने वैशम्पायन जी से कहा कि मुझे आप कृष्ण चरित्र सुना रहे हैं और मेरा मन इस पवित्र कथा को सुनते हुए थकता नहीं है। अब आप मुझे कुछ और विशेष कथा सुनाने की कृपा करें। जनमेजय की जिज्ञासा के उत्तर में वैशम्पायन जी ने कहा कि पारिजात पुष्प हरण की कथा बहुत सुन्दर और फलदायिनी है। इसके संदर्भ में कृष्ण जी का कर्तव्य-पालन और वीरता दोनों स्पष्ट होती हैं। भगवान् श्रीकृष्ण विवाह के बाद रुक्मिणी को साथ लेकर रेवतक पर्वत पर आए। तब श्रीकृष्ण की रानी उपवास के लिए पर्वत पर गईं। कृष्ण ने अपने भाई और पुत्रों को पहले ही वहां भेज दिया था फिर वहां सबके हाथ ब्राह्मणों को दान देकर अपने बंधुजनों को भोजन से तृप्त किया। फिर वापस आकर सुखपूर्वक जीवन-यापन करने लगे।

कुछ समय के बाद नारदजी श्रीकृष्ण के पास आए तब नारदजी ने उन्हें एक पारिजात का पुष्प दिया। भगवान् कृष्ण ने उस फूल को रुक्मिणी जी को दे दिया और उन्होंने उसे जूड़े में लगा लिया। फूल के जूड़े में लगते ही रुक्मिणी की शोभा और भी बढ़ गई। तब नारदजी ने कहा कि आपके समीप आकर यह फूल धन्य हो गया है। यह अब पहले से भी सुन्दर लगने लगा। यह कभी कुम्हलाएगा नहीं और एक वर्ष तक इसकी गंध बनी रहेगी। यह फूल इतना दिव्य है कि यह आपको जितनी शीतलता इच्छित होगी यह आपको देगा और जब तक यह फूल आपके पास है तब तक आपको किसी भी ऐश्वर्य की कमी नहीं रहेगी। आप हमेशा इस फूल के कारण आनन्दित रहोगी।

श्री नारदजी ने आगे कहा कि ऐसा लगता है भगवान् कृष्ण आपको सबसे अधिक चाहते हैं इसलिए वह फूल उन्होंने आपको भेंट किया है। जब नारदजी यह बात कर रहे थे तो वहां पर सत्यभामा तथा अन्य रानियां

भी उपस्थित थीं। सबने उनकी बातें सुनीं और सबने रुक्मिणी के भाग्य को सराहा। किन्तु रानी सत्यभामा को यह बात अच्छी नहीं लगी और वे रुक्मिणी से ईर्ष्या करने लगीं। यहां तक कि उन्हें बड़ा क्रोध आया और उन्होंने लाल रंग की साड़ी उतार कर सफेद रंग की साड़ी पहन ली और कोप भवन में बैठ गईं। उन्होंने अपने माथे पर सफेद वस्त्र बांधकर उस पर चंदन लगा लिया और शय्या पर बैठकर बालों को खोल लिया।

जिस समय नारद और रुक्मिणी की बातचीत हो रही थी तो वहां पर प्रद्युम्न उपस्थित थे लेकिन कृष्ण चले गए थे। जब उन्होंने सत्राजित की पुत्री सत्यभामा के क्रोध का समाचार सुना तो वे उनके भवन में पहुंचे और बहुत शंकित होकर महल में गए। उन्होंने कुपित और मानवती सत्यभामा से कहा कि तुम्हारा दुःख मेरे लिए असहनीय हो रहा है। तुम मुझे बताओ कि क्या कारण है। तब सत्यभामा ने कहा कि मुझे तो यही गुमान था कि मैं आपकी सबसे अधिक प्रियतमा हूं और इसलिए मेरा मस्तिष्क हमेशा ऊंचा रहता था। लेकिन आज मुझे अपने दासियों से पता चला कि एक फूल आपको नारदजी ने दिया था। वह साधारण पुष्प नहीं है और आपने फूल रुक्मिणी को दे दिया। इससे मुझे लगा कि रुक्मिणी पर आपका प्रेम अधिक है। नारद जो आपके सामने रुक्मिणी की प्रशंसा करते रहे और आप सुनते रहे। यदि यह उचित है तो पहले किसी को प्रेम रस में भिगोया जाए और फिर दुःखी किया जाए तब तो ठीक है आप मुझे तपस्या करने की आज्ञा दीजिए।

सत्यभामा के ये वचन सुनकर श्रीकृष्ण थोड़ा-सा विचारमग्न हो गए और उनको चुप देखकर सत्यभामा फिर बोली कि आपने मेरे साथ कपट किया है। कपट की बात सुनकर कृष्ण बोले कि हे प्रिय! नारद ने जो रुक्मिणी को पारिजात का पुष्प दिया है उसमें मेरा प्रिय कार्य निहित है लेकिन यदि तुम चाहती हो तो मैं वह फूल तुमको लाकर दे दूंगा। मैं तो स्वर्ग में स्थित पारिजात के वृक्ष को भी ले आऊंगा। यह सुनकर सत्यभामा बोलीं कि प्रभु यदि पारिजात का वृक्ष यहां ला देंगे तो मेरे समान भाग्यशालिनी और कौन होगी।

भगवान् श्रीकृष्ण ने स्नान आदि कर्म से निवृत होकर नारदजी का

ध्यान किया और जब वे सामने आ गए तो श्रीकृष्ण और सत्यभामा ने उनका पूजन किया। भगवान् चंवर डुलाने लगे और सत्यभामा उनके पैर धोने लगी। फिर समय पर भगवान् ने स्वयं नारदजी को भोजन कराया। सब तरह से प्रसन्न होकर उन्होंने सत्यभामा को आशीर्वाद दिया और कहा कि आप जैसी पतिपरायण हैं वैसी ही आगे भी बनी रहिए। फिर भगवान् और सत्यभामा ने भी भोजन किया। कुछ समय बाद नारदजी ने छुट्टी मांगी और कहा कि मैं इन्द्रलोक को प्रस्थान करूं क्योंकि वहां देवता, गंधर्व और अप्सराएं शिव को नमस्कार करके संगीत का आयोजन करेंगी और इस समारोह को शिव और पार्वती बहुत प्रेम से देखते हैं। मुझे वहां ही देवराज ने एक पारिजात पुष्प देकर निमंत्रित किया है। यह फूल मैं आपके लिए ले आया हूं। भगवती इन्द्राणी उस वृक्ष का बहुत आदर करती हैं क्योंकि नियमित रूप से उसका वे पूजन करती हैं और पारिजात वृक्ष की रचना कश्यप जी के द्वारा अदिति के पुण्य से हुई है।

प्राचीन काल में महामान कश्यप जी को प्रसन्न करते हुए देवों की माता अदिति ने उनसे कहा कि आप मुझे अच्छे आभूषणों से विभूषित करें और मेरे सौभाग्य में सदा वृद्धि होती रहे और मुझे ऐसा आशीर्वाद दें जिससे मैं सदैव पति परायण होते हुए अपनी इच्छानुसार नृत्य और संगीत का आनन्द ले सकूं। भगवान् अदिति ने अपनी भार्या को प्रसन्न करने के लिए इस पारिजात वृक्ष की रचना की और उसमें नित्य सुगन्धित रहने वाले सब प्रकार के पुष्पों को फलने की शक्ति दी।

यह सारयुक्त पारिजात पेड़ इस प्रकार-फलता फूलता है कि विभिन्न शाखाओं में विभिन्न फूल खिलते हैं। यह वृक्ष सर्वश्रेष्ठ माना गया है। हे सत्यभामा! कुछ समय के बाद अदिति ने अपने पुण्य और सौभाग्य की वृत्ति से महात्मा कश्यप को बांधकर मुझे दान दे दिया। मैंने कुछ द्रव्य लेकर कश्यप जी को छोड़ दिया। इसी प्रकार इन्द्राणी और कुबेर की पत्नी ने किया और मैं हर बार कुछ द्रव्य लेकर उन्हें छोड़ता गया। इस वृक्ष को मंदार पुष्पों के खिलने से मंदा कहा गया है।

अब तुम एक दूसरी बात भी सुनो—वैशम्पायन जी ने जनमेजय को बताया कि जब भगवान् कृष्ण रैवतक पर्वत की ओर गए तो प्रद्युम्न भी

उनके पीछे-पीछे थे। उन्होंने एक स्थान पर अपना रथ रोक दिया और कहा कि तुम सब यहीं रुको, मैं अभी आता हूं। फिर भगवान् कृष्ण विजय की इच्छा करते हुए सात्यकि के सहित गरुड़ पर चढ़ गए और प्रद्युम्न भी उनके पीछे-पीछे चले। देवताओं के बगीचे में पहुंचकर उन्होंने देखा कि पारिजात वृक्ष की रक्षा बहुत सारे देव वीर कर रहे हैं। उनके सामने ही पारिजात को उखाड़कर कृष्ण ने गरुड़ की पीठ पर रख लिया। तब पारिजात मानवाकार लेकर उनके सामने खड़ा हुआ और कांपने लगा। तब श्रीकृष्ण ने कहा कि तुम चिंता मत करो। जैसे ही कृष्ण अमरावती की प्रदक्षिणा कर रहे थे वैसे ही इन्द्र को सूचना मिली और वह ऐरावत पर चढ़कर कृष्ण से लड़ने के लिए आया। उन्होंने श्रीकृष्ण से पूछा कि आपने यह काम क्यों किया? तो कृष्ण ने कहा कि हे सुरेन्द्र! मैं आपके भाई की वधू का पुण्य कार्य सम्पन्न करने के लिए इसे ले जा रहा हूं। तब इन्द्र ने कहा कि आप इसको युद्ध करने के बाद ही ले जा सकते हैं। इसलिए हे महाबाहु! आप मुझ पर प्रहार कीजिए और मेरे वृक्ष पर गदा चलाकर अपना कार्य सम्पन्न कीजिए। तब कृष्ण ने ऐरावत को घायल कर दिया। फिर इन्द्र ने भी गरुड़ को अपने बाणों से बींध दिया लेकिन कृष्ण ने उन बाणों को काट दिया तब यह परस्पर युद्ध तीव्र गति से होने लगा। श्रीकृष्ण और इन्द्र का युद्ध देखने के लिए अनेक देवी-देवता इकट्ठे हो गए तो इन्द्र का पुत्र जयंत गरुड़ के ऊपर से पारिजात वृक्ष को उठाने के लिए बढ़ा तो प्रद्युम्न ने उसे रोका और इस तरह उन दोनों का भी युद्ध होने लगा। दोनों के शस्त्र एक दूसरे पर असफल हो रहे थे। उसी समय एक प्रवर नाम के देवदूत ने गरुड़ की पीठ से उस वृक्ष को उठाने की चेष्टा की। उसे आता हुआ देखकर सात्यकि ने उसे रोका। सात्यकि से कृष्ण ने कहा कि तुम प्रवर को रोको परन्तु यह ध्यान रहे कि उसकी देह पर बाणों का प्रहार हो। उसी क्षण देवदूत ने सात्यकि पर आक्रमण किया तो सात्यकि ने कहा कि यादव लोग ब्राह्मणों पर प्रहार नहीं करते तब हंसते हुए प्रवर बोला कि मैं परशुराम का शिष्य और इन्द्र का मित्र हूं। तुम मेरे से युद्ध करो। इधर इन दोनों का युद्ध होने लगा और उधर प्रद्युम्न और जयंत का युद्ध चल रहा था। सब एक-दूसरे के बाणों को काटने में लगे

थे। सात्यकि भी बहुत घायल हुआ। जब सात्यकि के पास बाण नहीं रहा तो प्रद्युम्न ने उसे खड्ग दिया। इस प्रकार यह युद्ध बहुत समय तक चलता रहा। उधर जयंत और प्रवर प्रद्युम्न और सात्यकि के द्वारा रक्षित पारिजात की ओर बढ़ने लगे तो इन्द्र ने उन्हें रोका। इन चारों का युद्ध तो रुक गया लेकिन कृष्ण और इन्द्र का युद्ध चलता रहा। इस भीषण युद्ध में सभी एक-दूसरे पर प्रहार कर रहे थे और उत्पत्ति और प्रलय के कारण रूप भगवान् श्रीकृष्ण देवराज से युद्ध करते हुए रुके। इस बीच ऐरावत जम्बूद्वीप के पारियात्र नाम के पर्वत पर गिर गया। इन्द्र उसको लेने के लिए आए और फिर दोनों में युद्ध छिड़ गया।

वैशम्पायन जी ने जनमेजय से कहा कि इन्द्र के पीछे-पीछे कृष्ण पारियात्र पर्वत पर पहुंचे। पर्वत भगवान् को अपने ऊपर आता हुआ देखकर संकुचित हो गया और भगवान् रथ पर चढ़कर वहां तक आए। ऐरावत को घायल हुआ देखकर श्रीकृष्ण ने इन्द्र से कहा कि यह बहुत घायल हो गया है और अब युद्ध को रोक देना चाहिए। फिर देवता आदि सभी उस पर्वत पर आए। फिर वहां श्रीकृष्ण ने शिवजी का पूजन किया। श्रीकृष्ण ने शिव की पूजा करते हुए उन्हें देवों का भी देव कहा। उनकी पूजा से प्रसन्न होकर शिवजी बोले कि आपकी अभिलाषापूर्ण होगी। आप इस पारिजात वृक्ष को ले जाने में समर्थ होंगे। जब आपने मैनाक पर्वत पर तप किया था, मैंने तभी से यह वरदान आपको दिया था इसलिए आप निश्िंचत रहिए।

भगवान् शिव ने अपने समर्थन में श्रीकृष्ण ने यह सब कुछ सुना और उन्होंने यह भी सुना कि भगवान् शंकर ने कहा कि आप इस समय मनुष्य के रूप में अवतरित हुए हैं आप पृथ्वी के दानवों का संहार कीजिए और यह कहकर वे अंतर्ध्यान हो गए।

वैशम्पायन जी ने कहा कि शिव से बात करने के बाद महादेव को नमस्कार करके अपने रथ पर चढ़कर कृष्ण फिर युद्ध-भूमि में आए और उन्होंने फिर थोड़ी देर युद्ध किया। किन्तु उस युद्ध में पृथ्वी डगमागने लगी। तब ब्रह्माजी का आदेश सुनकर कश्यप और अदिति वहां पर आए। इन्द्र और कृष्ण ने उन दोनों को देखकर अपने-अपने शस्त्रों को त्यागकर चरणों में प्रणाम किया तब अदिति ने कहा कि तुम युद्ध क्यों कर रहे हो,

तुम्हें युद्ध नहीं करना चाहिए। तुम अब प्रेमपूर्वक एक दूसरे की बात को मानने के लिए तैयार हो जाओ।

श्रीकृष्ण और इन्द्र यह बात सुनकर एक दूसरे की ओर देखने लगे तब इन्द्र बोले कि हे प्रभु! आपने ही मुझे स्वर्ग का राज्य दिया है और आप ही मेरा अपमान करने लगे। आपने जब मुझे बड़ा भाई माना तो उस नाते को क्यों तोड़ते हो? तब इन्द्र और कृष्ण गंगा स्नान करने के बाद अदिति और कश्यप जी के पास गए। फिर कृष्ण और इन्द्र के साथ स्वर्ग आए और वहां आकर इन्द्राणी से पूजित हुए। तब प्रातःकाल माता अदिति ने कहा कि अब तुम हे कृष्ण द्वारका जाकर अपनी पत्नी को यह पारिजात दे दो और वहां का काम पूरा होने पर इसे फिर नन्दन कानन में लाकर स्थापित कर देना।

भगवान् वैशम्पायन ने जनमेजय से कहा कि एक समय जब भगवान् शंकर और त्रिपुरासुर के बीच युद्ध हुआ था तो शिव ने त्रिपुरासुर के अतिरिक्त और किसी दानव को नहीं मारा था। जब त्रिपुरासुर मर गया तो सभी दानव पास ही जम्बूक मार्ग पर रहने लगे और तपस्या करने लगे। सब ने वेद मंत्रों से उच्चारण से ब्रह्मा जी की उपासना की। ब्रह्माजी उनके पास आए और बोले कि मैं तुम्हारे तप से प्रसन्न हूं, तुम वरदान मांगों तब असुरों ने कहा कि हे प्रभु! शिवजी ने हमारा बहुत अहित किया है हम उनसे बदला लेना चाहते हैं, तब ब्रह्माजी ने कहा–भगवान् शंकर इस संसार के रचयिता हैं, संहारक हैं उनको पराजित करना या उनसे बदला लेने की बात पूरी नहीं हो सकती। तब कुछ दानवों ने यह वरदान मांगा कि हम कम-से-कम देवताओं के द्वारा न मारे जाएं और हमारे लिए पृथ्वी के नीचे छःपुर बना दिए जाएं। इस पर ब्रह्माजी ने कहा कि जब तक तुम सत्य मार्ग का पालन करने वाले ब्राह्मणों का अपमान नहीं करोगे तब तक कोई भी देवता तुम्हें नहीं मार सकेगा। लेकिन इसके विपरीत भगवान् श्रीकृष्ण ने पारिजात वृक्ष के संदर्भ के बाद षट्पुर को प्रस्थान किया। वैशम्पायन जी ने जनमेजय को बताया कि षट्सुर में अवर्ता नदी के किनारे ब्रह्मदत्त ने वसुदेव जी के लिए एक वर्ष तक चलने वाला अश्वमेध यज्ञ किया। वसुदेव जी ने यज्ञ की दीक्षा ली और ब्राह्मण श्रेष्ठ ब्रह्मदत्त के पास

पहुंच गए। वहां पर अनेक ऋषि-मुनि उपस्थित थे। वसुदेव जी की श्रद्धा के अनुसार कृष्ण की माता देवकी सभी अतिथियों का आदर-सत्कार कर रही थीं। उन्हें चारों ओर कृष्ण की महिमा दिखाई दे रही थी तभी वहां पर निकुम्भ आदि दानवों ने आकर कहा कि इस यज्ञ में हमारा भाग ही हमें दीजिए। हम भी सोमपान की इच्छा रखते हैं। ब्रह्मदत्त की सुन्दर कन्याएं भी हमें चाहिए। इसके अतिरिक्त और जितने भी सुन्दर रत्न तुम्हारे पास हैं वे सब हमको दे दीजिए।

निकुम्भ की बात सुनकर ब्रह्मदत्त ने कहा कि आपके लिए वेदों में यज्ञ में भाग और सोमरस की व्यवस्था नहीं है और इसके साथ कन्याएं अन्तर्वेद में अपने अनुरूप पतियों को प्राप्त होंगी। जहां तक अन्य रत्नों का प्रश्न है वे आपको शांतिपूर्वक स्थिति में मिल सकते हैं। यह सुनकर निकुम्भ और उसके साथियों ने यज्ञ भंग कर दिया और उसकी कन्याओं को उठाकर ले गए। वसुदेव ने श्रीकृष्ण को याद किया और सारी बात अंतर्मन में जानकर श्रीकृष्ण ने प्रद्युम्न को भेजा कि ब्रह्मदत्त की कन्याओं को बचाओ। प्रद्युम्न ने वहां जाकर माया के द्वारा बनी हुई कन्याएं तो उन्हें सौंप दीं और वास्तविक कन्याएं उनसे ले लीं। दानव मायावी कन्याओं को लेकर अपनी पुरियों में चले गए और उधर ब्रह्मदत्त का यज्ञ भी पूरा हुआ। यज्ञ में निमंत्रित शिशुपाल, पाण्डव, यादव गण, जरासंध आदि आए हुए थे। नारदजी ने सोचा कि कुछ ऐसा हो यहां, युद्ध छिड़ जाए तो उन्होंने निकुम्भ के पास जाकर कहा कि हे असुरराज! यादवों से वैर करके तुम निश्चिंत क्यों हो। कृष्ण और ब्रह्मदत्त में बहुत मैत्री है इसीलिए कृष्ण के अनुग्रह से ब्रह्मदत्त को अनेक कन्याएं प्राप्त हुई हैं। उन सभी कन्याओं ने महर्षि दुर्वासा की सेवा की थी और दुर्वासा ने प्रसन्न होकर उन्हें वरदान दिया था कि तुम प्रत्येक बार के पति के सहवास से एक पुत्र और एक पुत्री प्राप्त करोगी। तुम्हारे पुत्र अत्यंत सुन्दर और ज्ञानवान होंगे। उन सभी कन्याओं को ब्रह्मदत्त ने यादवों को दे दिया था। तुम उन कन्याओं में से केवल एक सौ को लाए हो शेष को प्राप्त करने के लिए तुम्हें यादवों से युद्ध करना चाहिए। जितने भी राजा वहां आए हुए हैं उन्हें अपनी ओर मिलाओ और युद्ध करो।

नारदजी की बात सुनकर निकुम्भ प्रसन्न हुआ और उसने सभी राजाओं का धन आदि से सत्कार करके उन्हें अपनी ओर कस लिया। उसने अनेक राजाओं को कन्याएं दीं। लेकिन पाण्डवों ने उस बंटवारे में कोई योग नहीं दिया। सभी राजाओं ने असुरों से कहा कि आप तो वैभव में देवताओं के समान हैं, आपने जैसा हमारा सम्मान किया है वैसा तो कभी देवताओं का भी नहीं किया। अत: हम आपका कोई उपकार करना चाहते हैं। यह सुनकर निकुम्भ ने राजाओं की प्रशंसा की और उनकी वीरता का वर्णन किया तथा कहा कि यादवों से हमारा युद्ध होने वाला है उसमें आप मेरी सहायता कीजिए। यह सुनकर उन राजाओं ने यज्ञशाला में ब्रह्मदत्त की पत्नियों के उपस्थित होने पर भी युद्ध प्रारम्भ कर दिया। उधर भगवान् कृष्ण ने उग्रसेन को शासन सौंप षटपुर की ओर प्रस्थान किया। यज्ञशाला के निकट ही अपने डेरे डाल दिए। उन्होंने शिविर का रक्षण प्रद्युम्न को सौंपा और स्वयं सावधानी के साथ घूमने लगे।

सूर्योदय होने पर बलराम, कृष्ण, सात्यकि गरुड़ पर चढ़कर शिविरों से निकले और आवृत नदी में स्नान आदि किया। प्रद्युम्न को सेना के अगले भाग में रखा। पाण्डवों को यज्ञशाला का भार सौंपा और शेष सेना को गुफा के द्वार पर लगाकर इन्द्र के पुत्र जयंत और प्रवर को स्मरण किया। जब वे दोनों आ गए तो आकाश मार्ग की रक्षा का भार उन्हें सौंप दिया और उसके बाद तुरन्त युद्ध के बाजे बजने लगे। असुरों ने भी अपने ढंग से अपनी व्यूह रचना की और निकुम्भ असुर सेना के सबसे अगले भाग में रहा।

वैशम्पायन जी ने जनमेजय से कहा कि पाण्डव पक्ष के सभी योद्धाओं ने बहुत वीरता से इस युद्ध में भाग लिया और शल्य, शकुनि भगदत्त, जरासंध आदि ने निकुम्भ का साथ दिया। निकुम्भ ने यादवों की सेना पर बाण-वर्षा प्रारम्भ कर दी किन्तु दूसरे पक्ष के सेनापति ने भी उसका उत्तर दिया। भयानक युद्ध होने लगा और थोड़ी देर में ही सारा आकाश बाणों से भर गया। निकुम्भ ने माया के युद्ध का सहारा लिया और वहां यादवों के सेनापति को उलझाकर अनेक यादवों को चेतनाहीन करके कन्दरा में उठा ले गया। यादवों की ऐसा दशा देखकर प्रद्युम्न आदि

को बहुत क्रोध आया। फिर श्रीकृष्ण ने अग्नि के समान प्रकाशित होते हुए यादवों के बीच में आकर शत्रु पक्ष के ऊपर बाण-वर्षा की। इससे अनेक असुरों की मृत्यु हो गई। कृष्ण के सामने दानव ठहर नहीं पाते थे वे आकाश मार्ग में उड़ने लगे किन्तु वहां भी उन्हें मृत्यु ही मिली क्योंकि जयंत और प्रवर वहां विद्यमान थे।

इसी अवसर पर रुद्र के प्रधान पार्षद नन्दी वहां आए और उन्होंने हजारों पाशास्त्र देकर प्रद्युम्न से कहा कि रुद्र की विधि के अनुसार इन पाशों से इन सब राजाओं को बांध दो। उन्होंने श्रीकृष्ण से शीघ्र ही इन दैत्यों को मारने की बात कही। यह सुनकर प्रद्युम्न ने भगवान् शंकर के भेजे हुए पाशास्त्र से भगदत्त, शिशुपाल आदि राजाओं को बांध लिया और एक मायावी गुफा में बंद कर दिया। फिर अपने पुत्र अनिरुद्ध को उसकी रक्षा का भार सौंप कर शत्रु पक्ष की अन्य सेना का वध करने लगे।

जब सारे राजागण बंदी हो गए तब निकुम्भ और उनके साथी बहुत दुःखी हुए। वे इधर-उधर भागने लगे। राजा निकुम्भ ने भागते हुए दानवों को रोकने की कोशिश की और कहा कि या तो युद्ध में विजय प्राप्त करो या मर कर वीर गति लो। इस तरह युद्ध से भागने पर तुम्हें कौन-सा सुख मिलेगा, तुम अपनी स्त्रियों को क्या उत्तर दोगे? निकुम्भ की बात सुनकर कुछ बचे हुए राजा असुर फिर से युद्ध में जुट गए। जो यज्ञशाला की ओर गए उन्हें पाण्डवों ने मार डाला। रक्त की नदी बह रही थी। इधर निकुम्भ कृष्ण के सामने आ गया और माया से युद्ध करने लगा यह जानकर श्रीकृष्ण ने भगवान् शंकर का ध्यान किया और उनको दिव्य दृष्टि मिल गई। उन्होंने उसी के आधार पर निकुम्भ को देखा और जैसे ही निकुम्भ श्रीकृष्ण पर आक्रमण करने लगा। वैसे ही अर्जुन ने गाण्डीव पर प्रत्यंचा चढ़ाकर उसके सामने बाणों की वर्षा कर दी। निकुम्भ ने अपनी रक्षा के लिए अपने परिधि का प्रयोग किया तो अर्जुन के बाण टूट कर पृथ्वी पर गिर गए, तो अर्जुन ने बहुत विस्मय से कृष्ण से पूछा कि हे प्रभु! यह क्या हो रहा है तब कृष्ण ने कहा-निकुम्भ में अलौकिक शक्ति का प्रवेश है।

भगवान् कृष्ण ने निकुम्भ के विषय में बताते हुए कहा कि इसने पूर्व जन्म में एक लाख वर्ष तक घोर तपस्या की थी जब भगवान् शंकर ने इसे

वर मांगने के लिए कहा था। तब इसने देवताओं और दैत्यों के द्वारा न मारे जाने का वर मांगा था। निकुम्भ के वर मांगने पर शिवजी ने कहा था मेरा, ब्राह्मणों का या विष्णु का अपमान करने पर विष्णु के द्वारा तुम्हारा वध होगा इस कारण असुर तुम्हारे शस्त्रों के द्वारा नहीं मारा जाएगा। यह एक प्रकार से वरदान की तीन मूर्ति प्राप्त कर चुका है। लेकिन भानुमति के हरण के समय मैंने इसकी एक मूर्ति दिति की सेवा में षट्पुर में है। अब मैं शीघ्रता से इसको मार देना चाहता हूं। फिर भगवान् श्रीकृष्ण ने जल्दी से उस गुफा में प्रवेश किया। वहां उन्होंने वे सब यादव देखे जो निकुम्भ ने छिपा रखे थे। वहां निकुम्भ और कृष्ण का युद्ध हुआ। पहले तो सभी यादवों को मुक्त करा लिया गया फिर बहुत सारे प्रतिपक्षी राजाओं को भी मुक्त कराया गया। फिर निकुम्भ और में भयंकर युद्ध हुआ भगवान् कृष्ण ने अपने चक्र से निकुम्भ का वध कर दिया।

शिवजी की आज्ञा से ही श्रीकृष्ण ने निकुम्भ का वध किया उसकी मृत्यु से शंकर बहुत प्रसन्न हुए और इन्द्र आदि देवताओं ने आकाश से पुष्पवर्षा की। यादवों को सैकड़ों दैत्य कन्याएं मिलीं। ब्रह्मदत्त को तो षट्पुर नगर ही दे दिया गया और इस तरह भगवान् कृष्ण से विदा लेकर सभी अपने-अपने स्थान को लौट आए।

राजा जनमेजय ने वैशम्पायन जी से कहा कि भगवान् श्रीकृष्ण के महत्त्व को प्रतिपादित करने वाला यह वृत्तांत मैंने आपसे सुना। अब आप मुझे कृपा करके भानुमति के अपहरण की कथा सुनाइए। वैशम्पायन जी ने जनमेजय से कहा कि हे राजन्! जब भगवान् विष्णु अनेक दानवों को मार चुके तो अदिति ने अपने पति कश्यप जी को प्रसन्न किया और उनसे कहा कि देवताओं ने मेरे अनेक पुत्रों का वध कर दिया है। अब मुझे आप एक ऐसा पुत्र दे दीजिए। जिसे कोई न मार सकें। अब कश्यप जी ने अदिति से कहा कि तुम्हें ऐसा पुत्र अवश्य मिलेगा लेकिन उसे केवल भगवान् शिव ही मार सकेंगे। अतः तुम्हें उस पुत्र के संदर्भ में केवल रुद्र से सावधान रहना पड़ेगा।

महामुनि कश्यप ने अपनी अंगुली से दिति के उदर का स्पर्श किया। जिससे कुछ समय के बाद एक पुत्र की प्राप्ति हुई। वह सहस्त्र पक्ष था।

अर्थात् एक सहस्त्र हाथ उतने सिर, दुगने पैर, दुगने नेत्र थे। वह दो हजार आंखें होने पर भी अंधे की तरह से चलता था इसलिए उसका नाम अंधक पड़ा। उसने अनेक अप्सराओं को पकड़ कर अपने घर में रख लिया और भयंकर लूटपाट करने लगा। इधर वह लूटपाट करता रहा उधर दूसरी ओर विश्वकर्मा को भगवान् वसुदेव ने बुलाया और पूछा कि आप मेरा अभिप्राय जानते हैं। जैसा स्थान आपने मेरे लिए मेरे लोक में बनाया है वैसा ही यहां पर बनाइए। इस नई पुरी की रचना करके आप अपनी कला दिखाइए उसके बाद जब वह सुन्दर स्थान बन गया तो भी वह सुन्दर नहीं रह पाया क्योंकि अंधक ने तहस-नहस कर दिया। यहां तक कि ऐसा लगता था कि लोगों ने यज्ञ करना छोड़ दिया और वायु भी उसकी इच्छा से चलती थी। जब उसके अत्याचार सहन नहीं हुए तो ऋषियों ने उसके मारने का उपाय सोचने लगे तो उनके बीच उपस्थित देवगुरु बृहस्पति ने कहा कि अंधक भगवान् शिव के अतिरिक्त और किसी से नहीं मारा जा सकता इसलिए तुम्हें यह उपाय करना चाहिए कि भगवान् शिव को उसके द्वारा किए गए सारे अत्याचारों का पता चल जाए। शिवजी को यह बताना होगा कि अंधक ने ब्राह्मणों का या विष्णु का अपमान किया है। क्योंकि उसने विष्णु के द्वारा बनाए गए अपने जैसे दूसरे स्थल को भी नष्ट-भ्रष्ट कर दिया इसलिए शिवजी को कहा जा सकता है कि उसने विष्णु का भी अपमान किया। यह सुनकर सभी लोग नारदजी के पास गए।

नारदजी ने देवताओं की बात सुनी और फिर वह उस दुष्ट अंधकासुर की मति नष्ट करने के लिए उसके पास पहुंचे। जब अंधक के नाक में सुन्दर मंदार माला की सुगंध पहुंची तो उसने नारदजी से पूछा कि हे मुनि श्रेष्ठ! यह माला बहुत सुन्दर है। यह माला आपको कहां से मिली और यह फूल कहां मिलता है, उस स्थान का स्वामी कौन है?

नारदजी ने उसकी बात सुनकर उससे कहा कि मंदार पर्वत पर काम्यक नाम का एक उपवन है जिसके मालिक भगवान् शिव हैं उनकी आज्ञा के बिना वहां कोई नहीं जा सकता। वहां पर शिव के द्वारा नियुक्त प्रथम गण उस वन की रक्षा करते हैं। उन्हें कोई नहीं मार सकता। इसलिए जब तक भगवान् शिव को, तप से प्रसन्न न किया जाए तब वह मंदार

फूल मिलना असंभव है।

नारदजी की बात सुनकर अंधक एकदम बेचैन हो गया और उसने पर्वत पर जाने का निश्चय किया। वह अपने बहुत से दैत्यों को लेकर शिवजी के निवास-स्थान की ओर चला। वहां उसने देखा कि वह पर्वत बादलों से घिरा है उस पर अनेक सिद्ध ऋषि-मुनि निवास कर रहे हैं किन्नरों का गान चल रहा है।

अंधक ने इस ऐश्वर्य को देखकर मंदार पर्वत से कहा कि तुम जानते हो कि मैंने किसी के भी द्वारा न मारे जाने का वर प्राप्त कर लिया है। कोई मुझे नहीं मार सकता। इसलिए तुम्हारे शिखर पर जो पारिजात विद्यमान है मैं उसे अपने घर ले जाना चाहता हूं। इस काम में कोई देर नहीं होनी चाहिए। उसकी बात सुनकर मंदार पर्वत अदृश्य हो गया तो असुरराज ने उससे कहा कि तुमने मेरा निवेदन ठुकरा दिया है मैं तुम्हें अभी चूर-चूर कर देता हूं। तब उसने उस पर्वत को उठाया और उसके टुकड़े-टुकड़े कर दिए। उस पर्वत पर अनेक नदियां भी थीं। उन नदियों की दशा देखकर भगवान् रुद्र को दया आ गई और वह पर्वत पहले जैसा हो गया। इसके बाद यह होने लगा कि दानव जिस पर्वत को उठाते और गिराना चाहते वह उन्हीं के ऊपर गिर कर उनका चूरा-चूरा कर देता। यह दशा देखकर अंधक को बहुत क्रोध आया तो उसने बहुत जोर से चिल्लाते हुए कहा कि मैं तुम्हारे स्वामी को युद्ध के लिए ललकारता हूं। यह सुनकर भगवान् जब अंधक का मायावी रूप असहनीय हो गया तो उन्होंने उसे अपने त्रिशूल से मार दिया। अंधक की मृत्यु देखकर सभी देवता लोग प्रसन्न हुए और स्वर्ग से पुष्पों की वर्षा होने लगी। भगवान् श्रीकृष्ण के चरित्र का वर्णन करते हुए निकुम्भ-वध के विषय में वैशम्पायन जी ने कहा कि हे राजा! निकुम्भ नाम का एक दैत्य अपनी माया के कारण भानु की कन्या को हर लाया। इससे पहले भी निकुम्भ और प्रद्युम्न के बीच बज्रनाभ के वध के कारण बदले की भावना चल रही थी। उसे पूरा करने के लिए निकुम्भ ने भानुमती का हरण किया लेकिन जब वह चीखी और चिल्लाई तो वसुदेव और उग्रसेन जी उधर आए लेकिन उन्हें सूझ नहीं रहा था कि वे क्या करें। फिर वे श्रीकृष्ण के पास आए। उनसे सारा हाल

जानकर श्रीकृष्ण गरुड़ के ऊपर बैठकर सीधे बज्रपुर पहुंच गए। निकुम्भ ने अपने तीन रूप धारण किए और वह युद्ध करने लगा। उसने अपने बाएं बगल में भानुमती को दबा रखा था। क्योंकि उसके साथ कन्या थी इसलिए इधर से कृष्ण कोई प्रहार नहीं कर पाए। तब अर्जुन ने बहुत ध्यान से निकुम्भ के ऊपर आक्रमण किया और इस बात का ध्यान रखा कि भानुमति के शरीर पर बाण न लगे।

निकुम्भ अपनी माया से अदृश्य हो गया और हरे पत्रों का रूप धारण करके वहीं बैठ गया। पहले तो कृष्ण और अर्जुन को पता नहीं चला कि लेकिन जैसे ही अर्जुन को वास्तविकता का पता चला उसने कन्या का बचाव करते हुए बाण चलाया फिर इसके बाद वह पृथ्वी का चक्कर काटने लगा। चक्कर काटते हुए वह जब भगवान् शंकर के निवास गोकरण पर्वत पर पहुंचा तो गंगा के किनारे गिर पड़ा क्योंकि उस पर्वत का कोई लांघ नहीं सकता था। निकुम्भ के गिरते ही प्रद्युम्न ने भानुमती को छीन लिया और फिर पिता की आज्ञा से वे उसे लेकर द्वारका की ओर चल दिए।

दूसरी ओर कृष्ण और अर्जुन ने एक कन्दरा में घुसे हुए अपने नगर षट्पुर की ओर जाने की इच्छा करने वाले निकुम्भ को रोकने के लिए कन्दरा के दरवाजे पर ही ठहरना उचित समझा। कुछ समय के बाद प्रद्युम्न भी वहां आ गए और फिर निकुम्भ से युद्ध प्रारम्भ हो गया।

युद्ध के पहले चरण में प्रद्युम्न और अर्जुन मूर्च्छित हो गए। इससे भगवान् कृष्ण को बहुत क्रोध आया और उन्होंने अपनी गदा से निकुम्भ पर प्रहार किया लेकिन इसी युद्ध में निकुम्भ ने अपनी गदा श्रीकृष्ण को इस रूप में मारी कि वह कुछ निश्चेष्ट खड़े रहे और फिर मूर्च्छित होकर पृथ्वी पर गिर पड़े। आकाश में देवराज इन्द्र ने यह देखा तो घबरा गए। किन्तु उन्हें यह नहीं मालूम था कि भगवान् कृष्ण ने स्वयं ही मूर्च्छित होने का बहाना किया। इसलिए इन्द्र ने उनके ऊपर आकाश गंगा का जल छिड़का। भगवान् कृष्ण चैतन्य हो गए, उधर उन्होंने देखा कि निकुम्भ भी अचेत पड़ा हुआ है फिर थोड़ी ही देर बाद अर्जुन और प्रद्युम्न भी वहां आ गए। प्रद्युम्न ने निकुम्भ की माया को समझकर श्रीकृष्ण से कहा कि वह

देह त्यागकर कहीं चला गया है। थोड़ी देर बाद पृथ्वी पर हजारों निकुम्भ दिखाई देने लगे। लेकिन साथ में ही हजारों कृष्ण और प्रद्युम्न उस दैत्य को ढूंढने लगे। अपनी दिव्य दृष्टि से पता किया कि निकुम्भ अर्जुन का अपहरण कर रहा है और यह जानते ही उन्होंने सुदर्शन चक्र से उसके टुकड़े-टुकड़े कर डाले।

इस प्रकार निकुम्भ का वध हुआ और अर्जुन जैसे ही आकाश से गिरने लगा तो प्रद्युम्न ने उन्हें बीच में ही रोक लिया और फिर सब-के-सब द्वारका लौट आए।

द्वारिका आकर उनकी भेंट नारदजी से हुई। नारदजी ने श्रीकृष्ण से बताया कि इस कन्या भानुमती की तो कोई चिन्ता ही नहीं करनी चाहिए। उसे दुर्वासा का श्राप था कि वह थोड़ी देर के लिए शत्रु के हाथ में पड़ेगी। तभी मैंने दुर्वासा जी से कहा यह तो अपने अच्छा नहीं किया, इस चंचल बालिका को शाप दे दिया। तब वे बोले कि मेरा कहना झूठ तो होगा नहीं इसे शत्रु के हाथ में तो जाना पड़ेगा। लेकिन वह उसी रूप में लौट आएगी और फिर सौभाग्यवान पुत्र को प्राप्त करेगी। इसलिए अब इस शापमुक्त कन्या को सहदेव को दे दो क्योंकि वह बहुत सुन्दर पाण्डु पुत्र है।

वैशम्पायन जी ने जनमेजय को बताया कि नारदजी के वचनों के अनुसार सहदेव को हस्तिनापुर से बुलाकर भानु की कन्या भानुमती से उसका विवाह करा दिया।

निकुम्भ के प्रसंग को समाप्त करते हुए वैशम्पायन जी ने वज्रनाभ के वरदान की कथा सुनाई। उन्होंने बताया कि वज्रनाभ नामक एक दानव ने सुमेरु पर्वत पर तप किया और ब्रह्माजी को प्रसन्न किया। जब उसने ब्रह्माजी से वरदान मांगा तो देवताओं द्वारा अवध्य होने के वरदान के साथ सुन्दर नगर, उपनगर मांगे और यह भी मांगा कि वहां कोई प्रवेश न कर सके। इस प्रकार उस वज्रपुर में वह रहने लगा। फिर बहुत सारे दैत्य आकर उसके उपवनों में निवास करने लगे। धीरे-धीरे उस दैत्य को ब्रह्मा जी के वरदान से घमण्ड होना प्रारम्भ हो गया। उसने इन्द्र से आकर कहा कि तीनों लोकों पर राज करना चाहता हूं, या तो मेरी इस बात को मानो और या मुझसे युद्ध करो। इन्द्र ने उसकी बात सुनकर आचार्य बृहस्पति से

परामर्श करके उसे उत्तर दिया कि उनके पिता कश्यप ने यज्ञ में दीक्षा ली है, यज्ञ पूर्ण होने के बाद ही कुछ होगा। उधर वज्रनाभ भी कश्यप जी के पास आया तब उन्होंने उसे उत्तर दिया कि मेरे यज्ञ की समाप्ति तक रुक जाओ। इधर इन्द्र ने श्रीकृष्ण को सारा वृत्तान्त बताया तो कृष्ण ने उनसे कहा कि वसुदेव जी के अश्वमेध यज्ञ के अवसर पर मैं उसका वध कर दूंगा। लेकिन ब्रह्मा जी के वर के कारण उसके पुर में प्रवेश नहीं किया जा सकता तो कुछ ऐसा करना चाहिए कि ब्रह्माजी का वरदान भी खण्डित न हो और उस पुर में प्रवेश भी मिल जाए।

वसुदेव जी का यज्ञ जब पूर्ण होने को आया तो भद्र नामक एक नट वहां अपना नृत्य दिखाने लगा। उससे प्रसन्न होकर देवताओं ने उससे वर मांगने के लिए कहा तो उसने कृष्ण और इन्द्र की साया से बैठी हुई सरस्वती के कारण यह वरदान मांगा कि मैं अबाध गति से आकाश में विचरण करूं। स्थावर-जंगम कोई भी प्राणी मुझे न मार सकें। मैं जहां चाहूं वहां जा सकूं। बुढ़ापा मेरा स्पर्श न करे और मुनि लोग मुझ पर प्रसन्न रहें। वरदान प्राप्त करने के बाद वह अपनी इच्छानुसार घूमने लगा और उसके लिए कहीं भी जाना असंभव नहीं रहा। कुछ समय के बाद इन्द्र ने स्वर्गलोक में निवास करने वाले हंसों को बुलाकर कहा कि आप भी महात्मा कश्यप के वंशज हैं अतः मेरे भाई होकर तुम मेरा एक काम करो। तुम वज्रनाभ की सुरक्षित नगरी में जाकर वहां की बावली में जाकर निवास करो। उसकी एक कन्या है प्रभावती, जो बहुत सुन्दर है अब स्वयंवर होने वाला है, तुम उसके सामने जाकर प्रद्युम्न के गुण रूप और शील का वर्णन करो और यदि तुम्हें लगे कि वह प्रद्युम्न के रूप पर आशक्त है तो मुझे सूचित करना।

हंसो ने इन्द्र के अनुसार ही कार्य किया और वह वहां आकर रमणीक बावड़ी में निवास करने लगे। वज्रनाभ ने उन्हें स्वतंत्रता से घूमने की आज्ञा दे दी। हंसों ने इधर-उधर जाना आरम्भ कर दिया और इतना खेलकूद करते थे कि स्त्रियों को बड़ा आनन्द आने लगा। हंसों ने पहले प्रभावती से परिचय प्राप्त किया था तो एक हंस और एक हंसी एक दिन उससे मिलकर कहने लगीं कि तुम अत्यंत सुन्दर हो और तुम्हारी यौवन

अवस्था बीत रही है और भोग के सिवाय और कोई आनन्द नहीं है। तुम्हारे पिता ने तुम्हें अपनी इच्छानुसार पति का वरण करने की आजादी दी है लेकिन तुमने अभी किसी को पति नहीं बनाया। जो यहां पर आए उन सबको तुमने अस्वीकार कर दिया तो चाहो तो मैं एक राजकुमार के बारे में बता सकती हूं यह कहकर हंसी उसने प्रद्युम्न के रूप और गुण की बहुत प्रशंसा की। उन्होंने कहा कि वे बहुत वीर हैं, निष्कपट हैं और भगवान् विष्णु के पुत्र हैं। यह कहकर वह हंसी और चुप हो गई।

हंसी की बात सुनकर प्रभावती ने कहा कि मैं यह जानती हूं कि अब विष्णु किसी रूप में मृत लोक में निवास कर रहे हैं उन्होंने अपने चक्र और धनुष से बहुत सारे व्यक्तियों को मारा है तो प्रद्युम्न के साथ मेरा विवाह कैसे हो सकता है। मेरा मन उनके प्रति आशक्त तो है लेकिन मिलने का कोई मार्ग नहीं मिल रहा है। तुम इस विषय में मेरी सहायता करो।

हंसी ने प्रभावती की बात सुनकर उससे कहा कि मैं तुम्हारी सहायता करूंगी लेकिन अभी तुम अपने पिता के पास जाकर मेरे वाक् चातुर्य के विषय में कहो। प्रभावती उसे अपने पिता के पास ले गई। उसके वाक् चातुर्य की बात सुनकर उसने पूछा कि तुम मुझे किसी अभूतपूर्व घटना का वर्णन करो।

दैत्यराज की बात सुनकर हंसी ने अपने वाक् चातुर्य से सुमेरु पर्वत के निकट एक साध्वी के विस्मय जनक कार्यों का वर्णन किया। उसने एक नट के विषय में भी बताया कि वह इच्छानुरूप शरीर बदल सकता है वह नृत्य में कुशल है और तीनों लोकों में घूमता है। यह सुनकर वज्रनाभ ने कहा कि तुम कुछ ऐसा करो कि मैं उस नट को यहां देख पाऊं क्योंकि मैं यह भी चाहता हूं कि वह यहां आए और उसे मेरे गुण आकर्षित करें। दैत्यराज ने उसे कहा कि तुम जा करके उसे बुलाओ और उन सभी हंसों को उसने वहां जाने की अनुमति दे दी। उन्होंने वहां से जाकर श्रीकृष्ण को सारा वृत्तान्त सुना दिया। तब श्रीकृष्ण ने प्रभावती के साथ विवाह करने और वज्रनाभा को मारने का कार्य प्रद्युम्न दर छोड़ दिया।

वैशम्पायन जी ने कहा कि नटों के आने पर सभी लोग उन्हें देखने के लिए उत्सुक हो गए और उनके ठहरने का प्रबन्ध किया गया। सभी

दानवों ने उनका अतिथि सत्कार करके उन्हें अनेक रत्न प्रदान किए। इसके बाद नटों ने अपना नृत्य प्रारम्भ किया और नृत्य के साथ एक कार्यक्रम राम और रावण के संदर्भ का दिखाया गया। उसकी अभिनय कुशलता के कारण सभी दैत्य बहुत हर्षित हुए और जैसे-जैसे नाटक का एक-एक दृश्य बदलने लगा वैसे-वैसे वे कोलाहाल करते हुए अपनी मालाएं और श्रेष्ठ वस्त्र आदि उनके ऊपर फेंकने लगे। इस समय हंसी प्रभावती के पास आई और उसने कहा कि मैं द्वारकापुरी गयी और प्रद्युम्न से तुम्हारे प्रेम के विषय में बता दिया है वे भी तुमसे मिलने के लिए इच्छुक हुए हैं। वे आज ही सायंकाल तुम्हारे पास आएंगे।

हंसी ने कहा कि अब तुम तैयार हो जाओ, तुम्हारा उनसे मिलना बहुत आवश्यक है। इस पर प्रभावती बोली कि तुमने मेरा बहुत बड़ा काम किया है इस कारण मैं तुमसे बहुत प्रसन्न हूं और आज रात में भी तुमको यहीं रहना होगा। क्योंकि मैं प्रद्युम्न को तुम्हारे सामने ही देखना चाहती हूं।

कथा के सूत्र को आगे बढ़ाते हुए वैशम्पायन जी ने बताया कि प्रद्युम्न ने हंसी को यह कहकर भेजा कि मैं माला के साथ ही उनके पास उपस्थित होऊंगा। समय आने पर प्रद्युम्न वहां उपस्थित हो गए और उनके यथार्थ रूप को देखकर सारा महल जगमगा गया। चन्द्रमा की चांदनी फीकी पड़ गई और जिस तरह पूर्णिमा को देखकर समुद्र उमड़ता है उसी तरह प्रद्युम्न को देखकर प्रभावती का प्रेम उमड़ने लगा।

वह उसे देखते ही सिर झुकाकर बैठी हुई थी तब उसके निकट आकर उसकी ठोडी को ऊपर उठाते हुए उसने कहा कि मैंने बहुत परिश्रम के बाद तुम्हारा मुख देखा है, और अब तुम डरो नहीं, मैं तुम्हारे साथ गन्धर्व विवाह करना चाहता हूं। इतना कहकर प्रद्युम्न ने मंत्रों का उच्चारण किया और अग्नि का स्पर्श करते हुए आहुति प्रदान की। फिर प्रभावती का पाणिग्रहण करके मणि में स्थिति अग्नि की परिक्रमा करने लगे।

प्रद्युम्न और प्रभावती के प्रेम को देखकर वहां अग्नि देव प्रकट हो गये और इस तरह विवाह के उपलक्ष्य में ब्राह्मणों की दक्षिणा का प्रबन्ध करके उन्होंने हंसी को दरवाजे पर नियुक्त कर दिया।

उधर भवन में सुनाम की पुत्रियां चन्द्रवती और गुणवती आती थीं।

क्योंकि वे प्रभावती से बहुत स्नेह करती थीं। वे दोनों वज्रनाभ के भाई की लड़की थीं। जब उन्होंने प्रभावती को प्रेम करते हुए देखा तो इसका कारण पूछा, तो उसने बताया कि वह देवताओं के द्वारा किये गये वरदान के द्वारा किसी भी पुरुष को पति मानकर अपने पास बुला सकती है। मैंने उसी रूप में प्रद्युम्न को यहां बुला लिया है।

उन दोनों बहनों के चौंकने पर प्रभावती ने बताया कि देवता हमेशा अच्छे कर्म करते हैं और ये दैत्य बुरे कर्मों की ओर तत्पर रहते हैं। धर्म और विजय एक साथ रहते हैं और उन्हीं के साथ तप और सत्य रहते हैं। मैं वह विद्या तुम्हें भी बता देती हूं। जब ये बातें हो रही थीं तब प्रद्युम्न भी पास गए। प्रभावती ने प्रद्युम्न से कहा कि अब क्या किया जाए। इस पर प्रद्युम्न ने कहा कि मेरे भाई सुन्दर और गुणी हैं तुम चाहो तो उनको बुला सकती हो। उनकी इच्छा जानकर प्रद्युम्न ने उन्हें गाद और सांब को बुलाने की आज्ञा दे दी।

दोनों बहनों ने प्रभावती से वह विद्या सीख ली और गद तथा सांब को बुलाया तो थोड़ी ही देर में वे वहां आ गए लेकिन किसी ओर को पता नहीं चला। उन दोनों ने मंत्रों का उच्चारण करके दोनों से विवाह किया और आनन्दपूर्वक रहने लगे क्योंकि उन्हें श्रीकृष्ण और इन्द्र के आदेश की प्रतीक्षा थी।

दूसरी ओर भगवान् कृष्ण गरुड़ पर चढ़कर वज्रपुर में आ गए थे ओर गरुड़ वासु से भी ज्यादा तेज चलकर इन्द्र के पास आ गए। अब दोनों की भेंट हुई तो कृष्ण ने अपना पांचजन्य बजाया। उस ध्वनि को सुनकर प्रद्युम्न उसके पास आ गए तब श्रीकृष्ण ने उनसे कहा कि तुम जाओ और वज्रमान को मार डालो। पिता का आदेश सुनकर प्रद्युम्न गरुड़ पर चढ़ कर युद्ध के लिए वज्रनाभ के पास आ गए। उन्होंने अत्यन्त पैने बाणों से वज्रनाभ पर प्रहार किया। थोड़े से युद्ध के बाद दोनों में भयंकर युद्ध होने लगा। वज्रनाभ ने प्रद्युम्न पर ऐसा गदा प्रहार किया कि प्रद्युम्न मूर्च्छित हो गए फिर श्रीकृष्ण के पांचजन्य से उनकी मूर्च्छा टूट गयी।

थोड़े और युद्ध के बाद उन्होंने वज्रनाभ को मार डाला। उसकी मृत्यु का समाचार निकुम्भ आदि को मिला तो वे सब वहां से भाग गए। तब

दोनों श्रीकृष्ण और इन्द्र वज्रपुर में आए और वहां आकर अच्छे शासन के लिए वज्रपुर को चार भागों में बांट दिया। उसमें से एक जयंत पुत्र विजय दूसरा अनिरुद्ध और तीसरा साम्ब के पुत्र को चौथा गद के पुत्र चन्द्रप्रभ को दे दिया।

राजा जनमेजय ने वैशम्पायन जी से पूछा कि आप वह बताइए–प्रद्युम्न ने किस प्रकार साम्ब्रासुर को मारा। इस पर वैशम्पायन जी ने कहा कि प्रद्युम्न रुक्मिणी के पुत्र थे और कामदेव के अवतार। जब वे सात दिन के थे तो साम्ब्रासुर ने उन्हें उठा लिया था। भगवान् जब वे सात दिन के थे तो साम्ब्रासुर ने उन्हें उठा लिया था। भगवान् को यह सब पता था लेकिन उन्होंने किसी को कुछ भी नहीं कहा। साम्ब्र प्रद्युम्न को उठाकर अपने यहां ले गया और उसने अपनी पुत्रहीन पत्नी को वह लड़का दे दिया। उसे बार-बार प्यार करते हुए मायावती पत्नी को वह लड़का दे दिया। उसे बार-बार प्यार करते हुए मायावती को अपना पूर्व जन्म याद हो आया। ये तो मेरे पति थे और शिवजी के क्रोध से हम अलग हुए थे तो मैं इन्हें तो कम से कम अपना स्तन पान नहीं करा पाऊंगी। उसने एक धाय रख ली और धाय ने प्रद्युम्न को समझाया कि वह तुम्हारी माता है। जैसे-जैसे प्रद्युम्न बड़े हुए वैसे ही वैसे मायावती उन्हें अपनी माया दिखाने लगी। प्रद्युम्न के बड़े होने पर उन्होंने एक दिन मायावती के काम भाव को समझ लिया तो वे बोले कि तुम तो मेरी माता हो। मेरी तरफ आसक्त क्यों हो? यह ठीक है कि मैं तुम्हारा पुत्र नहीं हूं तो इस पर मायावती ने कहा कि यही उचित भी है कि आपको पता चला गया कि आप मेरे और साम्ब्रासुर के पुत्र नहीं हो। मेरे पति ने तुम्हें जन्म के दिन ही उठा लिया था और तुम्हारा घर सूना कर दिया था। तुम श्रीकृष्ण के पुत्र हो, मैं तुम्हारी माता न होने के कारण तुम पर अनुरक्त हुई हूं। अब तुम मेरी इच्छा पूरी करो।

इसी संवाद के बाद प्रद्युम्न साम्ब्र के सामने गया और उसको ललकारने लगा।

दोनों में युद्ध छिड़ गया और प्रद्युम्न ने साम्ब्र के दस पुत्रों का वध कर दिया। यह जानकर साम्ब्र को बहुत कष्ट हुआ और वह लड़ने के लिए तत्पर हो गया। जब प्रद्युम्न उनके सामने आए तो दोनों में युद्ध होने

लगा। प्रद्युम्न उसके वश में नहीं आ रहे थे और वह अपने बाणों को निरन्तर असफल होते देखकर क्रोधित हो रहा था। कभी शिलाओं की वर्षा करता और कभी आग बरसाता। दोनों योद्धा अलग-अलग रूप से अपनी-अपनी शक्ति प्रदर्शित करने लगे। प्रद्युम्न की शक्ति को देखकर साम्ब्र यह सोचने लगा कि मैं इसे कैसे मारूं। अच्छा होता, यदि मैं इसे बचपन में ही मार देता, तो अब कष्ट न होता। तब साम्ब्र ने पन्नगी माया का प्रयोग करने का विचार किया। उससे पैदा हुए सभी सर्प प्रद्युम्न को जकड़ने लगे। इसके विरोध में प्रद्युम्न ने गरुड़ प्रकट किए तब देवता उनकी सराहना करने लगे। इधर पन्नगी माया को नष्ट होता हुआ देखकर उसने फिर सोचा कि मैं अपने मुद्‌गर से इसको मारूं और जैसे ही उसने मुद्‌गर की सहायता लेनी चाही वैसे ही नारद जी ने इन्द्र के कहने पर प्रद्युम्न के पास आकर उससे कहा कि हे कुमार! मुझे तुम्हारे पास इन्द्र ने भेजा है, तुम पूर्व जन्म में कामदेव थे और अब कृष्ण के पुत्र प्रद्युम्न हो। तुम यह वैष्णवशास्त्र लो और साम्ब्र को मार कर मायावती के साथ द्वारिका चले आओ। इस दैत्य के पास एक मद्‌गर है वह पार्वती जी ने दिया हुआ है उसकी काट के लिए तुम भी पार्वती जी का स्मरण करो।

नारदजी ने यह सब कुछ सुनकर जैसे ही साम्ब्र ने मुद्‌गर का प्रयोग प्रारम्भ किया चारों और हलचल मच गई। पृथ्वी प्रकम्पित होने लगी, नक्षत्र गिरने लगे। इन सब स्थितियों को देखकर प्रद्युम्न ने रथ से उतर कर पार्वती का स्मरण किया और उनकी अर्चना की। उन्होंने कहा कि आप कालरात्रि रूपिणी को नमस्कार है, आप ही कौमारी एवं कौतारवासिनी हैं, मैं आपको करबद्ध प्रणाम करता हूं। हे माता! आप विन्ध्यपर्वत पर निवास करती हैं, आप ही जया और विजया हैं, हे महादेवी! ऐसा आपको मेरा बारम्बार नमस्कार है। आप कभी पराजित न होने वाली अजिता तथा शत्रुओं का नाश करने वाली हैं, आप घंटा हस्ता और घंटा माला को मेरा नमस्कार है। आप ही महिषासुर को मारने वाली त्रिशूलिनी हैं, आप ही सिंहवाहिनी तथा सिंह ध्वज वाली हैं। मेरा आपको नमस्कार है। आप एकानंशा को नमस्कार है, आप यज्ञों द्वारा सत्कृत गायत्री रूपिणी ब्राह्मणों की सावित्री को मेरा हाथ जोड़कर प्रणाम है। हे देवी! युद्ध भूमि में मेरी

रक्षा करती हुई मुझे विजय प्रदान करें।

प्रद्युम्न की प्रार्थना सुनकर पार्वती प्रसन्न हुईं और उन्होंने वरदान दिया कि यह मुद्‌गर तुम्हारे शरीर पर स्पर्श करते ही माला बन जाएगा। इसके बाद प्रद्युम्न ने साम्ब्र को मार दिया और मायावती को अपने साथ लेकर द्वारकापुरी में आ गए।

बाणासुर प्रसंग

जनमेजय ने वैशम्पायन जी से पूछा कि हे भगवान्! आप मुझे श्रीकृष्ण और बाणासुर के संग्राम के विषय में बताइए। मैंने सुन रखा है कि भगवान् शंकर और स्कन्द ने बाणासुर को वरदान दिया हुआ था। वैशम्पायन जी ने उत्तर दिया कि हे जनमेजय! एक दिन कार्तिकेय अपनी बाल-क्रीड़ा कर रहे थे तो बाणासुर ने उसके सुन्दर शरीर को देखा और उसके मन में विचार आया कि मैं शिवजी का पुत्र बनूंगा। इस विचार को पूरा करने के लिए उसने कठिन तप किया जिससे प्रसन्न होकर उन्होंने उसे वरदान देना स्वीकार किया। तो उसने कहा कि मैं आप और भगवती माता के पुत्रत्व की कामना करता हूं। यह सुनकर भगवान् शंकर ने कहा कि हम इसे कार्तिकेय से छोटा पुत्र मान लेते हैं और कार्तिकेय की उत्पत्ति का स्थान शोणितपुर होगा तथा उसकी रक्षा मैं स्वयं करूंगा।

भगवान् शंकर का संरक्षण पाकर वह अहंकार से भर गया और वह देवताओं से युद्ध के बहाने ढूंढने लगा। एक दिन उसने भगवान् के सामने कहा कि मैंने आपकी कृपा से देवताओं को अनेक बार परास्त किया है और अब वे मेरे साथ युद्ध करने की हिम्मत नहीं कर सकते। तो अब मैं क्या करूं। क्योंकि युद्ध के बिना मेरी संतुष्टि नहीं होती। यह सुनकर शिव जी ने कहा कि तुम्हें जल्दी ही अपनी भुजाओं के बल के अनुरूप युद्ध का अवसर मिलेगा।

वैशम्पयान जी ने जनमेजय को बताया कि एक बार भगवान् शंकर और पार्वती विचरण कर रहे थे और तभी सैकड़ों गंधर्व और अप्सराएं उस नदी में क्रीड़ा करने लगे। भगवान् शिव भी उसके संगी से मुग्ध हो गए। उन सभी अप्सराओं ने पार्वती को प्रसन्न किया। तब चित्रलेखा नाम की

अप्सरा पार्वती का रूप धारण करके शिवजी को प्रसन्न करने लगी कि मैं ऐसे ही अपने प्रिये के साथ विहार करूं। पार्वती ने उनके मन की बात समझ ली और उसने कहा कि जल्दी ही उसे ऐसा अवसर मिलेगा। उन्होंने यह भी कहा कि वैशाख की द्वाद्वशी की रात जिस पुरुष की संगति का स्वप्न देखेगी वही तेरा पति होगा। समय आने पर वह रात आई तो स्वप्न में उसे पुरुष का संयोग प्राप्त हुआ। उसकी सखी भी पास में सोई हुई थी, वह उषा से कहने लगी कि तुम क्यों चौंक गईं। तब उषा ने बताया कि मैंने स्वप्न में पुरुष का संयोग प्राप्त किया है। मैं तो सती हूं, ऐसे कैसे हुआ। उषा अपनी सखियों के साथ बहुत देर तक बात करती रही। उसका मन संतुष्ट नहीं हुआ तब मंत्री की पुत्री ने उससे कहा कि स्वप्न में संयोग प्राप्त करना कोई दोष नहीं है और फिर तुम शंकर भगवान् तथा भगवती पार्वती की कही बात का स्मरण करो, जो उन्होंने कहा था वह वैशाख की द्वादशी की रात ही है। उषा को भी यह बात सुनकर सांत्वना मिली लेकिन अब प्रश्न यह था कि किसी ने उस पुरुष को देखा नहीं था तो कोई कैसे उसको पहचान पाएगा। लेकिन जो पुरुष यहां आकर तुमसे मिला वह कोई-न-कोई असाधारण होगा। जिस नारी का पति इतना पराक्रमी नहीं होता उसे भागों का सुख मिल ही नहीं सकता। अब तुम ऐसा करो कि तुम उसके विषय में कुछ बताओ और चित्रलेखा उसे कहीं-न-कहीं से ढूंढ लाएगी। चित्रलेखा ने कहा कि मुझे पता तो चले कि उस पुरुष का रूप-गुण कैसा है। फिर उसने कहा कि एक सप्ताह में प्रमुख दैत्य, देवता और यक्षों के चित्र बनाकर उषा के सामने ले आई जिससे वह अपने स्वप्न के पुरुष को पहचान सके। जब उषा सारे चित्रों को देखते हुए मनुष्यों के चित्रों को देख रही थी तो उसकी दृष्टि अनिरुद्ध पर गई और पता चला कि वह श्रीकृष्ण का पौत्र है और वह बहुत वीर व्यक्ति है।

उषा ने चित्रलेखा से कहा कि तुम तुरन्त जाओ और मेरे प्रियतम को शीघ्र लिवा आओ। तुम अपनी इच्छा से रूप धारण करने वाली योग विद्या में पारंगत हो। यह सुनकर चित्रलेखा द्वारिकापुरी में पहुंची। वहां जाकर वह सोचने लगी कि अनिरुद्ध के पास कैसे पहुंचे और उससे उषा के बारे में

बताए। तब उसने एक तालाब के किनारे पर बैठे हुए नारदजी को देखा तो उनके पास जाकर उसने प्रणाम किया। नारदजी का ध्यान भंग हुआ तो उससे बोले कि हे अप्सरा! तुम यहां किसलिए आई हो तब उत्तर में चित्रलेखा! को अपने साथ ले जाना चाहती हूं लेकिन यह बात श्रीकृष्ण तक कैसे पहुंचे। यदि मैं उनकी इच्छा के विरुद्ध अनिरुद्ध को ले जाऊंगी तो जैसे ही उन्हें पता चलेगा कि वे मुझे भस्म कर डालेंगे।

नारदजी ने कहा कि तुम डरो मत। तुम अनिरुद्ध को ले जाओ और जब युद्ध होने लगे तो मुझे याद कर लेना। मैं तुम्हें अब लोगों को मोह में डालने वाली तामसी विद्या दे रहा हूं। चित्रलेखा ने नारदजी से विद्या ली और प्रद्युम्न के भवन के पास में ही अनिरुद्ध के भवन में आ गई। वहां अनिरुद्ध अनेक सुन्दरियों के मध्य बैठे हुए भव्य लग रहे थे। चित्रलेखा ने अपनी विद्या से स्त्रियों को तो चेतनाहीन कर दिया और अनिरुद्ध से कुशल-मंगल पूछने लगी। उसने कहा कि आपका और उषा का स्वप्न में पत्नी के समान आचरण हो चुका है अतः उषा ने आपको अपने मन में बसा लिया है वह आपके बिना जीवित नहीं रहेगी। यदि कोई नारी आपकी कामना करती है तो आपको उसे पूरा करना चाहिए। मेरी प्रार्थना है कि आप चलें।

अप्सरा से यह सुनकर अनिरुद्ध बोले कि मैंने भी जब उन्हें स्वप्न में देखा है तभी से उन पर मुग्ध हूं। मैं भी अपनी प्रियतमा से मिलने को आतुर हूं। यह सुनते ही चित्रलेखा ने अनिरुद्ध को हर लिया और आकाश मार्ग से शोणितपुर में प्रवेश किया। वह थोड़े ही समय के बाद अपनी सखी के पास पहुंची और घर में अतरंग भाग में उन दोनों को पहुंचा दिया। दोनों को एकांत में सुख की अनुभूति के साथ भय भी लग रहा था। लेकिन मन की दुर्बलता से दोनों ही चिंतित थे। अनिरुद्ध ने उषा को बताया कि जब से स्वप्न में उसका दर्शन हुआ है तभी वे वह उसके विरह में व्याकुल है। वहीं पर दोनों का गन्धर्व विवाह हुआ और बहुत समय तक वे वहां पर विहार करते रहे। थोड़े समय के बाद अंतःपुर के रक्षकों पर यह भेद खुल गया तो उन्होंने बाणासुर को सारा वृत्तांत बताया। बाणासुर ने अनिरुद्ध के वध की आज्ञा दे दी और कहा कि मेरे द्वारा कन्यादान न

करने पर उसकी कैसे हिम्मत हुई कि मेरी पुत्री से गंधर्व विवाह करें। वह यहां आया कैसे। राजा की आज्ञा से विकराल सैनिक अनिरुद्ध को मारने के लिए चल पड़े। उषा को बहुत व्याकुलता हुई लेकिन अनिरुद्ध के कहा कि तुम चिन्ता मत करो और मेरा पराक्रम देखो।

दैत्यों की सेना को अपने सामने देखकर अनिरुद्ध ने कहा कि यह सब क्या है। तभी चित्रलेखा ने नारदजी का स्मरण किया। नारद जी वहां आ गए और कहा–हे अनिरुद्ध! अब किसी बात की चिन्ता मत करो। अनिरुद्ध नारदजी को देखकर और भी निर्भीक हो गए। अनिरुद्ध ने सेना पर अंत:पुर के दरवाजे और पर स्थित अरगला से प्रहार किया लेकिन दानव भी सब ओर से उन पर प्रहार करते रहे। इस प्रकार युद्ध में धीरे-धीरे भय करता बढ़ता गया क्योंकि अनिरुद्ध दैत्यों के शस्त्रों से ही उन्हें मारने लगे। तब बाणासुर स्वयं युद्ध करने के लिए आया। दोनों में युद्ध होने लगा और बाणासुर ने अनिरुद्ध पर अनेक तीरों से प्रहार किया। बाणासुर की ध्वजा भी कट गई और भयंकर युद्ध होने लगा। उन्होंने एक शक्ति अनिरुद्ध पर छोड़ी तब अनिरुद्ध ने उसे बीच में पकड़ लिया और उल्टे बाणासुर पर प्रहार किया। बाणासुर चेतनाहीन हो गया। तब उसने फिर से चैतन्य होकर माया युद्ध का सहारा लिया और कहा कि जैसे गरुड़ सर्प को निगल जाता है वैसे ही मैं इसे नष्ट कर दूंगा। फिर बाणासुर ने भीषण सर्प बाणों की वर्षा की और उन्होंने अनिरुद्ध को चारों तरफ से जकड़ लिया। उसे इस प्रकार जकड़ा देखकर कुष्मांड ने बाणासुर से कहा कि हे महाराज! जरा यह तो जान लो कि यह है कौन और यहां क्यों आया है? क्योंकि यह तो अत्यन्त पराक्रमी और वीर है। इसलिए इसे मारना उचित नहीं है। इसने कन्या से सम्भवत: गंधर्व विवाह किया हो इसलिए यदि यह मारने योग्य है तो मारिए और पूजने योग्य है तो पूजिए। क्योंकि जिसके साथ कन्या की संगति हो जाती है वह पूज्य हो जाता है। बाणासुर को कुष्मांड की बात भा गई और वह अनिरुद्ध को रक्षकों की देख-रेख में छोड़कर अपने महल में आ गया। उधर नारदजी ने द्वारिका को प्रस्थ किया।

द्वारिका में अनिरुद्ध को अनुपस्थित देखकर सारी स्त्रियां रोने लगी थीं और उन्होंने रोते-रोते कहा कि ऐसा कौन व्यक्ति है जिसने श्रीकृष्ण

का अप्रिय कार्य किया है। भगवान् श्रीकृष्ण तथा उनके अन्य साथियों ने जब यह रुदन सुना तो वह आए और उन्हें अनिरुद्ध के अदृश्य होने का वृत्तांत मालूम हुआ। वे उस समय क्रोध से लाल हो गए थे। तब एक यादव ने उनसे कहा कि आप चिंतित मत होइए। हम सब इतने समर्थ हैं कि किसी से भी युद्ध कर सकें। तब श्रीकृष्ण ने कहा कि अनिरुद्ध का अपहरण होने से पृथ्वी में राजा हमें बलहीन समझेंगे और बचपन में भी प्रद्युम्न का अपहरण हुआ था। पर पता तो चले कि अनिरुद्ध को कौन ले गया। तुम सब अलग-अलग स्थानों पर अनिरुद्ध को ढूंढने के लिए जाओ।

भगवान् कृष्ण के सेनाध्यक्ष अनाधृष्टि ने कहा कि मेरी एक बात सुनिए–हे प्रभु! हो सकता है, आपसे पुरानी शत्रुता के कारण इन्द्र ने अनिरुद्ध का अपहरण किया हो किन्तु इस बात को श्रीकृष्ण ने नहीं माना। अक्रूर जी ने भी श्रीकृष्ण की बात का समर्थन किया तब विचार करके यह पाया गया कि यह कार्य किसी स्त्री का हो सकता है क्योंकि वह बड़ी मायावी होती हैं। श्रीकृष्ण तथा अन्य लोगों को इस बात का ज्ञान होते ही थोड़ी-सी प्रसन्नता अनुभव हुई क्योंकि तभी गए हुए लोग बिना किसी सफलता के लौट आए।

दूसरे दिन प्रातःकाल देवर्षि नारद श्रीकृष्ण के महल में आए और उन्होंने देखा कि सब लोग चिंतित हैं, वहां उपस्थित सभी लोगों ने नारदजी का सम्मान किया तो नारदजी ने कहा कि तुम सब लोग यहां पर उदास होकर क्यों बैठे हो। तो श्रीकृष्ण ने कहा कि अनिरुद्ध को कोई उठाकर ले गया है। इसके उत्तर में नारदजी ने सारी बात बता दी और बाणासुर के साथ अनिरुद्ध के युद्ध की सूचना दी। यह सुनते ही कृष्ण तैयार होने लगे तो नारदजी ने यह कहा कि अनिरुद्ध नागपाश में बंधा हुआ है और आप जाकर शीघ्र उसे छुड़ाइए। श्रीकृष्ण शीघ्र सम्पूर्ण सामग्री के साथ गरुड़ की पीठ पर सवार होकर युद्ध के लिए प्रस्थान करने लगे।

वैशम्पायन जी ने जनमेजय को बताया कि हे राजन्! श्रीकृष्ण के चलते ही चारों ओर से उनकी प्रशंसा होने लगी और प्रद्युम्न की शोभा तो बहुत विलक्षण थी। गरुड़ ने बहुत तीव्र गति से बड़े मार्ग को पार किया और जब बाणासुर के नगर के समीप आए तो उन्होंने प्रज्वलित अग्नि

देखी। तो कृष्ण जी गरुड़ जी से पूछने लगे। जब गरुड़ ने अपने सहस्त्र मुख करके पानी एकत्र किया और अग्नि के ऊपर बरसा दिया जिससे वह शांत हो गई। उधर भगवान् शंकर के अनुचर इस स्थिति को देखकर व्याकुल हो गए थे और इन अग्नियों ने कृष्ण के साथियों के साथ युद्ध शुरू कर दिया। बाणासुर के दूत भी उधर आ गए। तब दस अग्नि गण युद्ध करने लगे और उन अग्नियों के बीच महर्षि अंगिरा भी आ गए। उन्होंने श्रीकृष्ण की ओर त्रिशूल फेंका किन्तु उसे कृष्ण ने बीच में ही काट दिया।

कृष्ण लगभग शोणितपुर के पास जा पहुंचे और वहां उनका ज्वर से युद्ध हुआ। ज्वर से युद्ध में अनेक वीर घायल हुए। श्रीकृष्ण ने युद्ध करके उनको परास्त किया और वैष्णव ज्वर और शिव ज्वर में युद्ध के बाद श्रीकृष्ण और शिव में भी युद्ध हुआ क्योंकि गरुड़ पर बैठे कृष्ण बलराम और प्रद्युम्न भयंकर बाणों से दैत्यों का संहार करने लगे। उधर शंकर के सैनिक भी तरह-तरह की बाण-वर्षा करते रहे थे। पृथ्वी इस युद्ध से डर गयी थी ब्रह्माजी की शरण में गयी और कहा कि मैं इस युद्ध को सहन नहीं कर सकती। आप कुछ ऐसा कीजिए जिससे कि मेरा भार कम हो और उसे समझा-बुझाकर ब्रह्मा जी शिव के पास गए और उनसे बोले कि आपने ही तो बाणासुर के मारने का प्रबन्ध किया और आप ही उसकी रक्षा कर रहे हैं और श्रीकृष्ण तो आपकी आत्मा हैं। यह सुनकर शिवजी को भी अपने वर की याद हो आई और युद्ध से वापस आ गए। इसके बाद कृष्ण और बाणासुर का युद्ध हुआ। इस युद्ध में बाणासुर की बहुत दुर्दशा हुई और वह सोचने लगा मेरी दुर्दशा इसलिए हुई है कि मैंने अपने बंधुओं की बात नहीं मानी।

युद्ध के अंतिम चरण में भगवान् श्रीकृष्ण ने अपना चक्र छोड़ने का विचार किया तो भगवान् शंकर ने पार्वती से कहा कि चक्र के छूटने से पूर्व ही तुम इसकी रक्षा करो। पार्वती जी ने लम्बा देवी से कहा और निरवस्त्र होकर श्रीकृष्ण के सामने खड़ी हो गई। जब श्रीकृष्ण ने उसे हटने को कहा तो उसने कहा कि आप बाणासुर को न मारें उसे अभयदान देकर मुझे जीवित पुत्र वाली बनाइए तब श्रीकृष्ण ने कहा कि तुम्हारे इस पुत्र

को अपनी सहस्त्र भुजाओं का गर्व है अब मैं केवल में इसकी दो भुजायें रहने देता हूं। भगवान् कृष्ण जब तक चक्र चलाने लगे तो बाणासुर की सभी भुजाएं कट गईं और केवल दो बाहें रह गईं। चक्र अपना काम करके कृष्ण के पास लौट आया। तब कार्तिकेय भी वहां आए और उनके बीच में पड़ने के कारण श्रीकृष्ण ने कहा कि मेरा कार्य अधूरा रह गया है।

इसके बाद कृष्ण ने नारद से पूछा कि अनिरुद्ध कहां है तब उन्हें सूचना मिली कि वह अन्तःपुर में बंद हैं। तभी चित्रलेखा वहां आई और वे सब लोग अन्तःपुर में पहुंचे। वहां गरुड़ के भय से सर्प तुरन्त भाग गए। फिर अनिरुद्ध ने सबको प्रणाम किया। उसके पीछे-पीछे उषा भी वहां उपस्थित हो गई फिर सबने नारद जी के चरण छुए और वहीं उषा तथा अनिरुद्ध का विवाह करा दिया। श्रीकृष्ण ने कुष्मांड से कहा कि अब तुम बंधु-बांधवों सहित शोणितपुर में रहो उसे यह आदेश देकर कृष्ण रुद्रदेव को नमस्कार करके वहां से चलने लगे। तब कुष्मांड ने कहा कि वरुण ने बाणासुर की गऊओं पर अधिकार कर रखा है। उनके थनों से निकले हुए दूध को पीकर व्यक्ति शक्तिशाली हो जाता है। श्रीकृष्ण ने वरुण लोक के लिए प्रस्थान करने की सोची और उषा तथा उसकी सखियों सहित अनिरुद्ध को द्वारिका भेज दिया। कृष्ण ने उन गऊओं को प्राप्त करने का विचार किया और वरुण के सैनिकों को मार भगाकर वरुण को क्षुब्ध कर दिया फिर उससे गऊएं मांगी। तो वरुण ने कहा कि मेरे और बाणासुर में एक संधि हुई थी मैं उसका उल्लंघन नहीं कर सकता। तो कृष्ण बोले कि मैंने बाणासुर की गउएं छोड़ दी हैं और फिर हर्षित होकर द्वारिका आ गए।

जब भगवान् कृष्ण द्वारिका आए तो हर्षित और विस्मित हुए पुरवासियों ने उन देवताओं पर चन्दन, पुष्प एवं गंध आदि की वर्षा की धारा अर्पित की, धूप प्रदान की, फिर प्रणाम और स्तुति गायन आदि किया। इस प्रकार द्वारिका वासियों से पूजित इन्द्र ने आहुक, वसुदेव, दाम्ब, उत्सुक, विपृथ, अक्रूर और निषध का आलिंगन किया और उनके मस्तकों को सूंघकर सभी यादवों से कहने लगे—हे यादव गण! तुम्हारे श्रीकृष्ण ने भगवान् रुद्र और स्वामी कार्तिकेय से युद्ध किया तथा बाणासुर को हरा

कर यहां आए हैं। बाणासुर की भुजाओं में से केवल दो भुजाएं ही इन्होंने शेष छोड़ी हैं।

इस प्रकार भगवान् श्रीकृष्ण ने जिस लिए अवतार ग्रहण किया है उसका बहुत कुछ भाग यहां सम्पन्न हो जाता है।

भगवान् सूत जी ने शौनक जी से कहा कि हे भगवान्! आप मुझे जनमेजय की संतान-परम्परा के विषय में बताने की कृपा करें। इसके उत्तर में सौति जी बोले कि जनमेजय के कास्या नाम की पत्नी से दो पुत्र उत्पन्न हुए। चन्द्रापीड़ और सूर्यापीड़। चन्द्रापीड़ राजा बना और बाद में उसके सौ पुत्र हुए। इसी वंश में जनमेजय प्रतिष्ठित हुए। हुआ यह कि चन्द्रापीड़ के सत्यकर्ण नाम का पुत्र उत्पन्न हुआ। उसका भाई श्वेतकर्ण मालिनी के साथ वनवासी हो गया। वन में ही मालिनी गर्भवती हो गयी तो श्वेतकर्ण ने महाप्रस्थान की इच्छा की, मालिनी भी उसके पीछे-पीछे चली। लेकिन कुछ दूर जाकर कमल के समान नेत्र वाला पुत्र पैदा हुआ। वह उस बालक को वहीं छोड़कर पति के साथ चली गयी। फिर उस बालक को पिप्पलाद और कौसी ऋषि बेमक के आश्रम में ले आए और उसका पालन-पोषण किया। एक तरह से बालक अजपार्श्व बेमक और उनकी पत्नी का पुत्र हो गया। इसी वंश से आगे चलकर पाण्डवों का पूर्व वंश प्रतिष्ठित हुआ।

हे शौनक जी! यह यह कथा जिस प्रकार व्यास जी के शिष्य वैशम्पायन जी ने कही थी मैं उसी तरह आपको सुना रहा हूं। राजा जनमेजय ने सात यज्ञ के बाद अश्वमेध यज्ञ करने का विचार किया। फिर उन्होंने अपना यह विचार पुरोहित और आचार्य के सामने रखा। जब वह पुरोहित से बात कर रहे थे तभी व्यास जी वहां आ गए। उनके आने पर उनकी पूजा की गई और वेद आदि विषयों की चर्चा आरम्भ हो गयी। तब जनमेजय ने व्यास जी से कहा कि महाभारत सुनते हुए मुझे यह लगा कि राजसूय यज्ञ उस महाविनाश का कारण बना था। क्योंकि उसके पूर्व ही अनेक-अनेक राजसूय यज्ञ हुए और उसी क्रम में देवासुर युद्ध हुआ। तो ऐसा क्यों होता है कि बड़े-बड़े ज्ञानी लोगों के होते हुए भी इस युद्ध के कारण रूप राजसूय यज्ञ की स्वीकृति क्यों दी जाती है। राजा या दुष्ट नेता

के अहं के कारण अनेक पुरुष अनाथ हो जाते हैं और नाश होता है। यह सुनकर व्यास जी ने कहा! हे पुत्र तुम्हारे पूर्वज अपना श्रेष्ठ मार्ग त्याग बैठे थे। कुछ भाग्य की बातें होती हैं और काल की गति रोकी नहीं जाती। यदि तुम चाहो तो मैं भविष्य की बात बता सकता हूं। किन्तु काल की गति सबसे परे है।

विधाता किसी-न-किसी रूप में उत्पत्ति और नाश का विधान करता है। प्रलय के बाद फिर से सृष्टि, सृष्टि के बाद प्रलय। यह सुनकर जनमेजय ने पूछा कि मेरा अश्वमेध यज्ञ किस प्रकार की बाधाओं से ग्रसित हो सकता है। व्यास जी ने कहा कि ब्राह्मणों के क्रोध से यज्ञ नष्ट होता है। जब तुम उस क्रोध का निवारण नहीं करोगे तब तक यज्ञ सफल नहीं होगा। आप ही मुझे बताइए कि मैं क्या करूं? तब व्यास जी ने कहा कि जिस तरह से नष्ट हुआ तेज-तेज में विलीन हो जाता है उसी प्रकार नष्ट हुआ यज्ञ देवताओं और ब्राह्मणों में ज्ञान रूप में स्थित रहता है।

जनमेजय ने व्यासजी से कहा कि हे भगवान्! मेरी मुक्ति का समय कंब है यह तो मैं जानता लेकिन जिस युग में मैंने जन्म लिया है उसमें कर्म परिश्रम से ही अधिक पुण्य प्राप्त हो जाता है। यह सुनकर शौनक जी ने भी प्रश्न किया कि अब धर्म की गति को क्षीण करने वाला कलियुग आने वाला है। इसलिए इसके विषय में हमें कुछ बताइए। भगवान् व्यास ने कहना प्रारम्भ किया कि मूल रूप से कलियुग में प्रत्येक व्यक्ति अपने स्वाभाविक धर्म को भूलकर दूसरे कार्य करने लगेगा। उस युग में राजा लोग स्वार्थी बनकर प्रजा के हित, साधन, यज्ञ, तप आदि अच्छे कर्म छोड़ देंगे। क्षत्रियों के अतिरिक्त दूसरे वर्ण के लोग सजा बन जाएंगे। यज्ञों की परस्परा नष्ट हो जाएगी। इसके साथ-साथ करने वाले असत्य व्यवहार करने लगेंगे। मद्य-मांस का प्रयोग बढ़ जाएगा। स्वयं राजा ही चोर या अपहरणकर्ता हो जाएंगे तथा सबसे प्रमुख बात यह होगी कि धन ही प्रतिष्ठा का आधार बन जाएगा। लोग धर्मज्ञान से शून्य होंगे, विधवाओं और संन्यासियों के संतानें होंगी और मनुष्यों की आयु बहुत कम हो जाएगी। सभी लोग अन्न बेचने लग जाएंगे, ब्राह्मण धर्म को बेचेंगे और स्त्रियां अपने रूप का व्यवसाय करने लग जाएंगी। सभी श्रेणियों के

व्यक्ति तपस्या तथा यज्ञों का दम्भ करके कर्म भ्रष्ट हो जाएंगे। ब्राह्मण अपनी तपस्या तथा यज्ञों के फल को धन के लिए बेचने वाले होंगे और सब वस्तुएं समय के प्रतिकूल होने लगेंगी। शूद्र लोग पवित्र आचार-विचार ग्रहण करके, श्वेतदन्त-सूक्ष्मदर्शी, मुण्डित सिर, काषाय वेषधारी होकर बौद्धधर्म के अनुयायी बनेंगे।

जंगली हिंसक जीवों की अधिकता होकर गायों की संख्या घट जाएगी और जब वस्तुओं का स्वाद पूर्वापेक्षा कम हो जाएगा। म्लेच्छ प्रदेशों के निवासी मध्य प्रदेश में आकर रहने लगेंगे और मध्य प्रदेश वालों को म्लेच्छों के प्रदेशों में जाकर निवास करना पड़ेगा और सर्व साधारण नीच मार्ग पर चलने लगेंगे। बैल शक्तिहीन होकर हल खींचने में कठिनाई अनुभव करेंगे और वर्षा भी बहुत ही अस्त-व्यस्त रूप में होने लगेगी। सभी व्यक्ति एक-दूसरे का धन अपहरण करके चौर्यवृत्ति से शीघ्र ही धनवान बन जाना चाहेंगे और इसलिए सबको दुर्दशाग्रस्त होना पड़ेगा। उस समय लोग धर्माचरण छोड़ देंगे, भूमि ऊसर हो जाएगी और रास्ते में सब ओर डाकुओं का भय रहेगा। उस समय सब लोग सब प्रकार की वस्तुओं को बेचने वाले ही होंगे और पिता की जायदाद का पुत्र बंटवारा कर लेंगे। धन के लिए लोग असत्य व्यवहार करेंगे तथा दूसरे का धन दबा लेंगे।

कलियुग का वर्णन करते हुए व्यास जी ने आगे कहा कि गृहस्थ जीवन में सुन्दर और श्रेष्ठ का अभास हो जाएगा। मांगने वाले बहुत हो जाएंगे और दान का लाभ भी कम होगा। लोग युवा अवस्था में ही वृद्ध जैसे लगेंगे। कलियुग में सभी लोग ब्राह्मण बनने की कोशिश करेंगे और अधिकतर लोग मानसिक पीड़ा से ग्रस्त रहेंगे। सब लोग परस्पर ईर्ष्या-द्वेष से भरे रहेंगे।

सूतजी ने बताया कि व्यास जी ने जनमेजय को सांत्वना दी और फिर कथा को आगे बढ़ाते हुए उन्होंने यह भी बताया कि जनमेजय ने वैर और क्रोध का त्याग कर दिया और अपने राज्य का संचालन करने लगे। उन्होंने अश्वमेध यज्ञ की दीक्षा ली। घोड़े की बलि के अवसर पर उनकी पत्नी उनके पास बैठी थी। उस सुन्दर वपुष्ठमा को देखकर इन्द्र उस पर मोहित हो गए और सूक्ष्म रूप में अश्व की देह में प्रवेश करने के बाद रानी का

संग प्राप्त किया। इन्द्र की कुचेष्टा को अध्वर्यु ने जान लिया और राजा को बताया तो राजा ने इन्द्र को शाप दिया कि यदि मेरे प्रजापालन और यज्ञ का कुछ भी फल बचा तो अश्वमेध यज्ञ का कोई अनुष्ठता इन्द्र को नहीं पूजेगा। तब जनमेजय ने ऋत्विजों को भी कहा कि आप लोगों की असावधानी से मेरे यज्ञ में विघ्न उपस्थित हुआ है इसलिए आप भी यहां से चले जाइए। इसके बाद राजा क्रोधित होकर अपने अंतःपुर में गए और उन्होंने पत्नियों को आज्ञा दी कि इस वपुष्टमा को अभी बाहर निकाल दो। इसके दुष्कृत से मेरा गौरव नष्ट हुआ है क्योंकि जो पुरुष दुष्ट स्त्री का सहवास करता है उसे शांति नहीं मिलती। जब राजा जनमेजय यह बात कुछ कह रहे थे तब गंधर्व राज विश्वावसु राजा के पास आए और बोले कि आपके सौ यज्ञों की पूर्ति इन्द्र के लिए असह्य थी इसलिए उसने अपनी रम्भा नाम की अप्सरा को वपुष्टमा बनाकर आपकी पत्नी बनाया। आपकी रानी वपुष्टमा दुष्ट नहीं है यह तो केवल इन्द्र की चाल थी कि उसने आपका यज्ञ भंग कर दिया और इस तरह आप इन्द्रत्व के फल से वंचित हो गए। इन्द्र ने एक ही छल से अपने दोनों काम कर लिए। यह केवल काल का प्रभाव था इसके लिए आप इन्द्र या स्वयं को दोष मत दीजिए। आपको इन्द्र के अनुकूल कार्य करना है। आप अपनी नारी रत्न को निष्कलंक मानिए। विश्वावसु के वचनों को सुनकर जनमेजय का क्रोध शांत हुआ और प्रसन्नचित्त होकर प्रजा का पालन करने लगा।

इसके बाद सनातन ब्रह्म का वर्णन करते हुए वैशम्पयान जी ने कहा कि परब्रह्म का स्वरूप पंच इन्द्रियों से जानने योग्य नहीं है। सूक्ष्म और स्थूल जगत् के कारण परम पुरुष का कभी नाश नहीं होता उसी से अहंकार और ब्रह्म तत्त्व की उत्पत्ति होती है वह समस्त जीवों और विषयों का स्वामी है सर्वत्र व्याप्त है वह कभी खंडित नहीं होता किन्तु विद्यमान रहता है इसीलिए उसे विभु और नारायण कहते हैं। उसी ने सारे विश्व को घेर रखा है वह प्रत्यक्ष दिखाई नहीं देता।

वह ब्रह्म आदि अंत से परे है और भूत, भविष्य तथा वर्तमान के रूप में परिवर्तित होता रहता है, वह सभी लोकों में रहता है। वही चराचर जगत् का एकमात्र स्वामी है। वह सृष्टि की रचना करता है और उसके शरीर

से सारी प्रजाओं का आविर्भाव होता है। वह अदृश्य अवलम्बन रहित स्वयं प्रकाशित तत्त्व ही ब्रह्म के रूप में जाना जाता है।

विश्व का प्रारम्भिक रूप जल बतलाया गया है। ब्रह्मा जल की सृष्टि करते हैं, जल से पूर्व वायु होती है। ये ब्रह्मा ही संसार को धारण करते हैं इसलिए जगत् में धाता कहे जाते हैं उस जलमय संसार में जब ब्रह्मा की इच्छा प्राणियों में निवास योग्य स्थान बनाने की हुई तो जल और भूमि पृथक्-पृथक् हो गए और द्रव तथा ठोस पदार्थों का भेद जान पड़ने लगा। उस अवसर पर जल में डूबी हुई पृथ्वी ने स्वयं ही ब्रह्मा का ध्यान करते हुए कहा–इस अनन्त जलराशि में डूबी रहने से अत्यंत क्लेशित हूं, आप, मुझे कृपाकर बाहर निकालिए।

भगवान् ने वाराह बनकर पृथ्वी को बाहर निकाला और वे वहीं अदृश्य हो गए। वे सर्व काल में अपनी इच्छा से आधारित रहते हैं। उन्हीं से एक मंडल से दूसरा मंडल उत्पन्न होता रहता है। इन्होंने अपने स्वामी भाव से सोम मंडल की रचना की फिर उससे पवन तत्त्व निकाला। वही वेद के रूप में विख्यात हुआ और भगवान् नारायण ने ही वेदोक्त सनातन पुरुष की सृष्टि की। उस सनातन पुरुष का द्रव भाग जल, स्थूल भाग पृथ्वी, पीला भाग आकाश, ज्योति भाग नेत्र और शरीर का स्पंदन ही वायु था। इस तरह उस अव्यक्त ब्रह्म से पंच पदार्थों की भौतिक सृष्टि हुई और इस सृष्टि में जीव उत्पन्न हुए। यह जीव उस परमात्मा का ही अंश है और इसमें स्थित आत्मा अपने पूर्व संस्कारों के कारण अच्छा-बुरा अनुभव करती है।

कुछ लोग इन्द्रियों के व्यसनों में फंसकर दुःख उठाते हैं लेकिन जो उन्हें वशीभूत कर लेते हैं वे परम आनन्द की स्थिति में पहुंचते हैं। इसीलिए ब्रह्म ज्ञानी सांसारिक तत्त्वों को दुःखों का मूल मानकर उन्हें त्याग देते हैं।

इन्द्रियों के प्रयोग सुख, दुःख आदि से ही मनुष्य के शुभ-अशुभ कर्म सामने आते हैं। सांसारिक भाग और मोक्ष दोनों ही योग कर्म के परिणाम हैं। पर सत्य स्वरूप ब्रह्म भोगों में कर्मफल का कोई भी अंश नहीं रहता।

वैशम्पायन जी ने कहा कि हे महाराज! पृथ्वी के बीच में भाग को

विदीर्ण करके आकाश में स्थित होते हैं तो सुमेरु और मैनाक पर्वत बन जाते हैं। परत का अर्थ कामना पूर्ण करने की प्रकृति है इसलिए इनका नाम पर्वत पड़ा है। वेदान्त के अनुसार जिसे ब्रह्ममय तेज कहा गया है वह ज्योतिर्मय परम पुरुष उसका विग्रह होता है। फिर उस परम पुरुष के मुख से जो तेज निकलता है वह चतुर्मुखी होता है और ब्रह्म के मुख से उत्पन्न होने के कारण ही उसे ब्रह्मा कहते हैं। इसीलिए द्विज रूप होने के कारण उसको ब्राह्मण भी कहा गया है। ब्रह्मलोक की स्थिति सबसे ऊपर बताई गयी है उसका परिमाण कोई नहीं जान सकता। योगपरायण सिद्ध ब्रह्मज्ञानी भी उसका विस्तार करोड़ों योजन बताते हैं। 49 मरुत, 11 रुद्र, 12 आदित्य देव वरुण और इन्द्र आदि से यह पृथ्वी व्याप्त रहती है और भगवान् विष्णु अपने तेज से उसका पालन करते हैं। योगी लोग अप्रयत्क्ष और अव्यक्त को प्रत्यक्ष अपनी आत्मा से अनुभव करते हैं और अपने पुण्य कर्मों के द्वारा कार्य करते हुए लोगों का हित करते हैं। इस तरह कर्म से उत्पन्न पुण्य भी परमात्मा के अंश होते हैं। जो ब्रह्मज्ञान परायण ऋषि, त्यागी होता है वह विश्वरूप भगवान् को जल्दी प्राप्त कर लेता है। सत्य को मानने वाले ब्रह्मविद इस चराचर को विश्व कहते हैं। विश्व रूप के बाद में अज्ञात परमात्मा रूप स्थूल-रूप ले मनो-रूप और बुद्धि रूप जगत् को रचता है और वही सबसे पहले स्त्री-पुरुष में प्रथम मिथुन की सृष्टि करता है और अनेक देवी-देवताओं के रूप में सुख भोग करता है।

जो ब्रह्मज्ञान परायण ऋषि निर्वाण पदगामी जनों में अग्रणी होते हैं उनके नियंता ब्रह्माजी होते हैं। परमेश्वर ने ही सोमदेव की उत्पत्ति की और समस्त जीवों के अध्यक्ष पद पर भगवान् महेश्वर को अभिषित किया गया। तत्पश्चात् वे बहुत गंभीर रूप से नाद करने लगे। जिससे उस सलिल धारा का नाम नदी हुआ। परमात्मा द्वारा प्रकट नदी ब्रह्मलोक होकर पर्वतादि को विदीर्ण करके पृथ्वी पर आई। गगन से आने के कारण ही उसका नाम गंगा पड़ा और वह पृथ्वी पर सात धाराओं में विभक्त होकर बहने लगी। फिर उन गंगा ने सहस्त्रों तीर्थों के रूप में अपना विस्तार किया जिससे लोक और परलोक में उनका विस्तार हुआ और मान-वृद्धि हुई। गंगाजी के जल के तेज से धान्य में बीज अंकुरित होने और उनसे

तरह-तरह के प्राणियों की वृद्धि होने लगी। इस धान्य तथा मनुष्यादि में मनीषियों द्वारा समस्त धार्मिक क्रियाएं प्रवर्तित की गईं।

ब्रह्माजी के चारों मुखों से जो-जो ज्ञानमय शब्द निकले वे ही चारों वेद हो गए, जो मनुष्यों को धर्म-साधन और ब्रह्म प्राप्ति का मार्ग दिखलाते हैं। वह वेद रूपी ज्ञान आगे चलकर यज्ञ के ब्रह्मा, उद्गाता, होता और अध्वर्यु-इन चार भागों में सम्पन्न होकर अनन्त विस्तार को प्राप्त हो गया और स्वयं भगवान् ब्रह्म ही उस पद के अधिपति हुए। धर्म के भी ये चार चरण हैं। योग का गुह्य ज्ञान, स्वाध्याय और मनन द्वारा होता है, जिससे मानसिक विकास होता है और वहां वेदोक्त ब्रह्मचर्य की स्थिति होती है। गृहस्थ आश्रम का पालन करने वाले व्यक्ति जब इस प्रकार ब्रह्म-योनि की ओर प्रवृत्त होते हैं तो मेरु शिखर पर रहने वाले ऋषिगण और उनके पितृगण इससे परम संतुष्ट हो जाते हैं। ये ऋषि उसी उत्तम शिखर पर विराजमान होकर सबका अवलोकन करते हैं और जंघमूल में दायें और बायें पैर के गुल्फ को रखकर गर्दन तथा रीढ़ की हड्डी को सीधा रखते हुए नाभि देश पर हथेलियों को रखकर, मुख को सहस्र रूप से प्रसन्न मुद्रा में रखते हुए साधना कर बैठते हैं। वही योगियों का आसन कहलाता है।

इस प्रकार स्थिर आसन पर बैठकर योग-साधन श्वास को नियंत्रित करते हुए मस्तक के मध्य में विष्णु भगवान् का ध्यान करते हैं। उस समय सब इन्द्रियों के विषय में निवृत्त हो जाने से हृदय में ऐसा ज्ञान लोक होता है मानो आकाश में चन्द्रमा का उदय ही हो। ऐसी ब्रह्म योग की साधना से अन्तरामा में ज्ञान का ऐसा प्रकाश हो जाता है मानो एक नया सूर्य ही प्रकाशित हो उठा हो। यद्यपि यह भूतात्मा ललाट के मध्य में ही स्थित रहता है, पर अज्ञानी जन उसे नहीं जान पाते। चन्द्रमा तथा सूर्य से प्राप्त दोनों ही ज्योति मनुष्य में समाई रहती हैं, पर ध्यान द्वारा तन को एकाग्र कर सकने वाले ही उसका दर्शन कर सकते हैं। वेदोक्त मार्ग से आत्मा-साधना करने वाले मनीषी ही उसको करने में समर्थ होते हैं। अन्य लोगों को इस अध्यात्मतत्त्व का परिचय नहीं हो पाता।

भोग-तृष्णा की अधिकता होने पर मनुष्य अन्य प्राणियों को कष्ट देने लग जाता है जिससे अनेक प्रकार के दुष्कर्मों की वृद्धि होने लगती है। इस

तरह भोग और ऐश्वर्य के मद में डूबकर मनुष्य आत्मानन्द से वंचित रह जाता है। श्रेय-साधन में अनेकों विघ्न पड़ने लग जाते हैं। इसलिए हृदय में अकार, उकार, मकार, चन्द्र बिन्दु युक्त गायत्री को प्रविष्ट करना चाहिए। यह विशुद्ध चैतन्य ज्योति ही आकाशादि समस्त पदार्थों की उत्पत्ति का मूल कारण है। यह शाश्वत, अक्षय, चैतन्य, स्वरूप परम पुरुष ही साक्षात्कार करने योग्य है, पर इन्द्रियों द्वारा उसकी प्रगति नहीं हो सकती। पर ब्रह्म की शुभ प्रकाश-युक्त दीप्ति बड़ी आनन्ददायिनी होती है, वह शुक्ल, कृष्ण आदि वर्णों से विद्यमान रहती है। ऋग्वेद, यजुर्वेद उस समय पुरुष के नेत्रों से, सामवेद जिह्वा के अग्रभाग से और अथर्व मस्तक से उत्पन्न हुए हैं। इन वेदों ने उसका होने पर स्वयं अपनी पदवी प्राप्त कर ली इसी कारण उनको वेद कहा गया।

इन चार वेदों ने एक ब्रह्मयज्ञात्मक सनातन पुरुष की सृष्टि की। इनमें अथर्व वेद के अंश से मस्तक, ऋग्वेद से गर्दन और कन्धे, सामवेद से छाती और बगलें और यजुर्वेद से पेड़ू, कटि देश, जंघा तथा पैरों की उत्पत्ति हुई, इस प्रकार वेदों से उस दिव्य, अमर यज्ञ पुरुष का प्रादुर्भाव हुआ। यह वेदोक्त सनातन यज्ञ दृश्य ओर अदृश्य जगत् में सर्व प्रकार से कल्याणकारी है, इसमें हिंसा का कुछ भी सम्पर्क नहीं है। योग-साधन में ब्रह्मचर्य व्रत का पालन बड़ा कठिन होता है। इसको जो पूर्ण कर लेता है वही वेदों का ज्ञाता, ब्रह्मज्ञानी और सिद्ध पुरुष कहलाने के योग्य है। आत्मदर्शी मुनि ऐसे साधक का आदर करते हैं, ऐसा ही साधक सच्ची मानसिक शान्ति प्राप्त करता है। वेदज्ञ महात्मा उसी को वैष्णव-यज्ञ करते हैं।

राजा जनमेजय ने प्रश्न किया–जिस प्रकार ईंधन के न मिलने पर आग स्वयं बुझ जाती है उसी प्रकार भोगों के उपलब्ध न होने पर उनका शान्त हो जाना स्वाभाविक है। ऐसी दशा में यदि मन एक बार समाधि अवस्था में पहुंच जाता है तो फिर वह विषयों की ओर आकृष्ट होता है। वैशम्पायन जी ने कहा–इस प्रकार मन का पुनरावर्तन आन्तरिक, शारीरिक अथवा मानसिक कारणों से ही होता है। ऐसे कारण मन में उपस्थित होकर चित्त को चलायमान कर देते हैं। इन कारणों को जिस ज्ञान द्वारा जाना जा सकता है उसको प्राप्त करना भी कठिन ही है। वह शस्त्रों के स्वाध्याय

तभी सुयोग्य आचार्य के उपदेश से ही हो सकता है। कर्म द्वारा उसको जान सकना संभव नहीं। निर्माण अभिलाषी को शुद्ध पवित्र होकर नम्रतापूर्वक आचार्य की उपासना करनी और दोनों धारणा ध्यान आदि मोक्ष प्रदायक कर्मों से दत्तचित्त होना चाहिए। उसे समाहित चित्त से विनीत भाव से रखते हुए ब्रह्म की भावना करनी चाहिए। ऐसा करने से अवश्य ही श्रेष्ठ वैष्णवपद की प्राप्ति होती है। इसमें संदेह नहीं कि मन-प्रसाद ऐसी उच्च गति प्राप्त करने का मुख्य साधन है।

जब साधक का चित्त सांसारिक विकारों से शून्य हो जाता है तो ब्रह्म-साक्षात्कार में विलम्ब नहीं होता और भव के बंधनों से शीघ्र ही छुटकारा हो जाता है। इसमें कुछ भी संदेह नहीं कि सनातन ब्रह्म की प्राप्ति कर्मयोग और ज्ञानयोग द्वारा ही निश्चित है। जो साधक देवों के ज्ञाता और विनीत होते हैं वे सांसारिक पदार्थों और विषय-भोग में अनासक्त होते हैं। यद्यपि कर्म को पुनर्जन्म का कारण बतलाया गया है पर जो अनासक्त भाव मे कर्म करते हैं उनके लिए यही मोक्ष का आधार बन जाता है और ऐसे साधनों का कभी दुबारा आना नहीं होता। फलाकांक्षा का त्याग करके कर्म करने से इन्द्रियों के बंधन से मुक्त होकर परम पद को प्राप्त कर लेता है और उसको मानव-देह ग्रहण करने के लिए इस जगत् में नहीं आना पड़ता।

सनातन ब्रह्म-तत्त्व का वर्णन सुनने के बाद जनमेजय ने भगवान् नारायण के विभिन्न स्वरूपों के विषय में पूछा, तो वैशम्पायन जी ने उत्तर दिया कि भगवान् विष्णु ने मधु राक्षस का वध किया। सबसे पहले यह राक्षस घोर गर्जन करता हुआ गंधर्वों के संगीत से आकर्षित हो गया और भगवान् विष्णु मंदार पर्वत में प्रवष्टि हो गए। फिर दोनों में युद्ध होने लगा और इस प्रकार देवताओं के हित का साधन करने के लिए भगवान् विष्णु ने उसे मार डाला।

वैशम्पायन जी ने बताया कि भगवान् ने वामन के रूप में बलि को छल कर देवताओं का कार्य किया। बलि बहुत पराक्रम और दानशील असुर राजा था। उसने बहुत बड़ा राजसूय यज्ञ प्रारम्भ किया। यह यज्ञ ऐसा था जिसे शुक्राचार्य अपने मित्रों के साथ उत्पन्न करा रहे थे। भगवान् विष्णु इस यज्ञ में वामन का रूप धारण करके आए और बलि से तीन पैर

पृथ्वी की मांग की और जब उसने हां कर ली तो भगवान् ने तीनों लोकों को नाप लिया और सारे असुरों को पाताल लोक में भेज दिया।

भगवान् विष्णु ने वाराह के रूप में पृथ्वी का उद्धार किया। आप यह जानते होंगे कि पहले यह संसार एक स्वर्णिम अण्ड के रूप में था। फिर उसके खण्ड हुए और सृष्टि की इच्छा से भगवान् ने उसके आठ भाग कर दिए और इस प्रकार अनेक तल बने। लेकिन जब पृथ्वी बहुत पर्वतों और जल के कारण धसनी शुरू हो गई तो भगवान् ने वाराह के रूप में उसका उद्धार किया। वाराह-रूपी भगवान् ने रसातल में घुसी पृथ्वी को जल से बाहर लाकर प्रतिष्ठित किया।

वाराह के रूप में ही भगवान् विष्णु ने हिरण्याक्ष को मारने का विचार किया। उन्होंने हिरण्याक्ष से युद्ध किया और देवताओं का कार्य करने के लिए उन्होंने हिरण्याक्ष को मार दिया। फिर इसी रूप में नृसिंह अवतार धारण करके उन्होंने देवताओं की प्रार्थना पर हिरण्यकशिपु को मुक्ति प्रदान की।

हिरण्यकशिपु के वध के समय भगवान् ने सबसे पहले अपने-आपको खम्भे से प्रह्लाद को दिखाया और फिर उसे प्रसन्न करके हिरण्यकशिपु का वध किया।

भगवान् कृष्ण के द्वारा शंकर की उपासना

विभिन्न अवतारों के विषय में जानने के बाद राजा जनमेजय ने वैशम्पायन जी के सामने यह जिज्ञासा रखी कि किसी समय भगवान् विष्णु ने शंकर की उपासना की थी। ये दोनों देवता एकात्म हैं लेकिन फिर भी अलग-अलग हैं। मुझे यह सारी बात आप बताइए। जनमेजय के उस प्रश्न के उत्तर में वैशम्पायन जी ने कहा कि मैंने यह सारा वृत्तांत व्यास जी से सुना था। वही मैं तुम्हें सुना देता हूं।

अपने साथी वृष्णियों से घिरे हुए श्रीकृष्ण द्वारका का राजकाज कर रहे थे। तब एक दिन उनकी पत्नी रुक्मिणी ने कहा कि मैं आपके समान बलवान, रूपवान पुत्र चाहती हूं। यह सुनकर भगवान् कृष्ण ने कहा कि तुम्हारी इच्छा पूरी होगी क्योंकि बलवान पुत्र की प्राप्ति प्रत्येक माता की

इच्छा होती है। तब भगवान् कृष्ण ने कहा कि मैं भगवान् नीलकंठ की आराधना करके उनसे श्रेष्ठ पुत्र की प्राप्ति करूंगा। यह कहकर भगवान् कृष्ण गरुड़ के ऊपर बैठकर उत्तर दिशा की ओर चल दिए। सभी देवी-देवताओं ने आकाश मार्ग से जाते हुए भगवान् को देखा और उन पर पुष्प वर्षा की। उन्होंने उनकी अर्चना की और बार-बार नमस्कार किया।

भगवान् विष्णु कृष्ण रूप में कैलाश पहुंचकर घोर तपस्या करने लगे और नर और नारायण के रूप में प्रकट हुए। इसे बाद भगवान् कृष्ण बदरिकाश्रम पहुंचे और वहां ऋषियों ने उनकी बहुत स्तुति की। जब मुनियों का पता चला कि भगवान् वहां आए हैं तो वे अपना नित्य-कर्म समाप्त करके भगवान् के पास आए। यह सभी मुनि वहां बहुत समय से तपस्या कर रहे थे। उनके वेष तरह-तरह के थे उन्होंने भगवान् को प्रणाम किया और प्रसन्न हुए। उन्होंने भगवान् से पूछा कि हमें कोई कर्तव्य बताइए। भगवान् ने उन्हें सुखपूर्वक बिठाया और उनके सत्कार से प्रसन्न हुए।

कुछ समय बाद भगवान् विष्णु गंगा के उत्तर किनारे जाकर कुछ खोजने लगे। कुछ समय के बाद वहां एक आश्रम देखकर ध्यान में लीन होकर बैठ गए और कोई भी यह नहीं जान पाया कि वे किसका ध्यान कर रहे हैं। उनके समाधिस्थ होने के बाद दो दीपक जल उठे और कोलाहल होने लगा। उस कोलाहल में अनेक तरह के शब्द सुने जा रहे थे। वहां पर भयंकर भालू, सिंह और मृग अपने-अपने शब्द कर रहे थे। उसी समय डर कर भागते हुए कुछ मृग भगवान् के पास आए किन्तु उनके पीछे बहेलिए भी थे। फिर उनके पीछे वहां पिशाच भी आए। भगवान् को बड़ा आश्चर्य हुआ कि प्राणी समूह यहां कैसे आ गया और कौन है जो मोक्ष के लिए मेरी प्रतीक्षा कर रहा है तभी वहां पर दो बड़े पिशाच उपस्थित हुए। उनके केश लम्बे थे और वे मांस खा रहे थे और पुकार रहे थे कि माधव कहां है? तब वहां श्रीकृष्ण ने उनको देखा और उन्होंने भगवान् कृष्ण को। लेकिन वे भगवान् को नहीं पहचान सकें। उन्होंने कहा कि तुम कौन हो, तुम अत्यंत सुन्दर दिखाई देते हो। तुम्हें देखकर ऐसा लगता है तुम कोई देवता हो। तब भगवान् कृष्ण ने कहा कि मैं क्षत्रिय हूं और यदु वंश में पैदा हुआ हूं। मैं दुष्टों को मारता हूं और

सज्जनों को लाभ पहुंचाता हूं। यहां से मैं कैलाश पर्वत जाऊंगा। अब तुम अपने विषय में बताओ।

तब पिशाच उनसे बोले कि मैं अब भगवान् विष्णु को नमस्कार करके अपने विषय में कहता हूं। मैं घंटाकर्ण नामक एक मांसाहारी पिशाच हूं। मेरी सूरत को तो तुम देख ही रहे हो। मैं शंकर के प्रिय सखा कुबेर का अनुचर हूं और यह दूसरा पिशाच मेरा भाई है। मैं भगवान् विष्णु की पूजा करने के लिए तत्पर हो रहा हूं। मैंने इससे पहले रुद्र की आराधना की और वर में मोक्ष मांगना चाहा तो उन्होंने कहा कि मोक्ष तो विष्णुजी ही दे सकते हैं। इतना कहने के बाद पिशाच उनके ध्यान में मग्न हो गया फिर भगवान् ने उन्हें अपने दर्शन दिए। क्योंकि वह पिशाच होने के बाद भी हमेशा भगवान् का स्मरण करता था। उसने पहले अपने हृदय में भगवान् के दर्शन किए और इस प्रकार भगवान् कृष्ण उसे मोक्ष देकर कैलाश पर्वत पर आ गए।

पिशाच का यह सम्पूर्ण वृत्तांत कृष्ण मुनियों को सुनाया और फिर कैलाश की ओर प्रस्थान किया। वहां पर हंसों से परिपूर्ण मानसरोवर स्थित है। भगवान् शंकर और पार्वती का मिलन वहां निरंतर होता है। कैलास पर भगवान् विष्णु ने बहुत देर तक उपासना की और चक्र प्राप्त किया। श्रीकृष्ण मानसरोवर के किनारे उतरे और शुद्ध स्थल पर विराजमान हो गए। यह वही जानते थे कि शंकर की उपासना करने में उनका क्या मन्तव्य था।

जब भगवान् श्रीकृष्ण तपस्या कर रहे थे तब इन्द्र भी उसके दर्शन के लिए आए। यमराज तथा अन्य देवता भी आए। वहां पर सभी पर्वत, अन्य सभी मुनिजन और अन्य देवताओं ने आश्चर्य युक्त नेत्रों से कहा अहो, कैसा विस्मय है कि जिनका योगीजन प्रयत्नपूर्वक ध्यान करते हैं वही जगद्गुरु भगवान् श्रीकृष्ण स्वयं ही तपस्या करते हैं। ऐसी घटना तो कभी देखी-सुनी नहीं। उनके द्वारा तपस्या करने में अवश्य ही कोई कारण होगा। इस प्रकार का वार्तालाप चल ही रहा था, तभी भगवान् श्रीकृष्ण की तपस्या पूर्ण होने पर भगवती पार्वती के सहित भगवान् शंकर साक्षात् रूप में उनके पास आए। उस समय भगवान् शंकर जटा धारण किए हुए थे, उनके साथ कुबेर और बहुत से यक्ष गण थे, उनके मस्तक पर चन्द्रमा और हाथों में वाद्य और शंख सुशोभित थे। उनके हाथों में कुश की पिंडी,

कमण्डल, दीपक, वीणा, डमरू और त्रिशूल भी थे। कण्ठ में रुद्राक्ष धारण किए हुए थे, जटाओं के कारण उनकी देह-कान्ति ताम्र और पिंगल वर्ण की थी, उस समय वे वृषभ पर आरुढ़ थे।

वैशम्पायन जी ने जनमेजय से कहा कि शंकर भगवान् ने श्रीकृष्ण को तप करते हुए देखा तो वे अपने बैल से उतर कर वहां गए तब मुनियों ने रुद्र देव को प्रणाम करके भगवान् विष्णु की आराधना की। भगवान् कृष्ण ने रुद्र को अपने सामने देखा तो उनकी स्तुति करने लगे। उन्होंने कहा कि आप सभी की रक्षा करते हैं और सब दूतों पर दया करते हैं। आप सबकी रक्षा करते रहें फिर भगवान् शिव ने कृष्ण की स्तुति की। उन्होंने कहा आप तो स्वयं तपस्याओं में परम तप हैं और यदि आप पुत्र की कामना से तप कर रहे हैं वो तो मैंने आपको पहले ही दे दिया। अब आपकी इस तपस्या का कारण मुझे समझ में आ रहा है। कि बहुत पहले जब कामदेव को मैंने भस्म किया था तो मुझे बाद में पता चला था कि यह इन्द्र का कुचक्र था और फिर रति की प्रार्थना पर मैंने कामदेव को प्रद्युम्न के रूप में आपका सबसे बड़ा पुत्र निश्चित किया। यह सुनकर सभी लोगों ने भगवान् शंकर और कृष्ण को हाथ जोड़े। उधर भगवान् शिव ने श्रीकृष्ण के आगे हाथ जोड़े और कहा—हे जनार्दन! आप ही सांख्य योगियों के द्वारा बतायी गई प्रकृति के कारण हैं आपसे ही महत्त्व उत्पन्न होता है। आप ही पर्वत, आकाश, जल, अग्नि, पंच महाभूतों में रहते हैं।

हे माधव! आप ब्रह्मा, विष्णु, महेश तीनों रूपों में एक साथ हो सकते हैं। आप त्रिकार के कारण रूप हैं। इसलिए आप त्रिगुणात्मक हैं और आप स्वयं सृष्टि के लिए ब्रह्मा, स्थिति के काल में विष्णु और प्रलय में रुद्र हो जाते हैं। जब लोग आपकी आराधना करते हैं तो मेरी आराधना अपने आप ही हो जाती है और जो आपसे बैर रखते हैं वे मेरे भी शत्रु हैं। आपकी महिमा अपरम्पार है। आपकी महिमा जिससे विस्तीर्ण होती है उसी से मेरी भी महिमा बढ़ जाती है और मैं भूतनाथ हो जाता हूं। आपके बिना किसी भी कार्य की सिद्धि सम्भव नहीं है। भूत, भविष्यत्, वर्तमान में जो कुछ भी है वह आपके बिना कुछ भी नहीं है। आपके गुणों के द्वारा देवता भी आपका यश गाते हैं। हे प्रभो! आप ही ऋक, यजु और

साम स्वरूप हैं। हे देव! विष्णो! हे माधव! हे केशव! अब मैं अधिक क्या कहूं! हे भूतभावन! मैं जो कुछ भी कह कर पुकारूं वह सभी कुछ आप हैं। इसलिए हे सर्वात्मन्! मेरा आपको नमस्कार है! पुष्करनाभ! हे ईश्वर! मैं आपको बारम्बार नमस्कार करता हूं।

भगवान् शिव के इस प्रकार स्तुति के बाद, हे जनमेजय! तमाम मुनियों को बहुत आश्चर्य हुआ। उन्हें आश्चर्य चकित करते हुए भगवान् ने उन्हें अपना वास्तविक रूप दिखाया और वहां से बदरिकाश्रम लौट आए। गरुड़ से उतर कर वहां सुखपूर्वक विराजमान हुए, किन्तु इन्हीं दिनों पौण्ड्रक भगवान् कृष्ण का शत्रु हो गया और उसने अपने-आपको भगवान् विष्णु जैसा ही स्थापित करना चाहा। इस बीच नारदजी उसकी राज्यसभा में पहुंचे और राजा ने उनका सम्मान करते हुए उनसे पूछा कि हे भगवान्! आप सब जगह जाने वाले हैं आप बताइए कि मैं वसुदेव के रूप में प्रसिद्ध हूं या नहीं? यह मेरा नाम लेकर अपनी महत्ता बढ़ा रहा है। इस पर नारद जी ने उसे कहा कि स्वयं भगवान् जनार्दन इस संसार को चला रहे हैं। तुम अपने-आपको उनकी बराबरी में रखकर अपना परिहास मत करो। लेकिन पौण्ड्रक ने नारद जी की बात नहीं सुनी और उसने द्वारिका पर आक्रमण कर दिया। उसने नारदजी को कहा कि आप ब्राह्मण हैं और मैं राजा हूं। आप मुझे शाप न दे दें। इसलिए मैं कुछ डरता हूं अब आप यहां से जाइए।

पौण्ड्रक की बात सुनकर नारदजी वहां से चलने के लिए तत्पर हो गए और तीव्र गति से चल कर भगवान् कृष्ण के पास आए। वहां उन्होंने पौण्ड्रक के मन की बात कृष्ण को समझा दी। तब श्रीकृष्ण ने कहा कि उसे आने दीजिए, मैं उसका अहंकार नष्ट कर दूंगा।

राजा पौण्ड्रक बहुत भारी सेना लेकर द्वारिका पर चढ़ आया। वहां उसने पुरी के बाहर अपने शिविरों की स्थापना की और यादवों को नष्ट करने की घोषणा करवाई। लेकिन पौण्ड्रक को उस समय बड़ा आश्चर्य हुआ जब सारे यादव उनका सामना करने के लिए बड़ी सेना सजाकर युद्ध के लिए आ गए। वहां पर सात्यकि, बलराम क्षणभर में दोनों ओर के सैनिकों में युद्ध छिड़ गया और उसकी ध्वनि आकाश में फैल गई। सब एक दूसरे को देखते हुए युद्ध कर रहे थे। कोई किसी पर झपटता था तो

कोई किसी पर भयंकर युद्ध प्रारम्भ हो गया। इसी बीच पौण्ड्रक और सात्यकि का संवाद हुआ। दोनों आमने-सामने आ गए और एक-दूसरे से अपनी बात कहने लगे। क्योंकि इस भयंकर युद्ध में यादव वीर भाग गए थे और पौण्ड्रक ने समझा था कि वे सब समाप्त हो गए हैं। पौण्ड्रक ने कहा कि हे वीरों! तुम द्वारिकापुरी में जाओ और वहां के भवनों को गिरा दो। वहां के धन पर तुरन्त अधिकार कर लो। जब पौण्ड्रक के सैनिक नगर को ध्वस्त करने लगे तो सात्यकि ने सोचा कि महादेव के दर्शन के लिए आते हुए कृष्ण ने नगर का भार मुझ पर सौंपा था अतः मुझे इसकी रक्षा करनी है। यह सोचते ही वह तैयार होकर दीपक से प्रकाशित क्षेत्र में पहुंच गए फिर से मशालें जलने लगीं। तब शत्रु के सैनिक व्याकुल होकर भागने लगे। सात्यकि ने कहा कि मैं एक क्षण में पौण्ड्रक को मार डालूंगा। इस पर पौण्ड्रक ने कहा कि तुम मुझे वसुदेव समझो।

पौण्ड्रक और सात्यकि का युद्ध हुआ। इस भयंकर युद्ध में सात्यकि ने भगवान् कृष्ण का जाप करते हुए तरह-तरह के बाण छोड़े। तीरों से आक्रमण करते हुए सात्यकि ने कहा कि जब तक तुम्हें अपने नाम का घमण्ड रहेगा तब तक तुम दुष्टता करते रहोगे। यद्यपि तुम्हें भगवान् कृष्ण के द्वारा मारा जाना चाहिए लेकिन यदि वे नहीं आ पाए तो मैं तुम्हें मार डालूंगा। यह कहकर सात्यकि ने एक तीर पौण्ड्रक के हृदय की ओर मारा जिससे उसके वक्ष से रक्त की धारा प्रवाहित होने लगी। उस समय उसका ज्ञान लुप्त हो गया और उस बीच सात्यकि फिर वह युद्ध करने लगा और अब की बार गदा-युद्ध प्रारम्भ हुआ। इसके बाद दोनों ने एक दूसरे के ऊपर अपनी मुट्ठियों से प्रहार किया। इस युद्ध के चलते ही बलराम और एकलव्य का युद्ध हुआ। उसमें एकलव्य और बलराम भयंकर रूप से दूसरे पर प्रहार कर रहे थे। एकलव्य ने बलराम के खड्ग के टुकड़े-टुकड़े कर दिए। इसके उत्तर में बलराम ने एकलव्य का प्रहार किया। दोनों वीरों में गदा-युद्ध भी हुआ। इस युद्ध के बीच में ही बदरिकाश्रम में भगवान् श्रीकृष्ण ने मुनियों को नमस्कार किया और द्वारिका के लिए चल दिए। वहां आकर उन्हें युद्ध का कोलाहाल सुनाई देने लगा। उसमें उन्होंने सात्यकि की आवाज भी सुनी और अपने साथियों की हिम्मत बंधाने के

लिए कृष्ण ने पांचजन्य घोष किया। जिसे सुनकर उनकी सेना में एक नया प्राण आ गया, उनका भय दूर हो गया फिर कृष्ण और पौण्ड्रक का युद्ध प्रारम्भ हुआ। सत्याकि ने कृष्ण की उपस्थिति में ही पौण्ड्रक से कहा कि अभी तुम मुझसे ही युद्ध करो तब भगवान् कृष्ण ने सात्यकि ने कहा कि तुम उसे छोड़ो मैं देखता हूं।

पौण्ड्रक ने श्रीकृष्ण से कहा कि तुम्हारे चक्र ने मुझे बहुत दुःख दिया है इसलिए मैं इसको नष्ट कर दूंगा। तुम समझते हो कि शारङ्गधर तुम्हीं अकेले हो। देखो मेरे पास भी शारङ्गधनुष विद्यमान है। तुम शंख धारण करने वाले कहे जाते हो, परन्तु मैं तुम्हारे गर्व को भी नष्ट कर दूंगा। क्योंकि में भी शंख, चक्र और गदाधारी विश्व के सभी बल सम्पन्न पुरुषों में मेरी शंख, चक्र और गदाधारी कहकर प्रसिद्धि है। अपने प्रारम्भ काल में आपने अनेकों बलहीन वृद्ध, स्त्री और बालकों को नष्ट किया था, तुम्हारे द्वारा गौ-हत्याएं भी हुई थीं, इसी कारण तुम अपनी वीरता के गर्व में फूल गए हो। इसलिए यदि आप युद्ध-भूमि से भाग न गए तो मैं तुम्हारे इस गर्व का खण्डन कर दूंगा। हे गोविन्द! यदि मेरे साथ युद्ध करने का साहस हो तो शस्त्र ग्रहण करो। यह कहकर पौण्ड्रक ने धनुष-बाण ग्रहण किया और भगवान् जगन्नाथ के सामने तन कर खड़ा हो गया।

भगवान् श्रीकृष्ण ने उसकी बात सुन हंसकर कहा कि तुम जो कहते हो ठीक है। मैं तो एक तुच्छ ग्वाला हूं और यह कहकर उन्होंने पौण्ड्रक के ऊपर प्रहार करना शुरू किया और भयंकर युद्ध के बाद उन्होंने पौण्ड्रक का वध कर दिया। इसके बाद जब एकलव्य समुद्र की ओर भागने लगा तो बलरामजी ने उसका पीछा किया लेकिन परास्त होकर वह चला गया।

हंस-डिम्भक प्रसंग

राजा जनमेजय ने श्री वैशम्पायनजी से पूछा कि श्रीकृष्ण और हंस डिम्भक में जो भयंकर संग्राम हुआ था उसके बारे में बताइए। वैशम्पायनजी ने जनमेजय की जिज्ञासा शांत करते हुए बताया कि प्राचीन काल में शाल्व नाम का एक नगर था जिसमें ब्रह्मदत्त नाम का राजा रहता था। उसकी दो पत्नियां थीं लेकिन संतान नहीं हुई। उसका मित्र था। उस सखा ने पुत्र की

कामना से विष्णु की आराधना की और ब्रह्मदत्त ने शिव को प्रसन्न किया था। भगवान् शंकर ने एक रात्रि के समय उनको कहा कि तुम वर मांगो तो उन्होंने दो पुत्रों का वर मांगा। उधर दूसरी ओर मित्रसह की कामना की भी पूरी हुई और उसने भी पुत्र होने का वरदान मांगा। समय आने पर दोनों के यहां पुत्र पैदा हुए। ये तीनों पुत्र धीरे-धीरे बढ़ते रहे। बड़े पुत्र का नाम हंस और दूसरे का डिम्भक था और मित्रसह के पुत्र का नाम जनार्दन था। धीरे-धीरे समय व्यतीत होता गया और हंस और डिम्भक ने नीलकण्ठ को प्रसन्न करने के लिए हिमालय पर तपस्या की। उन्होंने महादेव को प्रसन्न करने के लिए हिमाचल पर तपस्या की। उन्होंने महादेव को प्रसन्न करके उनके दर्शन प्राप्त किए। भगवान् शंकर बोले कि तुम्हारी जो इच्छा हो, मांगो। तो उन्होंने कहा कि हम देवता, दैत्य, राक्षस, गंधर्व आदि से पराजित न हों और जब-जब हम किसी से युद्ध करें तो आपके दो भूत हमारी रक्षा के लिए उपस्थित हों। हम जब भी चाहें तब दिव्य धनुष और फरसा हमें उपलब्ध हो। यह वरदान प्राप्त करके वे दोनों अजेय हो गए और भगवान् शंकर की लीला हमेशा किया करते थे। इधर धर्मात्मा पुत्र जनार्दन पीताम्बरधारी होकर विष्णु की उपासना में लिप्त रहता था। समय आने पर तीनों का विवाह हो गया। तीनों फिर एक दिन मुनियों के यहां गए ओर मुनियों को नमस्कार किया। हंस ने कहा कि हमारे पिता एक यज्ञ करना चाहते हैं और आप उसकी पूर्ति के लिए चलिए। हम अपनी सेना के बल पर भगवान् शंकर की कृपा से सबको विजय कर लेंगे। इसके बाद वह दोनों दुर्वासा आश्रम में गए क्योंकि उन्हें उनके क्रोध के विषय में मालूम नहीं था। इसलिए उन्होंने ऋषि दुर्वासा के साथ दुर्व्यवहार किया। जब वे दोनों वहां पहुंचे तो दुर्वासा तपस्या में लीन थे। उन्हें आश्चर्य हुआ कि ये सब बगैर गृहस्थ के यहां कैसे रह रहे हैं। उन दोनों ने जनार्दन को अपने साथ लिया और दुर्वासा के पास पहुंचे। हंस-डिम्भक ने कहा कि आपका यह कौन-सा आश्रम है। आप इस आडम्बर को छोड़िए। आप गृहस्थ बनिए और संसार के सुखों को भोगिए। यह सुनकर जनार्दन ने कहा—तुम यह कैसे बात कर रहे हो? क्या तुम्हारी बुद्धि खराब हो गई है? यदि तुम प्राणों की रक्षा चाहते हो तो इस तरह की धृष्टतापूर्ण बातें अपने मुंह से मत निकालो।

जनार्दन और दुःखी होकर उनसे कहने लगे कि यदि तुमने कभी अपने बड़े-बूढ़ों की सेवा की होती तो तुम यह बात न कहते। तुम्हें ज्ञान की प्राप्ति नहीं हुई है। मुझे तो इस प्रकार की बात कहना तो दूर, सुन भी नहीं सकता। तुम न जाने किस कारण अपने अज्ञान का प्रदर्शन कर रहे हो। हे राजन्! तुमने गुरुजी से जो ज्ञान प्राप्त किया है वह अनुभवहीनता के कारण नष्ट हो रहा है। क्योंकि ज्ञान को धर्म का कारण होना चाहिए, परन्तु तुम्हारा ज्ञान पाप का कारण हुआ दिखाई देता है। यदि फिर कभी ऐसी बात हुई तो मैं तुम्हारा त्याग कर दूंगा और पर्वत से गिर कर प्राण दे दूंगा, अथवा भयंकर विषपान करके या समुद्र में गिरकर ही जीवन विसर्जित कर दूंगा। अथवा तुम्हारे सामने ही मर जाऊंगा। इस प्रकार कहते हुए जनार्दन ने पुनः वैसी बात न कहने का उन दोनों राजपुत्रों से अनुरोध किया।

महर्षि दुर्वासा ने उनकी बातें सुन ली थीं। तो क्रोध से एक नेत्र से उन दोनों को देखा और कहा कि तुम दोनों यहां से चले जाओ। तभी राजकुमार हंस ने उनके पास जाकर उनकी कोपीन फाड़ दी और यह दृश्य देखकर मुनि जन वहां से भाग गए। लेकिन दुर्वासा ने उन दोनों को भस्म नहीं किया और कहा कि मैं तुम्हें नहीं मारूंगा क्योंकि इस समय पृथ्वी की रक्षा श्रीकृष्ण कर रहे हैं वही तुम्हारे अहंकार को नष्ट करें। यद्यपि राजा जरासंध तुम्हारा भाई है लेकिन इस तरह की बात तो उसने भी नहीं की।

दुर्वासा की बातें सुनकर काल के वशीभूत उन दोनों ने काफी विध्वंसक बातें की और अपने नगर में आ गए। उधर ऋषि दुर्वासा द्वारिका आए। वे भगवान् को दिखाने के लिए अपने टूटे हुए कमण्डल ले करके आए थे। उधर भगवान् श्रीकृष्ण सात्यकि के साथ खेल रहे थे और यती लोग द्वार पर पहुंच चुके थे। जब वे पहुंचे तो बलराम श्रीकृष्ण आदि ने दुर्वासा को देखकर आश्चर्य प्रकट किया। कृष्ण उनके सामने आए और हाथ जोड़कर कहने लगे, आप इस आसन पर बैठिए। तब सभी लोग अपने-अपने आसनों पर बैठ गए। श्रीकृष्ण ने उनकी पूजा की और आने का कारण पूछा। दुर्वासा के हृदय में पहले से ही क्रोध बहुत था, श्रीकृष्ण की बात सुनकर उन्हें और भी क्रोध आ गया तब उन्होंने कहा—हे कृष्ण! आप सब कुछ जानते हैं, अनजान क्यों बन रहे हैं, मैं आपको तीनों लोकों

के रूप में जानता हूं। आप केवल पृथ्वी का भार उतारने के लिए मानव रूप में आए हैं तो आप अपना यह रहस्य हमसे क्यों छिपा रहे हैं। आप परमपद हैं।

ऋषि दुर्वासा ने कहा कि मुझे आश्चर्य है कि आप हमारे आने के कारण को जानते हुए भी अपनी अनभिज्ञता दिखा रहे हैं, आप सब कुछ जानते हैं। यदि आप परोक्ष रूप से कुछ कहना चाहते हैं तब आप रस स्वरूप दिखाई देने लगते हैं और जब आपके प्रति बुद्धि तीव्र होती है, आप हृदय में तेज रूप में विद्यमान रहते हैं। केशव! अब मैं आपको चन्द्रमा समझता हूं तो आप चन्द्रमा के रूप में प्रत्यक्ष होते हैं। इसलिए आप अज्ञानी मन बनिए और हमारे कष्ट का निवारण कीजिए।

हे प्रभु! हम क्या करें? हंस और डिम्भक नाम के दो असुर शिवजी से वरदान पाकर बहुत घमण्डी हो गए हैं। उन्होंने हमारा अपमान किया है। हमारा यह टूटा हुआ कमण्डल देखें और फटा हुआ कोपीन। हे प्रभु हम आपकी शरण में आए हैं–यह कहते हुए दुर्वासा लगभग मूर्च्छित हो गए।

दुर्वासा की दशा देखकर भगवान् कृष्ण को बहुत क्रोध आया और उन्होंने उन्हें संज्ञा में लाते हुए कहा कि सारा दोष मेरा है पहले मैं क्रीड़ा में रहने के कारण आपकी ओर अधिक ध्यान नहीं दे पाया। किन्तु आप निश्चिन्त रहिए। मैं हंस और डिम्भक को मारकर आपकी रक्षा करूंगा। मैं पूरी कोशिश करूंगा लेकिन कुछ ऐसा उपाय किया जाए जिससे जरासंध उनकी सहायता न कर सके। इस प्रकार के संवाद के आदान-प्रदान के बाद ऋषि दुर्वासा अपने स्थान पर चले गए। उन्होंने चलते समय नारदजी के पास निवास किया और ब्रह्म तत्त्व पर चर्चा करते हुए एक दूसरे से विदा हुए।

इधर दूसरी ओर हंस डिम्भक ने अपने पिता से राजसूय यज्ञ प्रारम्भ करने का निवेदन किया। उनकी इस बात पर जनार्दन हंसने लगा। लकिन उसने हंस से कहा कि हे मित्र हंस! इस समय भीष्म, जरासंध और अनेक वीर अभी पृथ्वी पर विद्यमान हैं इसलिए तुम्हारा यह यज्ञ करना अनुचित होगा।

जनार्दन की बात सुनकर हंस हंसा और उसने कहा कि भीष्म बलहीन हो चुके हैं। केवल हमारा सामना यादव कर सकते हैं। जरासंध

मेरे बंधु हैं इसलिए तुम श्रीकृष्ण के पास जाओ और उन्हें मेरी आज्ञा सुनाओ। उनसे कहो कि वे तुरन्त राजसूय यज्ञ के लिए कर देने के लिए यहां आ जाएं। जनार्दन हंस की बात सुनकर हंसा और द्वारिका के लिए प्रस्थान करते हुए उसने सोचा कि चलो, इस बहाने मुझे तो भगवान् कृष्ण के दर्शन होंगे। वह एक घोड़े पर सवार होकर द्वारिका के लिए चल दिया। उसने हंस को अपना प्रिय मित्र समझा क्योंकि उसी के कारण उसे यह अवसर मिल रहा था कि वह कृष्ण के दर्शन करेगा। उसने सोचा कि कृष्ण के दर्शन करने के बाद मेरी आत्मा और भी महत् हो जाएगी। लेकिन मैं कृष्ण से हंस की आज्ञा कैसे कह पाऊंगा। वहां सब मैं कहूंगा तो लोग मुझे देखकर हंसेंगे लेकिन हंस का दूत और मित्र होने के नाते मुझे कुछ बातें कहनी ही पड़ेंगी। मैं भगवान् के दर्शन तो करूंगा। लेकिन कहीं ऐसा न हो कि वे मेरे मुख से निकले हुए शब्द सुनकर मुझ पर अप्रसन्न हो जाएं।

यह सोचते-सोचते विप्र जनार्दन द्वारिका पहुंच गया और फिर अनुमति लेकर सभा में पहुंचा दिया गया वहां उसने बलराम और कृष्ण को अपने-अपने आसनों पर बैठे हुए देखा। उसने कहा—हे प्रभो मैं जनार्दन नाम का विप्र हंस का दूत बनकर आपके पास आया हूं। प्रभु ने उसे आसन दिया और कहा कि इस पर बैठकर आप अपनी बात कहिए।

श्रीकृष्ण ने कहा कि आप दूत हैं इसलिए आप जो भी बात कहेंगे उसको अन्यथा लेने का प्रश्न ही पैदा नहीं होता। इस पर जनार्दन ने कहा कि आप ज्ञाता हैं फिर भी अनजान बन रहे हैं। आप मुझ से क्यों कहलवाना चाहते हैं। फिर भी किसी तरह जनार्दन ने अपनी बात कही। उस पर भगवान् कृष्ण बोले कि हम डिम्भक के यज्ञ में चलेंगे और उसे लवण देंगे। यह सुनकर सब यादव हंसने लगे और भगवान् कृष्ण ने सात्यकि को वहां पर भेजने का विचार किया।

सात्यकि के सामने चिल्लाता हुआ डिम्भक बोला कि क्या तू नहीं जानता कि भगवान् शंकर ने हमें बहुत सारे अस्त्र-शस्त्र दिए हैं जिनसे हमारी रक्षा होती है। हम तुम्हारे जैसे ग्वालों का वध करके अपने पिता का राजसूय यज्ञ कराएंगे। तू तो दूत है इसलिए नहीं मारा जा सकता।

लेकिन जब हम युद्ध भूमि में उतरेंगे तब तुझे भी मार देंगे।

यह सुनकर सात्यकि बोले कि तुम चाहे जितनी बक-बक करते रहो, एक-दो-दिन में ही भगवान् कृष्ण आ जाएंगे और तुझे मार डालेंगे। यदि मैं दूत न होता मैं ही तुम्हें मार डालता। तुम्हें मेरी शक्ति का भी अनुमान नहीं है और हमारे भगवान् तो लक्ष्मी, वल्लभ, शंख, चक्र, गदा और पद्म से सुशोभित हैं।

इधर सात्यकि दूत कर्म करके द्वारिका के लिए चले तो वहां पहुंच कर उन्होंने सारा वृत्तांत सुनाया। इन सारी बातों को सुनकर भगवान् कृष्ण अपने सेनापतियों को बुलाया और कहा कि आप चतुरंगिणी सेना सजाओ। सेना के अधिनायकों ने तुरंत उसकी आज्ञा का पालन किया और युद्ध की तैयारी में लग गए।

थोड़े समय बाद दारुक के द्वारा सजाए गए एक रथ पर श्रीकृष्ण बैठ गए और उन्होंने अपने शस्त्र अपने हाथ में ले लिए। उनके चलते-चलते ब्राह्मण उनकी स्तुति करने लगे। सूत, मागध और बंदी जन कीर्तन करने लगे और वहां चारों तरफ युद्ध ओर स्तुति तथा वीरत्व का मिला-जुला वातावरण पैदा हो गया। भगवान् श्रीकृष्ण पुष्कर सरोवर के लिए चल पड़े। वहां आकर उन्होंने पुष्कर के दर्शन किए और डिम्भक के आने की प्रतीक्षा करते रहे।

वैशम्पायन जी ने राजा जनमेजय को बताया कि हे राजन्! डिम्भक भी अपनी सेना सजाकर पुष्कर के लिए चल दिया। उसके आगे भी विकराल शरीर वाले दो भूत चल रहे थे। उन्होंने अपने गले में रुद्राक्ष की माला पहन रखी थी। डिम्बक के पीछे-पीछे सेना चल पड़ी। तुम्हें पता होगा कि डिम्भक की मैत्री विचक्र नामक एक दैत्य से हो गई थी। विचक्र ने इन्द्र को भी हरा दिया था। वह विचक्र फिर डिम्भक के साथ हिडम्भ नामक राक्षस को लेकर वहां आ गया। उनके पास एक बहुत बड़ी सुसज्जित सेना थी।

हंस और डिम्भक ने पुष्कर की ओर कूच किया और जरासंध को भी इस संग्राम की सूचना दी गई। लेकिन उसने युद्ध में भाग नहीं लिया। दोनों की सेनाएं परस्पर युद्ध के लिए तैयार हो गईं और दोनों ने युद्ध में

एक दूसरे के हथियारों को काटते हुए युद्ध करना प्रारम्भ किया। इतना भयंकर युद्ध हुआ कि सैनिकों की गर्जन के बीच उनके हाथ-पैर कटने से जो ध्वनि निकलती थी वह मिली जा रही थी और परस्पर आघात से यह भी पता चल रहा था कि किसके सैनिक मर रहे हैं। बलशाली राक्षस अपने विष से बुझे हुए बाणों का प्रयोग करते थे और इधर यादव उनको काटते हुए अपने अस्त्रों का प्रयोग करते थे। इस युद्ध में मरने वाले यमराज के इंगित पर यमलोक और स्वर्गलोक जाते रहे। इसके बाद भगवान् श्रीकृष्ण ने पराक्रम दिखाया और एक तरह से व्यक्ति-व्यक्ति में युद्ध होने लगा। श्रीकृष्ण विचक्र से, बलराम जी हंस से, सात्यकि डिम्भक से और वसुदेव विडम्भक से लड़ने लगे और इसके साथ अन्य महत्वपूर्ण यादव व्यक्तियों से युद्ध करने लगे कुछ समय के उपरांत भगवान् श्रीकृष्ण ने विचक्र के हृदय पर बहुत तेज प्रहार किया और इसके उत्तर में विचक्र ने भी इतना तेज तीर मारा कि उनके वक्ष से रुधिर की धार निकलने लगी। इस पर क्रोधित होकर उन्होंने एक बाण से रथ-ध्वजा व सारथी को मार डाला और विचक्र को भी निष्प्राण करके पृथ्वी पर लिटा दिया। लेकिन निष्प्राण होने से पहले विचक्र ने भयंकर युद्ध किया और उधर दूसरी ओर हंस और बलभद्र का युद्ध हो रहा था। उन्होंने भी इस प्रकार एक दूसरे पर बाणों का प्रहार किया और परस्पर आघात करते हुए लड़ते रहे। बलराम जी ने हंस को बहुत घायल कर दिया और उसे पृथ्वी पर गिरा दिया। कुछ देर बाद वह फिर उठा और युद्ध करने लगा। किन्तु इसके उत्तर में बलराम जी ने फिर से एक साथ हजारों बाण छोड़े और हंस को कष्ट पहुंचाया।

डिम्भक और सात्यकि का युद्ध भी उतनी ही तीव्रता से हो रहा था। डिम्भक ने सात्यकि से सात्यकि को तीव्र बाणों से बींधा लेकिन इसके उत्तर में सात्यकि ने भी हजारों बाणों से डिम्भक पर प्रहार किया।

इस प्रकार इस परस्पर युद्ध में कोई किसी से कम होकर सामने नहीं आ रहा था लेकिन जैसे-जैसे दैत्यों का काल आता रहा वैसे-वैसे उनका वध होता रहा। विडम्भक का वध करते हुए वसुदेव जी ने बहुत तीव्र गति से उस पर प्रहार करके उसका प्राणांत कर दिया। विडम्भक ने मरने से

पूर्व हजारों यादवों को खा लिया था और पूरी यादव सेना को शक्तिहीन कर दिया था। उसने वसुदेव से चिल्लाकर कहा कि मैं तुम्हें खा जाऊंगा। क्योंकि ईश्वर ने तुम्हें मेरा भोजन बनाया है। इसी बात के उत्तर में वसुदेव उग्रसेन ने उस पर प्रहार किए। वहां पर बलराम और विडम्भक में बहुत देर तक युद्ध होता रहा। लेकिन बलराम ने एक घूंसा ऐसा मारा जिससे वह मृत्यु को प्राप्त हो गया।

हंस और कृष्ण के बीच युद्ध में भी यही भयंकरता रही। हंस डिम्भक गोवर्धन पर्वत की ओर चल दिये और फिर श्रीकृष्ण सूर्योदय होने पर वहां पहुंच गये और वहां यमुना के किनारे फिर दोनों पक्षों में युद्ध होने लगा। हंस बार-बार गर्जन करता हुआ श्रीकृष्ण तथा अन्यों पर आक्रमण कर रहा था। प्रद्युम्न ने एक बाण मार कर हंस और डिम्भक को बींध दिया। इसके उत्तर में उन्होंने यादवों पर तेजी से आक्रमण किया जिससे यादव भागने लगे। लेकिन यादवों को भागते हुए देखकर कृष्ण और बलराम उनके सामने आकर खड़े हुए और उन्हें रोका। वस्तुतः इस भयंकर युद्ध को देवता देख रहे थे। समय आने पर भगवान् श्रीकृष्ण ने पांचजन्य का नाद किया। इस नाद के उत्तर में हंस और डिम्भक ने भगवान् पर त्रिशूल फेंका लेकिन श्रीकृष्ण ने रथ से नीचे उतर कर उन दोनों को पकड़ कर और घुमाकर दूर पर्वत की ओर फेंक दिया। तब हंस ने कहा कि हे श्रीकृष्ण! तुम मेरे यज्ञ में बाधक क्यों बनते हो? इस पर श्रीकृष्ण ने उत्तर दिया कि दुष्टों का यज्ञ सम्पन्न नहीं होता। भगवान् फिर रथ में बैठ गये। अब इस रथ को सात्यकि चला रहे थे। थोड़े समय और खेल करने के बाद श्रीकृष्ण ने हंस से कहा कि तुम्हारी मुनियों के शाप से पहले ही मृत्यु हो चुकी है। अब तो केवल यह शरीर नष्ट होगा। इस प्रकार विभिन्न रूपों में युद्ध करते हुए भगवान् श्रीकृष्ण ने हंस और डिम्भक को मुक्ति दी।

श्रीकृष्ण और नन्द-यशोदा मिलन

दैत्यों के साथ भयंकर संग्राम में जीतकर भगवान् कृष्ण गोवर्धन पर्वत पर हर्ष मना रहे थे कि उधर ब्रज ने नन्द-यशोदा को यह खबर

मिली तो वह दोनों मक्खन और दही लेकर गोप-गोपियों के साथ गोवर्धन पर आए। सबने भगवान् कृष्ण को बलराम के साथ देखा और इधर बलराम श्रीकृष्ण माता-पिता को साथ देखकर बहुत प्रसन्न हुए और उन्होंने ब्रज के लोगों का कुशल पूछा और पूछा कि सभी लोग अपनी-अपनी गायों को ठीक तरह से रखते हैं या नहीं। ब्रज घाट ठीक है या नहीं और हमारी गाएं उचित मात्रा में दूध देती हैं या नहीं।

नन्द और यशोदा भगवान् की रूप माधुरी देखकर प्रसन्न हो रहे थे तब उन्होंने उत्तर दिया कि हे केशव! सब कुछ पहले जैसा ही है। आपका अभाव कष्ट देता है और इसी से हमारी बुद्धि ठीक काम नहीं कर पाती। बाकी सब ठीक है। यह सुनकर भगवान् बोले कि आगे से सब ठीक हो जायेगा। आप अब अपने घर के लिए पधारें जितने भी लोग वहां पर हैं उनको आप हमारा नमस्कार कहें और संसार में जो-जो मनुष्य आपकी पूजा-भक्ति करेंगे वे हमारे विशेष प्रेम के भागी होंगे। अब आप अपने घर जाइए और हमें विदा कीजिए।

वैशम्पायन जी ने जनमेजय से बताया कि जो मनुष्य भगवान् श्रीकृष्ण के जीवन-कथा के इस अंश को तल्लीनता से सुनता है उसके सारे पाप धुल जाते हैं और उसे परम पद की प्राप्ति होती है। भगवान् श्रीकृष्ण का चरित्र सभी कलाओं से पूर्ण है इसलिए उसके विषय में जानना सब कुछ जानने के समान होता है और जो मनुष्य इस सब कुछ को जान लेता है और भक्ति भाव से समर्पित होता है वह मोक्ष को प्राप्त कर लेता है। मैंने तुम्हें अलग-अलग महत्वपूर्ण कथा के खण्डों को रोचकता से सुनाया और इनसे यही निष्कर्ष निकलता है कि प्रभु की आराधना करने वाला प्राणी लोक-परलोक सुधार लेता है।

हरिवंश के सुनने का फल

भगवान् वैशम्पायन जी ने जनमेजय ने पूछा कि हे प्रभु यह बताइए कि हरिवंश श्रवण का फल क्या है? और इसका वाचन करते हुए किस देवता की पूजा करनी चाहिए।

उक्त प्रश्न को सुनकर वैशम्पायन जी ने कहा कि हे राजन्! स्वर्ग में

निवास करने वाले देवता भगवान् कृष्ण के अवतारत्व के बाद पुनः अपने लोक को लौट गये। इन सब में नाग, विद्याचर, रुद्र, सिद्ध, गृहस्थ जो भी हैं और मनुष्य भी वे हरिवंश का जाप करते हुए पाप मुक्त हो जाते हैं। मनुष्य को चाहिए कि वह भक्ति भाव से हरिवंश को सुनकर दान दे और अपने सामर्थ्य के अनुसार गाय दूध के आदि से ब्राह्मण को प्रसन्न करें।

श्रद्धापूर्वक दिया हुआ दान कथा के फल को और भी बढ़ा देता है।

कथा के समय भक्ति की व्यापकता और समर्पण का भाव होना चाहिए जिससे नरोत्तम नर नारायण और सरस्वती की वंदना करते हुए हरिवंश का वचन-श्रवण होना चाहिए।

भक्त को कथा वाचक के पास बैठकर कथा सुननी चाहिए।

कथा वाचक और भक्त दोनों को जितेन्द्रिय होना चाहिए।

कथा का प्रथम पारायण के समय स्वर्ग यात्रा के लिए दिव्य विमान प्राप्त होता है और दूसरे पारायण पर मनुष्य देव लोक में सम्मानित होता है। तीसरे पारायण पर वह द्वादशाह का फल प्राप्त करता है और उसे हजारों वर्ष तक सुख भोगने का अधिकार मिलता है।

चौथे पारायण पर बाजपेय यज्ञ का फल मिलता है।

पांचवें पारायण का फल दुगना हो जाता है।

हे राजन्! इस प्रकार अनेक पारायणों के बाद मूलतः मनुष्य धीरे-धीरे उत्तम से भी उत्तम गति प्राप्त करता है। जो पुरुष परम प्राप्ति की कामना करते हैं उन्हें भगवान् विष्णु की कथाओं को वर्णित करने वाली श्रुतियों को सुनना चाहिए।

इन श्रुतियों में महाभारत प्रमुख है। इसमें स्वयं व्यास जी का कहना है कि जो कुछ भारत में है वह महाभारत में है। इसलिए मनुष्य को चाहिए कि यह भगवान् का ध्यान करते हुए हरिवंश की कथा सुने और हरिवंश से सम्बन्धित सभी कथाओं को सुनते हुए भगवान् की शरण में जाये। इससे उसके सारे दुःख दूर होंगे।

●●●